Spanish Stories of the Late Nineteenth Century

Cuentos españoles de fines del siglo XIX

...es of the
Late Nineteenth Century

Cuentos españoles
de fines del siglo XIX

A Dual-Language Book

Edited and Translated by

DOVER PUBLICATIONS, INC.
Mineola, New York

Bibliographical Note

This Dover edition, first published in 2006, is a new selection of eleven stories by four authors. The Spanish text, reprinted from standard editions (see the Introduction for the bibliography of the first editions), is accompanied by new English translations by Stanley Appelbaum, who also made the selection and wrote the Introduction and footnotes.

Library of Congress Cataloging-in-Publication Data

Spanish stories of the late nineteenth century = Cuentos españoles de fines del siglo XIX / edited and translated by Stanley Appelbaum.
    p. cm. — (A Dual-language book)
    Contents: El hechicero / Juan Valera—La buenaventura ; La comendadora / Pedro Antonio de Alarcón—Afra ; La mayorazga de Bouzas ; La santa de Karnar ; La cana ; Dios castiga / Emilia Pardo Bazán—Adiós, "cordera!"; Cambio de luz ; Benedictino / Leopoldo Alas "Clarín."
    ISBN 0-486-44505-4
    1. Short stories, Spanish—Translations into English. 2. Spanish fiction—19th century—Translations into English. I. Title: Cuentos españoles de fines del siglo XIX. II. Appelbaum, Stanley. III. Series.

PQ6267.E8S636 2006
863'.010834—dc22

                           2005051879

Manufactured in the United States of America
Dover Publications, Inc., 31 East 2nd Street, Mineola, N.Y. 11501

CONTENTS

iii

INTRODUCTION

The eleven stories in this volume are by four outstanding novelists who reached their full literary maturity in the 1870–1900 period, a period dominated in French-influenced Spain by Realism (in emulation of Flaubert and others) and Realism's harsher offshoot, Naturalism (in which Zola and Maupassant were leading lights). This era is seen by historians as having been inaugurated by the first major novels of Benito Pérez Galdós (1843–1920), and was succeeded in Spain by *modernismo* (introduced by the Nicaraguan Rubén Darío, 1867–1916, in emulation of the French-language Parnassians and Symbolists, such as Mallarmé and Maeterlinck) and the "Generation of 1898."[1]

Three of the four authors in this anthology have each been called the best 19th-century novelist by at least one major critic, while the fourth, Valera, bequeathed us at least one novel that is dearly beloved and perpetually in print in a number of editions: *Pepita Jiménez*. This is because theirs was not just any new generation of writers: their constellation was seen as giving totally new life to the Spanish novel (and

---

1. Naturally, any time frame such as 1870–1900 is too rigid for the actual fluidity of literary history; with regard to the present volume, Alarcón's stories were first published earlier than 1870 (though they might have remained unknown ephemera had he not included them in an 1881 collection), and two of Pardo Bazán's stories were published (at least in volumes) later (though they are completely typical of her earlier work and mark no advance thematically). Likewise, it would be wrong to expect everything written between 1870 and 1900 to subscribe to strict Realism or Naturalism; Valera's story (1894) is a timeless legend, with trace elements of *modernismo*. Pérez Galdós is often considered the leading figure in this period, but his only pieces short enough to be included here were trivial; instead he is represented by a Dover dual-language volume of his own (same translator), the short novel *Torquemada en la hoguera* (Torquemada at the Stake; published 2004; ISBN 0-486-43430-3). Other fine authors who could have been included in a longer anthology of late-19th-century stories from Spain are José María Pereda (1833–1906) and Armando Palacio Valdés (1853–1938); the "Generation of 1898" group had begun to write by this time, but their most famous work was done during the early 20th century.

that concomitant of the novel, the short story; the boundaries between the two genres are very fluid in Spanish literature, which features "long short stories," "short novels," and "novellas" of every conceivable length). Spanish literary historians have seen a sharp decline in prose fiction, both in quantity and quality, between the Golden Age (Cervantes and the picaresque novel) and Pérez Galdós, though they may still be too severe with regard to the products of the Romantic era (very roughly, 1830–1870). At any rate, no period in Spanish 19th-century literature is as highly esteemed as the one represented in this book.

A brief word on the political and social situation: The long troubled reign of Isabel II (her uncle and cousins raised civil war, and her generals kept toppling governments) ended with her dethronement in 1868. The next six years saw an unwelcome Italian-born monarch, Amadeo of Savoy (1870–1873), and the very brief First Republic (1873–1874), before the Bourbons were restored in the person of Alfonso XII. He died in 1885 before his son was born. The queen was then regent for Alfonso XIII until his majority in 1902; he reigned until 1931, when the Second Republic was declared. Socialism and trade unionism were just beginning to make themselves felt in late 19th-century Spain, while the breakthroughs in psychology were increasingly reflected in literature. It was fashionable among a certain elite to be irreligious. There was an incipient movement for women's rights. The theater was very popular, though few serious plays of lasting greatness were produced; since poetry was also at a fairly low ebb, this was a period of prose fiction par excellence.

Juan Valera

A thorough Andalusian, as well as a suave cosmopolitan, Juan Valera y Alcalá Galiano was born in 1824 in Cabra (35 miles southeast of Córdoba). His parents weren't wealthy, but they were very well connected. After taking his law degree in Granada (1844) Valera served from 1847 to 1849 as attaché to the Spanish ambassador at Naples (capital of the Kingdom of the Two Sicilies), who was none other than Ángel Saavedra, duque de Rivas (1791–1865), author of the famous 1835 play *Don Álvaro, o la Fuerza del sino* (Don Alvaro, or The Power of Fate; source of Verdi's 1862 opera *La forza del destino*). Later diplomatic stints took Valera to Lisbon, Rio, Dresden, and Saint Petersburg (all this between 1850 and 1857).

Valera started off as a poet (first volume, 1844; collected *Poesías,* 1858). In the mid-1850s, he began a long career as a literary critic; he was to remain a very perceptive one, praising Rubén Darío's break-through book *Azul* when it appeared in 1888 (he wrote the foreword to its second edition of 1890); he was also to write numerous essays on politics, history, and philosophy, as well as anthologizing 19th-century Spanish poetry and translating from German and ancient Greek.

He was writing short fiction by 1860, and trying his hand at novels by 1861. His best novel, *Pepita Jiménez* (1874), about a theology stu-dent who finds himself in love with a young widow, and his own fa-ther's rival, is a graceful, lighthearted telling of what might have been soppy tragedy; in its epistolary form, as well as in its subject matter, it reads like a deliberate antidote to Goethe's *Werther* (1774). Among his later novels (the last appeared in 1899), *Juanita la larga* (Shrewd Juanita; 1895; in volume form, 1896) is the most popular.

(By 1881 Valera had to return to diplomacy for financial reasons, and between then and 1895 he served in Lisbon, Washington, Brussels, and Vienna. He had entered the Spanish Academy in 1861. He spent his last decade in Madrid, growing progressively blinder, and died in 1905. He had also been a political figure, and had been created a senator-for-life.)

Valera has been called the most European of Spain's 19th-century authors and the writer of the best Spanish prose of that century. His style is extremely elegant, that of a gentleman storyteller (like Sir Walter Scott in Britain); he upheld classical moderation and harmony, and strongly opposed the Naturalist movement; he was a skeptic who believed in art for art's sake and wished to amuse his readers, at the highest level. His short stories, often tinged with fantasy, are generally based on history or on folklore, with its timelessness and traditional values. (In 1860, in emulation of the brothers Grimm and their disci-ples in other countries, he conceived the idea of collecting Spanish legends and folktales and thus filling that gap in the European reper-toire, but he was unable to pursue the project.)

"El Hechicero" (The Sorcerer) is just such a story, a highly polished allegorical retelling of a legend he had heard as a boy in Andalusia. He wrote it in 1894, while ambassador to Austria. It was published in 1895 with another story in the volume *El hechicero.*[2] *El bermejino*

---

2. *Sic* in the *National Union Catalogue;* catalogs and reference works invariably show a lower-case initial *h* in *hechicero,* but in this Dover volume I have used the cap-ital *H* that appears throughout most of the story in two different editions.

prehistórico, ó Las salamandras azules (The Sorcerer. The Prehistoric Redhead, or the Blue Salamanders), Madrid, F[ernando] Fé.

Pedro Antonio de Alarcón

Another Andalusian, Pedro Antonio de Alarcón y Ariza was born in 1833 in Guadix (about 30 miles northeast of Granada) into a family of minor nobility impoverished by the 1808–1814 War of Independence (Peninsular War) against Napoleon. After desultory legal and theological training, and early playwriting, he left home in 1853 for literary and political adventures in Cádiz and Granada, writing numerous locally published stories. Granada got too hot for him after an 1854 uprising, and even in Madrid in 1855 he fought a political duel (he is said to have abandoned his hotheadedness after his generous opponent spared his life). In the following year, 1856, he published a juvenile novel he had written a few years earlier. A resounding fiasco in 1857 ended his dream of fame as a playwright.

When fame did come to him, in 1860, it was as the author of *Diario de un testigo de la guerra de África* (Journal of an Eyewitness of the African War); this was the 1859–1860 war against Moroccan tribesmen in which Alarcón was wounded and decorated. The success of this jingoistic work also brought its author enough money to travel abroad; in 1861 he published *De Madrid a Nápoles* (From Madrid to Naples). After that, he entered politics and wrote much ephemeral material, but no further long prose works until 1873.

In 1874 he wrote and published his most famous work, the humorous short novel *El sombrero de tres picos*[3] (The Three-Cornered Hat; source of Falla's 1919 ballet *Le tricorne* and Hugo Wolf's 1896 opera *Der Corregidor*). Between 1875 and 1882 he published three longer, serious novels, which are more in the Realist vein, though containing rather melodramatic elements. In 1877 he became a member of the Spanish Academy, even though some critics considered his quickly written, vivid, and conversational works to be slapdash. In 1884, already querulous and ill-tempered, he wrote a self-revealing, though not historically reliable *Historia de mis libros* about the background and reception of his books. His last short story appeared in 1887,

---

3. Published in a Dover dual-language volume (same translator), along with Alarcón's short novel *El Capitán Veneno* (Captain Poison), in 2002 (ISBN 0-486-41943-6).

when he was an ailing, paranoid recluse. He died of a paralytic stroke in 1891.

Despite the enormous, lasting success of *El sombrero de tres picos*, some historians prefer his short stories for their concision and lack of preaching; and, indeed, Alarcón was a born storyteller, his otherwise unused dramatic gifts enlivening the clever dialogue. In 1881 and 1882, he published three collective volumes of stories he had written over the previous decades: *Novelas cortas*, in the series "Colección de Escritores Castellanos" (Imp[renta] y Fundición de Manuel Tello, Madrid); the first two volumes (1881) bore the additional titles *Cuentos amatorios* (Love Stories) and *Historietas nacionales* (Little Tales from Spanish History), respectively, the third volume (1882) being called *Narraciones inverosímiles* (Improbable Narratives).

Cuentos amatorios was dedicated to Mariano Catalina, who later wrote a biography of Alarcón. *Historietas nacionales* contains a letter of dedication to Juan Valera, who had been an acquaintance and friend for some 25 years and had written a complimentary letter about an Alarcón novel the year before. Alarcón states in this dedication that he had written the stories in the volume between the ages of 20 and 25, and (the following is very dubious) that they were the first of their type in Spain.

"La buenaventura" was originally published in 1853, most likely in the Cádiz periodical *El Eco de Occidente*, with which Alarcón was then associated. It appears as the sixth of the nineteen stories in *Historietas nacionales*. It is one of many 19th-century Spanish stories about bandits, who scourged the countryside for decades during the disruptive civil wars and pronunciamentos (the notorious, sinister Guardia Civil military constabulary was created to combat them in 1844).

"La Comendadora" was originally published in the April 1868 issue of *El Museo Universal,* and then appeared as the first of the ten stories in *Cuentos amatorios*. It has been called Alarcón's masterpiece among his shorter works, and one of the best short stories in Spanish literature. Alarcón maintained that he had based it on a "historical" incident in Granada. The Carrera del Darro, on which the characters' home is situated, runs alongside the river Darro, connecting the Albaicín (Gypsy and proletarian quarter below the Alhambra) with the heart of town; one literary historian believes that the mood, ethos, and certain details of the story would have been more in place in the 17th century than in the 18th, where Alarcón sets it. The Order of Comendadoras de Santiago, founded in the 12th century, recruited

women from families of the nobility; it had a famous convent in Granada.

Alarcón is often viewed as a hinge figure between the earlier traditions of Romanticism and of *costumbrismo* (regional writing with a strong ethnographic slant) and the Realist school prevalent in his later years; he never became a Naturalist writer.

Emilia Pardo Bazán

Emilia Pardo Bazán was born in 1851 in La Coruña (in Galician, A Coruña; often in English, Corunna) in the far northwest of Spain; her beloved native Galicia was the setting for many of her stories and novels, into which she introduced numerous local words and expressions; she lightly disguised La Coruña as "Marineda" in her works, just as "Clarín" called his city of Oviedo "Vetusta." The only daughter of aristocratic parents, she enjoyed only the boarding-school formal education normal for women at the time, but she read voraciously on her own. She was married quite young, and moved to Madrid, in 1868 (her husband later objected to her literary fame, and they separated in 1885). Around the time of her marriage she began writing, and in the next years she produced essays on literature, romantic poems, and articles on popular science. Her first novel appeared in 1879; her second, in 1881, had a preface in which she championed French Naturalism.

The year 1883 saw two important publications by Pardo Bazán: *La cuestión palpitante* (The Burning Question), in which she attacked the lingering vestiges of Romantic idealism and called for a return to what she regarded as the truly Spanish spirit, as exemplified by the lusty Golden Age picaresque novels; and the novel *La tribuna* (The People's Spokeswoman), in which a cigarette-factory girl becomes a labor leader (for this pioneering work on urban labor, the author did on-the-spot research and investigation).

The pair of novels for which Pardo Bazán is most famous (they have been called a Galician *Wuthering Heights*) is the 1886 *Los Pazos de Ulloa* (The Ulloa Manor House) and its 1887 sequel *La madre naturaleza* (Mother Nature). She continued writing novels until 1911, the last few being tinged with *modernismo*, with a new kind of idealism, and even with mysticism. Throughout her career, she fought for women's rights, Catholicism (widely assailed at the time), and relief for the poor.

In 1906 Pardo Bazán became the first woman to direct the Literary Section of Madrid's celebrated intellectual club, the Ateneo (Atheneum), and in 1916 she became the first woman professor at the University of Madrid (though her lectures on Romance literature are said to have been very poorly attended). She died in 1921, leaving a number of unpublished manuscripts as well as her vast published opus.

If she shone in any one literary genre, it was in the short story. Not only for the quantity (over 500, though many are extremely short, virtually mere anecdotes) but also for the consistently high quality of her *cuentos,* she has been celebrated as probably the most important Spanish 19th-century short-story writer. Her stories were published in almost 20 collections between 1885 and 1922 (posthumous volume).

"Afra" was included in *Cuentos de amor* (Love Stories), Administración,[4] Madrid, 1898.

"La Mayorazga de Bouzas" and "La Santa de Karnar" are both from the 1900 volume *Un destripador de antaño: historias y cuentos regionales* (A Jack-the-Ripper of Yesteryear: Regional Histories and Stories), Administración, Madrid (printed by I. Moreno).

"La cana" is from *Cuentos trágicos,* Biblioteca Renacimiento, Madrid, 1912.

"Dios castiga" is from the posthumous *Cuentos de la tierra,* Editorial Atlántida, Madrid, 1922.

All five stories take place in Galicia, but in settings that vary from the urban to the most remotely rural. All five (though "La Santa" only to a very limited extent) display the wild violence that Pardo Bazán seems to have been fascinated by. Four of them (not "La cana") feature the independent, willful, courageous women who were apparently the author's ideal and who are characteristic of her work.

Leopoldo Alas ("Clarín")

Leopoldo Enrique García Alas y Ureña was born in 1852 in Zamora, where his father (from Asturias) was serving as civil governor. In 1854 the family moved to León, in 1859 (back) to Oviedo, main city of

---

4. *Sic.* Probably this refers to a company set up by the author to publish her own works. (Though presumably many, if not all, of her stories were published in periodicals before being collected in volumes—the appearance of a Pardo Bazán story is said to have been a great attraction to periodical purchasers—I have only been able to find [and that, with difficulty] the data for the collected volumes.)

Asturias. Leopoldo entered secondary school in 1863. In 1868 he created his own handwritten magazine. He began law studies in 1869, but moved to Madrid in 1871 to study literature as well. In 1875 he began using the pseudonym "Clarín," which means "bugle" and is also the much punned-on name of the *gracioso* (comic) in Calderón's great play *La vida es sueño* (Life Is a Dream; ca. 1633). His first published short story appeared in a daily in 1876. In 1878 he received his doctorate in law. In 1882 he became a professor of political economy at Zaragoza (Saragossa), and the following year he became a professor of the history of law in Oviedo, which was to remain his permanent home (with summers spent in the countryside); he became a town councillor in 1887. Always in favor of affording more education to those not wealthy, he initiated university extension classes in 1898. His health had been bad since 1888, and he died of intestinal tuberculosis in 1901.

From 1880 on he wrote steadily and voluminously. His specialty was criticism, literary and otherwise, and his fame as the foremost literary critic of his day is firmly established. He wrote only two novels, *La Regenta* (The Magistrate's Wife; 1884/1885) and *Su único hijo* (His Only Son; 1890), but *La Regenta,* a massive book that exposes the "high society" of Oviedo, is colossal in every way, and is now recognized as one of the greatest 19th-century novels (anywhere, not just in Spain). His 1895 play *Teresa* was unsuccessful, but not for lack of merit.

In the field of short stories (he wrote about a hundred) he was extremely important; he has been called the creator of the modern short story in Spanish. Four volumes of stories were published during his lifetime (between 1886 and 1896) and two posthumously (in 1901 and 1916). All three of the pieces in this Dover anthology are from the 1893 volume *El Señor y lo demás, son cuentos* (The Lord, and the Rest are Stories),[5] published by Manuel Fernández y Lasanta, Madrid; the book contained 13 stories written between 1886 and 1893.

"¡Adiós, 'Cordera'!" had been published in a periodical in 1892. "Cambio de luz" had been published in a periodical during the first half of 1893. "Benedictino" was first published in the June 19, 1893

---

5. This arch title has been taken in two ways, which may have been intended: either that the author considered the first item in the book to be a short novel, and all the other items to be *cuentos;* or else the punning sense may be "God is everything, and all else is a mere fable, or inconsequential."

issue of *Los Lunes de El Imparcial* (Monday Editions of *The Impartial*).

The three stories exemplify many characteristics of the author's amazingly protean style (so varied and adaptable that some contemporary carpers said he had no style at all). "¡Adiós, 'Cordera'!," which has been called "a true prose poem," is in a simple style, with regional terms, befitting its rural Asturias setting (so dear to the author's heart); its sentiments are republican and pacifist (it is probably the most perennially popular story by "Clarín"). "Cambio de luz," in which "Clarín" portrays himself and reveals his own soul-searching to a large extent, is written by one intellectual for others; it is in a difficult, dense style, with long, involved sentences that prefigure Thomas Mann, and it abounds in overt and covert references to literature (the Bible, the ancient classics, etc.) and to other arts; it reflects the increasing idealism and spirituality of the author's latest phase. On the other hand, "Benedictino" reverts to the ultra-Realist approach of *La Regenta*, in which everyone's motives are relentlessly stripped bare, and greed and selfishness prevail; stylistically, this is reflected in the incessant, almost unbearable puns and word plays, which are particularly fitting since the main character is a professed sardonic wag.

(A final note on a narrative technique peculiar to "Clarín." He frequently presents a character's inward thoughts [interior monologue] in an odd combination of direct and indirect discourse: the thoughts are enclosed in quotation marks, but the verb forms are those of reported speech. An English translator must choose each time between outright direct discourse or outright indirect discourse.)

Spanish Stories of the Late Nineteenth Century

Cuentos españoles de fines del siglo XIX

Juan Valera

El Hechicero

El castillo estaba en la cumbre del cerro; y, aunque en lo exterior parecía semiarruinado, se decía que en lo interior tenía aún muy elegante y cómoda vivienda, si bien poco espaciosa.

Nadie se atrevía a vivir allí, sin duda por el terror que causaba lo que del castillo se refería.

Hacía siglos que había vivido en él un tirano cruel, el poderoso Hechicero. Con sus malas artes había logrado prolongar su vida mucho más allá del término que suele conceder la naturaleza a los seres humanos.

Se aseguraba algo más singular todavía. Se aseguraba que el Hechicero no había muerto, sino que sólo había cambiado la condición de su vida, de paladina y clara que era antes, en tenebrosa, oculta y apenas o rara vez perceptible. Pero, ¡ay de quien acertaba a verle vagando por la selva, o repentinamente descubría su rostro, iluminado por un rayo de luna, o, sin verle, oía su canto allá a lo lejos, en el silencio de la noche! A quien tal cosa ocurría, ora se le desconcertaba el juicio, ora solían sobrevenirle otras mil trágicas desventuras. Así es que, en veinte o treinta leguas a la redonda, era frase hecha el afirmar que había visto y oído al Hechicero todo el que andaba melancólico y desmedrado, toda muchacha ojerosa, distraída y triste, todo el que moría temprano y todo el que se daba o buscaba la muerte.

Con tan perversa fama, que persistía y se dilataba, en época en que eran los hombres más crédulos que hoy, nadie osaba habitar en el castillo. En torno de él reinaban soledad y desierto.

A su espalda estaba la serranía, con hondos valles, retorcidas cañadas y angostos desfiladeros, y con varios altos montes, cubiertos de densa arboleda, delante de los cuales el cerro del castillo parecía estar como en avanzada.

Juan Valera

The Sorcerer

The castle stood on the summit of the hill; and though it seemed half-ruined on the outside, the living quarters inside were said to be very elegant and comfortable still, if not very roomy.

No one dared to live there, no doubt because of the terror caused by what was reported about the castle.

Centuries earlier a cruel tyrant had lived in it, the mighty Sorcerer. With his wicked arts he had succeeded in prolonging his life far beyond the term which nature usually grants to human beings.

Something more singular yet was asserted. It was asserted that the Sorcerer hadn't died, but had merely altered the character of his life from its former transparency and clarity into one that was shadowy, hidden, and scarcely or rarely perceptible. But woe to the person who managed to see him roaming through the woods or who suddenly discovered his face, lit by a moonbeam, or who, without seeing him, heard his singing in the distance, in the silence of the night! Some of those who had that experience lost their wits, others were subject to a thousand other tragic misfortunes. And so, for twenty or thirty leagues around, it was a pat phrase that every man who went about melancholy and in a decline, every distracted, sad girl with dark rings around her eyes, everyone who died prematurely, and everyone who killed himself or sought death, had seen or heard the Sorcerer.

With such an evil reputation, which persisted and spread, in that age when men were more credulous than today, no one dared to dwell in the castle. Round about it solitude and wilderness reigned.

Behind it rose the mountain range, with deep valleys, twisting gorges, and narrow defiles, and with several high peaks covered with dense woodland, in front of which the castle hill seemed to form an advance outpost.

Por ningún lado, en un radio de dos leguas, se descubría habitación humana, exceptuando una modesta alquería, en el término casi del pinar, dando vista a la fachada principal del castillo, al pie del mismo cerro.

Era dueño de la alquería, y habitaba en ella desde hacía doce años, un matrimonio, en buena edad aún, procedente de la más cercana aldea.

El marido había pasado años peregrinando, comerciando o militando, según se aseguraba, allá en las Indias. Lo cierto es que había vuelto con algunos bienes de fortuna.

Muy por cima del prestigio que suele dar la riqueza (y como riqueza eran considerados su desahogo y holgura en el humilde lugar donde había nacido), resplandecían varias buenas prendas en este hombre, a quien, por suponer que había estado en las Indias, llamaban el Indiano. Tenía muy arrogante figura, era joven aún, fuerte y diestro en todos los ejercicios corporales, y parecía valiente y discreto.

Casi todas las mozas solteras del lugar le desearon para marido. Así es que él pudo elegir, y eligió a la que pasaba y era sin duda más linda, tomándola por mujer, con no pequeña envidia y hasta con acerbo dolor de algunos otros pretendientes.

El Indiano, no bien se casó, se fue a vivir con su mujer a la alquería que poco antes de casarse había comprado.

Allí poseía, criaba o se procuraba con leve fatiga cuanto hay que apetecer para campesino regalo y sano deleite. Un claro arroyo, cuyas aguas, más frescas y abundantes en verano por la derretida nieve, en varias acequias se repartían, regaba la huerta, donde se daban flores y hortaliza. En la ladera, almendros, cerezos y otros árboles frutales. Y en las orillas del arroyo y de las acequias, mastranzos, violetas y mil hierbas olorosas. Había colmenas, donde las industriosas abejas fabricaban cera y miel perfumada por el romero y el tomillo que en los circundantes cerros nacían. El corral, lejos de la casa, estaba lleno de gallinas y de pavos; en el tinado se guarecían tres lucias vacas que daban muy sabrosa leche; en la caballeriza, dos hermosos caballos, y en apartada pocilga, una pequeña piara de cerdos, que ya se cebaban con habas, ya con las ricas bellotas de un encinar contiguo. Había, además, algunas hazas sembradas de trigo, garbanzos y judías, y por último, allá en la hondonada un frondoso sotillo, poblado de álamos

Within a radius of two leagues, no human dwelling was to be seen on any side, except for a humble farmstead, almost at the edge of the pinewood, opposite the main facade of the castle, at the foot of the same hill.

Owners of the farmstead, and inhabiting it for twelve years now, were a man and wife, still in the prime of life, who had come from the nearest village.

The husband had spent years wandering, in trade or in the army, as people asserted, far off in the New World. What was definite is that he had returned with a moderate fortune.

Far beyond the prestige that wealth is accustomed to bestow (and, in the humble place where he was born, his relative comfort and affluence were regarded as wealth) were the many good qualities manifested by this man, who, because it was assumed he had been in the New World, was called the West Indian.[1] He cut a very dashing figure, he was still young, strong and skillful in every physical exercise, and he seemed to be brave and wise.

Nearly all the unmarried village girls wanted him for a husband. And so, he was able to take his pick, and he chose the one who was reputed to be, and no doubt was, the prettiest, taking her as his wife, to the no small envy, and even bitter pain, of some other suitors.

As soon as the West Indian married, he went to live with his wife in the farmstead he had purchased shortly before his wedding.

There he possessed, raised, or procured without much trouble, all that one could wish for in the way of rural pleasure and healthy delight. A clear brook, whose waters, colder and more plentiful in summer thanks to the snowmelt, were divided into several irrigation ditches, afforded moisture to the garden, where flowers and vegetables grew. On the hillside, almond, cherry, and other fruit trees. And on the banks of the brook and the ditches, mint, violets, and a thousand fragrant herbs. There were beehives, where the industrious bees produced wax and honey perfumed by the rosemary and thyme that grew on the surrounding hills. The farmyard, at a distance from the house, was full of chickens and turkeys; the cowshed sheltered three glossy-coated cows which gave delicious milk; in the stable two fine horses, and in a separate sty a small herd of pigs, nourished at times with beans, and at others with the abundant acorns of an adjoining grove of holm oaks. In addition there were a few plots of land sown with wheat, chickpeas, and

---

1. *Indiano* is a frequent epithet for an emigrant to the Americas who returns home with money.

negros y de mimbreras hacia cuyo centro iba precipitándose el arroyo y formando, ya espumantes cascadas, ya serenos remansos.

Como el Indiano era excelente cazador, liebres, perdices, patos silvestres y hasta reses mayores no faltaban en su mesa.

Así vivían, como he dicho, hacía más de doce años, marido y mujer, en santa paz y bienandanza, alegrándoles aquella soledad una preciosa y única hija que habían tenido y que rayaba en los once años.

No consta de las historias que hemos consultado, cuál fuese el nombre de esta niña; pero a fin de facilitar nuestra narración, la llamaremos Silveria.

Bien puede asegurarse, sin exageración alguna, que Silveria era una joya; un primor de muchacha. Se había criado al aire libre, pero ni los ardores del sol ni las otras inclemencias del cielo habían podido ofender nunca la delicadeza de su lozana y aún infantil hermosura. Como por encanto, se mantenía limpia y espléndida la sonrosada blancura de su tez. Sus ojos eran azules como el cielo, y sus cabellos dorados como las espigas en agosto.

Acaso, cuando éramos niños, nos consintieron y mimaron mucho nuestros padres. De todos modos, ¿quién no ha conocido niños consentidos y mimados? Y, sin embargo, a nadie le será fácil concebir y encarecer lo bastante el consentimiento y el mimo de que Silveria era objeto. La madre, por dulce apatía y debilidad de carácter, la dejaba hacer cuanto se le antojaba; y el padre, que era imperioso, como idolatraba a su hija y se enorgullecía de que se le pareciese en lo resuelta y determinada, y en la valerosa decisión con que ella procuraba siempre lograr su gusto y cumplir su real voluntad, lejos de refrenarla, solía, sin premeditar y reflexionar, darle alas y aliento para todo. Así es que, cuando el padre se iba, y se iba a menudo, ya de caza, ya a otras excursiones, se diría que por estilo tácito transmitía a la chica todo su imperio. Parecía, pues, Silveria, una pequeña reina absoluta, era tan generoso y noble el temple natural de su ánimo, que ni su absolutismo menoscababa el cariño y el respeto que a su madre tenía, ni la amplia libertad de que gozaba le valía nunca para propósito que no fuese bueno.

No había en la alquería más servidumbre que la anciana nodriza de la señora, cocinera y ama de llaves a la vez; su hija ya más que grande, la cual, aunque muy simple, trabajaba mucho y lavaba y planchaba bien; y el viejo marido de la nodriza, que hacía de gañán, porquerizo y vaquero.

green beans; and, finally, in the hollow yonder, a leafy little grove of black poplar and osier, toward the center of which the brook hastened, forming foaming cascades in some places and quiet pools in others.

Since the West Indian was an excellent hunter, his table never lacked for hares, partridges, wild ducks, and even bigger game.

There husband and wife had been living for more than twelve years, as I've said, in holy peace and prosperity, their solitude cheered by a precious only daughter whom they had had, and who was now close to eleven.

The histories we've consulted don't state this girl's name, but to make our narrative easier, we'll call her Silveria.[2]

It may well be claimed, without any exaggeration, that Silveria was a jewel, a wonderful girl. She had grown up in the open air, but neither the blazing sun nor other inclemencies of weather had ever been able to affect the delicacy of her vigorous and still childish beauty. As if by enchantment, the pink-tinged whiteness of her complexion remained clear and splendid. Her eyes were as blue as the sky, and her hair as golden as ears of wheat in August.

Perhaps we were greatly spoiled and pampered by our parents when we were children. At any rate, who hasn't known some spoiled and pampered children? And yet no one can readily conceive or sufficiently emphasize the extent to which Silveria was spoiled and pampered. Her mother, through a sweet nonchalance and weakness of character, let her do whatever she liked; and since her father, who was bossy by nature, idolized his daughter and was proud of what he regarded as her resolve and determination, and the brave decisiveness with which she always tried to get what she wanted and indulge her own sweet pleasure, far from restraining her, he would usually incite and encourage her in everything without premeditation or reflection. And so, when her father went hunting or on other trips, as he frequently did, you might say that in some unspoken way he transferred all his command to the little girl. Thus Silveria was like a little absolute queen, but the natural condition of her mind was so generous and noble that her absolutism didn't diminish her love and respect for her mother, nor did she ever use the extensive freedom she enjoyed for any purpose other than good.

The only servants in the farmstead were the mistress's old wet nurse, who was both cook and housekeeper; her daughter, already fully grown, who, though very simple, worked hard and was good at washing and ironing; and the nurse's old husband, who acted as farmhand, swineherd, and cowherd.

---

2. "Girl of the forest."

Silveria, como se había criado en aquel rústico apartamiento, sin hablar apenas sino con su gente y con sus padres, era dechado singular de candorosa inocencia. Se había formado de la naturaleza muy alegre y poético concepto, y en vez de recelar o desconfiar de algo, a todo se atrevía y de nada desconfiaba. Cuanto era natural imaginaba ella que existía para su regalo y que se deshacía para obsequiarla. ¿Cómo, pues, había de ser lo sobrenatural menos complaciente y benigno? Por eso, sin darse exacta cuenta de tal discurso, y más bien por instinto, Silveria no se asustaba ni de la oscuridad nocturna, ni de los vagos y misteriosos ruidos que forman el agua al correr y el viento al agitar el follaje. El mismo Hechicero, de quien había oído referir mil horrores, en lugar de causarle pavor, le infundía deseo de encontrarse con él y de conocerle y tratarle. A ella se le figuraba que era calumniado y que no podía ser perverso como decían.

Contaba su madre que el Hechicero no la atormentaba ya; pero que durante los primeros años de su matrimonio y de su estancia en la alquería, la había atormentado no poco. Tal vez, de noche, ella había oído su voz entonando melancólicos cantares; tal vez había llegado hasta su oído el son triste y mágico de su melodioso violín; tal vez ella le había entrevisto, al incierto resplandor de las estrellas, cuando atravesaba la selva y llegaba a un claro, donde no había encinas, pinos ni abetos. Entonces decía la madre que la sangre se le helaba con el susto; que sentía pena, como la que deben causar los remordimientos, considerando delito el ver o el oír, y que cerraba puertas y ventanas para que el Hechicero no viniese a buscarla.

Silveria no comprendía lo que contaba su madre, o lo comprendía al revés; ni en el canto ni en el sonido del violín acertaba a distinguir nada de espantable ni de pecaminoso; y lo único que le apenaba era que aquella música, a su ver tan infundadamente medrosa, no sonase ya nunca, o, al menos, no llegase a su oído.

Sin el menor recelo, y ligera como una corza, solía, pues, Silveria salir de su casa, donde su madre andaba distraída y empleada en faenas domésticas, y recorría, saltando y brincando, todas aquellas cercanías. De lo que más gustaba era de ir al pie del castillo, que no estaba lejos, y cuyas almenas y torres, y aún la fachada principal, con sus grandes ventanas ojivales, descollando sobre la masa de verdura, se divisaban bien desde el mismo cuarto en que ella dormía.

Delante del castillo había un ancho estanque de agua limpia y pura, porque el abundante arroyo que regaba la huerta, entrando y saliendo,

Since Silveria had been raised in that rustic isolation, speaking with hardly anyone but her servants and her parents, she was an unusual model of frank innocence. She had formed a very cheerful and poetic conception of nature, and instead of fearing or mistrusting anything, she was game for everything and shy of nothing. All that was natural, she imagined, existed for her pleasure and went out of its way to please her. So, how could the supernatural be less obliging and beneficent? Therefore, without reasoning out this train of thought, but rather by instinct, Silveria wasn't frightened by the dark of night, or by the vague, mysterious sounds produced by running water or the wind stirring the leaves. The very Sorcerer, of whom she had heard a thousand horrors reported, instead of instilling fear in her, imbued her with the desire to meet him, get to know him, and keep company with him. She imagined that he had been slandered and couldn't be as evil as people said.

Her mother used to relate that the Sorcerer no longer tormented her, but that during the first years of her marriage and residence in the farmstead, he had tormented her considerably. At times during the night she had heard his voice intoning melancholy songs; at times there had come to her ears the sad, magical sound of his melodious violin; at times she had glimpsed him in the unsteady starlight, as he crossed the forest and reached a clearing where there were no oaks, pines, or firs. At such times, her mother said, her blood would freeze with fright; she felt a grief like that which remorse must cause, considering it a crime to see or hear him, and she would lock the doors and windows to prevent the Sorcerer from seeking her out.

Silveria didn't understand these stories her mother told, or she understood them in the opposite way; she was unable to consider the singing or the violin playing as anything frightening or sinful; and the only thing that grieved her was that that music, which she looked on as a groundless cause of fear, was never heard any more or at least never reached her ears.

Without the slightest alarm, therefore, and lightly as a roedeer, Silveria would leave her house, where her mother went about absentmindedly, occupied with domestic chores, and she'd rove through the entire vicinity, hopping and skipping. What she liked best of all was to go to the foot of the castle, which wasn't far off, and whose battlements and towers, and even its main facade with its large Gothic windows, standing out against the mass of greenery, could be clearly discerned right from the room she slept in.

In front of the castle was a wide pond of clear, pure water; the plentiful brook that irrigated the garden constantly brought new water as

renovaba el agua de continuo. En aquel estanque el castillo se miraba con gusto como en un espejo.

Iluminando fantásticamente su fondo y prestándole apariencias de profundidad infinita, se retrataba también en él la divina amplitud de los cielos.

Por todo alrededor había, además de las encinas y robles de la selva, sauces, higueras, granados, acacias y muy viciosa lozanía de otras plantas y hierbas.

En una fresca mañana de abril, Silveria vagaba por aquel lugar solitario y oculto, cogiendo lirios, violetas y rosas, que florecían en abundancia y llenaban el ambiente con su perfume.

A deshoras oyó inesperado estrépito y fue a ocultarse entre unas matas. Entonces vio llegar a caballo a un hombre, que bajó de él y le ató a una rama por la rienda. El hombre estaba en lo mejor de su edad: vestía de negro, y bajo su sombrero con plumas y de ala ancha se descubría muy bello rostro. Era gentil su apostura. A su andar airoso resonaban las doradas espuelas.

El aspecto del forastero no era ciertamente para atemorizar a nadie, de suerte que Silveria, que ya de por sí no pecaba de tímida, salió de su escondite, y marchando hacia el recién llegado, le dijo:

—Buenos días tenga su merced.

Sorprendido el forastero de la repentina aparición, exclamó:

—¿Quién eres tú, chiquilla?

—Soy Silveria —contestó—; soy la hija del Indiano. Vivo a pocos pasos de aquí. Si no lo estorbase la arboleda, se vería desde aquí mi casa. Y el señor caballero, ¿es por ventura, el encantador de quien tanto se habla?

—No hija; yo no soy el encantador; pero ando en su busca. Y tú, dime, ¿qué hacías por aquí?

—Pues, ¿qué había yo de hacer? . . . Nada . . . , coger flores. Aquí las hay a manta . . . ¡Y tan bonitas! ¡Mire, mire cuántas he cogido! — Y extendiendo los brazos y desplegando el delantal, le enseñaba las flores que en él tenía.

—Tome su merced las que quiera.

—Gracias —dijo el caballero.

Y tomando del delantal dos lirios de los que tenían más largo el cabo, se quitó el sombrero, puso en él los lirios al lado de las plumas y volvió a cubrirse.

Tal vez notó la chica, mientras él estaba descubierto, que su cabellera era negra y rizada en bucles, blanca y serena la frente y los ojos dulces y tristes.

it entered and departed. In that pond the castle gazed at its reflection with pleasure, as if in a mirror.

Fantastically illuminating its bottom and lending it the semblance of infinite depth, the divine amplitude of the heavens were portrayed in it as well.

All around, in addition to the ilexes and oaks of the forest, there were willows, fig trees, pomegranate trees, acacias, and a very luxuriant growth of other plants and grasses.

On one cool April morning, Silveria was roaming through that lonely, remote spot, picking irises, violets, and roses, which bloomed there plentifully, filling the air with their fragrance.

Suddenly she heard an unexpected noise, and hid among some shrubs. Then she saw a man arriving on horseback; he dismounted and tied his horse to a tree branch by its reins. The man was in his most vigorous years: he wore black, and beneath his plumed, broad-brimmed hat a very handsome face could be seen. His bearing was noble. As he walked elegantly, his gilded spurs clinked.

The stranger's appearance was surely not calculated to frighten anyone, so that Silveria, who wasn't exactly timid to begin with, emerged from her hiding place and, walking up to the newcomer, said:

"Good day, sir."

Surprised at the sudden apparition, the stranger exclaimed:

"Who are you, little one?"

"I'm Silveria," she replied; "I'm the daughter of the West Indian. I live a few steps away from here. If the stand of trees weren't in the way, you could see my house from here. And is the gentleman by any chance the enchanter people talk about so much?"

"No, my girl, I'm not the enchanter, but I'm looking for him. And you, tell me, what were you doing around here?"

"Well, what *would* I be doing? . . . Nothing . . . picking flowers. There are loads of them here . . . and such pretty ones! Look, look at how many I've picked!" And, holding out her arms and unfurling her apron, she showed him the flowers it contained.

"Take as many as you like, sir."

"Thank you," the gentleman said.

And taking from her apron two of the irises that had the longest stems, he took off his hat, stuck the irises in it alongside the plumes, and put it back on.

Perhaps the girl observed, while his head was bare, that his hair was black and curled into ringlets, that his brow was white and serene, and his eyes soft and sad.

Ello es que, cobrando mayor confianza, habló así Silveria:

—Aunque me moteje de sobrado curiosa, ¿quiere su merced decirme qué diantre ha venido a hacer por estos andurriales?

Cayeron en gracia al caballero el imperioso desenfado y el infantil despejo de Silveria, y le respondió sonriendo:

—Hija mía, yo he comprado este castillo, y vengo a vivir en él. Mis criados van a llegar con el equipaje. Por la impaciencia de ver el castillo me he adelantado a trote largo.

—¡Ay! Y yo que nunca le he visto, porque está cerrado con llave . . . Déjeme su merced que le vea.

—Pues qué, ¿no tienes miedo?

—¿Y de qué?

—Entonces puedes venir conmigo. Aquí están las llaves; abriremos y entraremos, y lo veremos todo.

Dicho y hecho. Aquel joven señor abrió la puerta, y, acompañado de Silveria, recorrió el interior del castillo.

Luego que subieron la elegante escalera, vieron en el piso principal salas muy bien amuebladas, aunque todo cubierto de telarañas y de polvo.

Desde la ventana del centro, que estaba sobre la puerta y en la mejor sala, ambos se extasiaron al contemplar la magnífica vista. Allí se oteaban ríos y arroyos, risueñas llanuras, cortijos y aldeas distantes, y, como límite más remoto, montañas azules, cuyos picos se dibujaban o se esfumaban en el más nítido azul del aire diáfano, sin nubes y dorado entonces por el sol. En torno se veían, como mar de verdura, las apiñadas copas de los árboles que circundaban el castillo, y, no muy lejos, a la salida del bosque, la pequeña alquería de Silveria.

—Allí vivo yo —dijo al forastero, mostrándole la alquería con el pequeñuelo y afilado dedo índice.

Miró el forastero la alquería, y, antes de que dijese palabra, exclamó Silveria:

—¡Vaya si soy disparatada! De fijo que van a dar las nueve . . . , hora de almorzar. Mi padre va a chillar y a rabiar si me echa de menos. Adiós, adiós.

Y salió escapada, y bajó la escalera dando brincos.

No quiso él perseguirla ni detenerla; pero le gritó desde lo alto:

—Muchacha, ten cuidado, no te vayas a caer. Vuelve por aquí cuando quieras.

—Ya volveré, si no incomodo —contestó; y luego, mirando él de nuevo por la ventana, vió a la chica salir corriendo del castillo, cruzar

At any rate, her confidence increasing, Silveria said:

"Even if I run the risk of being too inquisitive, will you tell me, sir, what the devil you've come to this remote spot for?"

The gentleman was amused by Silveria's bossy outspokenness and childish brightness, and he answered with a smile:

"My girl, I've bought this castle, and I've come to live in it. My servants will come with the luggage. I was so impatient to see the castle that I rode ahead at a quick trot."

"Oh! And I who've never seen it, because it's locked . . . Let me see it, sir."

"But aren't you afraid?"

"Of what?"

"Then you can come with me. Here are the keys; we'll open up, go in, and see everything."

No sooner said than done. That young man opened the door and, accompanied by Silveria, walked through the interior of the castle.

As soon as they climbed the elegant staircase, they saw on the main floor salons that were very well furnished, though everything was covered by cobwebs and dust.

From the middle window, which was located above the main entrance in the finest salon, they were both enraptured at the magnificent view. There they could survey rivers and streams, charming plains, haciendas and faroff villages, and, in the farthest distance, blue mountains whose peaks were clearly outlined or melted away in the clearest blue of the diaphanous air, which was cloudless at the moment and gilded by the sun. All around, like a sea of verdure, could be seen the clustering tops of the trees that surrounded the castle, and, at no great distance, at the edge of the woods, Silveria's little farmstead.

"That's where I live," she told the stranger, pointing to the farm with her tiny, slender index finger.

The stranger looked at the farm, but before he could say a word, Silveria exclaimed:

"What a dunce I am! It must surely be almost nine . . . breakfast time. My father will rant and rave if I'm not there. Good-bye, good-bye!"

And she dashed out, hopping down the stairs.

He didn't wish to run after her or detain her, but he shouted to her from his high vantage point:

"Be careful, girl, don't fall. Come back here whenever you like."

"I'll be back, if I'm not in the way," she replied; and then, as he looked out the window again, he saw the girl running out of the

por la orilla del estanque y perderse de vista bajo la enramada, donde estaba la senda más corta que a su casa conducía.

Más de una semana pasó Silveria sin volver al castillo, aunque sentía muchas ganas de volver, estimulada por el afán de saber lo que allí pasaba.

Ella había esperado que el forastero hubiese venido a visitar a sus padres, como a sus únicos vecinos, o haberle encontrado a caballo o a pie, en los paseos de ella por el campo. Pero estas esperanzas le salieron vanas. Sin duda el joven señor había buscado la más completa soledad, en la cual de tal modo se complacía que se pasaba el tiempo encerrado en su nueva mansión, invisible para todos.

Silveria, al cabo, no supo resistir a su deseo de volver a verle. Recordó que le agradaban las flores, y, cogiendo muchas de las más lindas y fragantes que había entonces en su huerta, hizo un ramillete y se fue con él al castillo.

A la puerta había un viejo criado.

—Traigo estas flores para el señor —le dijo Silveria.

El viejo criado echó mano a las flores para llevárselas.

—¡Tate, tate, atrevido! —dijo la muchacha riendo—. Yo misma he de llevar las flores. Anuncie a su amo que Silveria está aquí.

Riendo a su vez el viejo de la despótica desenvoltura de la muchacha, se fue a cumplir su mandato.

Ella le siguió hasta el pie de la escalera, y como desde allí sintiera pasos en lo alto, el viejo gritó:

—Señor, aquí está Silveria.

—Que suba, que suba —respondió el señor al punto.

No fue menester más. Silveria dio un ligero empujón al viejo, que estaba delante de ella atajándole el paso, subió los escalones de dos en dos, hizo una graciosa reverencia al forastero, que ya le aguardaba arriba, y le presentó el ramillete.

Él le tomó, diciendo mil gracias, y besó en la frente a Silveria. Luego añadió, dirigiéndose al criado, que acababa de subir:

—Juan, toma estas flores . . . , con cuidado, no se deshojen. Ponlas en un vaso con agua. Trae bizcochos, confites y vino dulce moscatel para agasajar a mi huéspeda.

Después entraron en el salón donde Silveria lo halló todo más bonito. Ya no había telarañas ni polvo. Los muebles parecían mejores; las telas tenían más vivo color, y las maderas, lustre, bruñidas con la limpieza.

castle, crossing along the bank of the pond, and disappearing beneath the arbor, where there was the shortest path leading to her house.

Over a week went by and Silveria didn't return to the castle, though she felt a strong urge to do so, stimulated by eagerness to find out what was going on there.

She had hoped that the stranger would come and visit her parents, since they were his only neighbors, or that she'd run across him on horseback or on foot during her walks through the countryside. But these hopes of hers had proved vain. No doubt the young gentleman had been seeking the most complete solitude, in which he took such delight that he was spending his time shut away in his new residence, unseen to everyone.

Finally Silveria couldn't resist her desire to see him again. She recalled that he liked flowers and, picking many of the prettiest and most fragrant in her garden at the time, she made a bouquet and departed for the castle with it.

At the door there was an elderly servant.

"I'm bringing these flowers for the gentleman," Silveria told him.

The elderly servant grasped the flowers so he could bring them in.

"Easy there, easy there, you bold fellow!" the girl said, laughing. "I'm going to take him the flowers myself. Announce to your master that Silveria is here."

The old man, laughing in turn at the girl's despotic carefreeness, went to carry out her orders.

She followed him to the foot of the stairs; since from that spot he heard steps upstairs, the old man called:

"Sir, Silveria is here."

"Send her up, send her up," the gentleman replied immediately.

No more was needed. Silveria gave the old man a slight shove, since he was in front of her, blocking her way; she climbed the tall steps two at a time, made a graceful curtsey to the stranger, who was already awaiting her above, and offered him the bouquet.

He took it, with a thousand thanks, and kissed Silveria on the forehead. Then, addressing his servant, who had just come upstairs, he added:

"Juan, take these flowers . . . careful, don't knock off the petals. Put them in a vase with water. Bring biscuits, candy, and sweet muscatel wine to entertain my guest."

Then they entered the salon, in which Silveria found everything more beautiful. There were no longer any cobwebs or dust. The furniture seemed to be of finer quality; the cloth was of heightened color and the wood shone from cleaning and polishing.

Junto a la ventana principal había un bufete, con recado de escribir, y muchos libros y papeles.

Silveria, arrellanada en un sillón, se comía un bizcocho de los que Juan le presentara en una bandeja de plata.

—Está muy rico —dijo, y se comió dos más.

Cuando se fue el criado y Silveria se quedó sola con el amo, contestó con sencilla naturalidad a varias preguntas que éste le hizo. Juzgándose así autorizada a preguntar también, sometió al forastero a un chistoso interrogatorio:

—¿Cómo se llama su merced? —le preguntó.

—Me llamo Ricardo, para servirte.

—Para servir a Dios —repuso ella—. Y dígame su merced, ¿en qué emplea su tiempo, encerrado aquí todito el día y sin ver a nadie?

—En escribir.

—¿Y qué escribe?

—Comedias, novelas . . . ; soy poeta.

—Vamos, ya entiendo . . . , tramoyas y líos de enredo divertido para entretener a la gente ociosa.

—Así es, hija mía.

—Oiga usted, ¿y cómo se arregla su merced a fin de inventar tanta maraña, sacandola de la cabeza? Difícil ha de ser el oficio. ¿Quién se lo enseñó?

—El Hechicero, de quien tantas cosas has oído.

—¿Y dónde y cómo le vio su merced?

—Le vi hace años. Le perdí luego, y me temo que no he de volverle a hallar nunca.

Silveria no comprendió nada de esto, y se lo confesó al forastero con inocente franqueza.

—Con el tiempo lo comprenderás —le dijo él—; eres muy niña todavía.

Y como no le dio más explicaciones, ella se sintió lastimada y picada en el fondo de su alma, de que él, no sólo la creyese ignorante, sino por lo pronto, y Dios sabe hasta cuando, incapaz de aprender, indigna de que se le revelase misterio alguno.

Y en su sentir había allí misterio. A la verdad, la idea inmediata y distinta que ella se formaba del oficio de Ricardo, era la de que inventaba embustes ingeniosos e inofensivos que pudiesen servir de diversión apacible. Pero Silveria cavilaba mucho y su pensamiento iba deprisa y volaba al cavilar, imaginando cosas hermosamente confusas, ya que ella no atinaba entonces a expresarlas con palabras, ni podía siquiera ordenarlas en su cabeza para

Next to the main window was a desk with writing materials and many books and papers.

Sitting back comfortably in an armchair, Silveria ate one of the biscuits Juan had offered her on a silver tray.

"It's very delicious," she said, and ate two more.

When the servant left and Silveria was alone with his master, she replied with simplicity and naturalness to several questions he asked her. Deeming herself thereby authorized to ask some of her own, she subjected the stranger to a humorous interrogation.

"What's your name, sir?" she asked.

"My name is Ricardo, may it please you."

"May it please God," she retorted. "And tell me, sir, how do you occupy your time, shut away in here all day long without seeing anybody?"

"Writing."

"And what do you write?"

"Plays, novels . . . I'm a poet."

"Oh, now I get it . . . complicated plots and amusing entanglements to entertain idle people."

"That's correct, my girl."

"Listen, sir, how do you go about it to invent all that confusion, getting it all out of your own head? The job must be difficult. Who taught it to you?"

"The Sorcerer, of whom you've heard so much."

"And where and how did you see him, sir?"

"I saw him years ago. Then I lost him, and I'm afraid I'll never find him again."

Silveria didn't understand any of this, and admitted as much to the stranger with innocent candor.

"In time you'll understand," he said; "you're still too young."

And since he gave her no further explanations, she felt hurt and piqued at the bottom of her heart to think that he not only believed her to be ignorant, but also for the time being, and for God knows how long to come, incapable of learning, unworthy of having any mystery revealed to her.

And, as she saw it, there *was* a mystery in this. To tell the truth, the immediate, clear idea she conceived with regard to Ricardo's occupation was that he invented ingenious but harmless swindles that might serve as placid entertainment. But Silveria pondered this extensively, and her thoughts moved fast and went beyond reflection, imagining things that were beautifully confused, since she was unable at that time to express them in words, or even sort them out in her head in

percibirlas mejor. Sólo vagamente, discurriendo ella en cierta penumbra intelectual, notaba que las ficciones del poeta no eran mero remedo de lo que todos vemos y oímos, sino que penetraban en su honda significación, revelando no poco de lo invisible y de lo inaudito, y haciendo patentes mil tesoros que esconde la naturaleza en su seno. Pero ¿quién prestaba al poeta la llave para abrir el arca en que esos tesoros se custodian? ¿Quién le daba la cifra para interpretar el sentido encubierto de lo que dicen los seres? ¿De qué habla el viento cuando susurra entre las hojas? ¿Qué murmura el arroyo? ¿De qué cantan los pajarillos? ¿Qué cuentan, qué declaran los astros cuando nos iluminan con su luz? De seguro debía de haber un ángel, un duende, un genio, un espíritu familiar que nos acudiese en todo esto. Ricardo había de estar en relación con él, había de saber evocaciones que a él obedeciesen, conjuros que se sujetasen a su mandado.

Tales ensueños, y otros mil, enteramente inefables, surgían en la imaginación de Silveria y aguijoneaban su curiosidad.

Ricardo, no obstante, había dicho que era muy niña para entender en otros asuntos al parecer de menor importancia. ¿Cómo, pues, había ella de considerarse apta para iniciarse e instruirse en algo, a su vez, más recóndito y oscuro?

Silveria era modesta y prudente, a pesar de su desenfado y de su audacia, y no insistió en preguntar.

Para su consolación y sosiego, puso en lo inexplicado extraño deleite, y buscó y halló en lo desconocido inagotable venero de suposiciones fantásticas, que la divertían y embelezaban.

Sus visitas a Ricardo no fueron en lo sucesivo muy frecuentes. Silveria era orgullosa, y no quería estar de más, ni ser importuna o cansada; pero Ricardo la trataba bien, como a una chiquilla despejada, mimada y graciosa, y ella siguió visitándole de vez en cuando, trayéndole flores y comiéndole sus bizcochos.

Alentada por él, que le dijo que le mirase como a su hermano mayor, Silveria acabó por tutearle.

Cuando a solas, pensaba en Ricardo, a veces le tenía grande envidia por el trato íntimo en que se figuraba que había de estar con los genios del aire o con otros seres e inteligencias sobrehumanas; a veces le tenía muchísima lástima al contemplar el aislamiento y abandono en que él vivía, sin padre ni madre que le cuidasen y mimasen como a ella la cuidaban y mimaban.

De esta suerte, fueron pasando días y días hasta que llegó el invierno con sus escarchas y hielos.

order to perceive them better. Only vaguely, thinking things over in a kind of mental twilight, she observed that the poet's fictions were not a mere copy of what we all see and hear, but that they penetrated the deep meaning of things, revealing a considerable amount of the unseen and the unheard, and bringing to light a thousand treasures which nature conceals in her bosom. But who lent the poet the key to open the casket in which these treasures are kept? Who gave him the code word to decipher the hidden meaning of what the beings say? What does the wind speak of when it whispers among the leaves? What does the brook murmur? What do the birds sing about? What do the heavenly bodies relate and declare when they illuminate us with their light? There must surely be an angel, a brownie, a genie, a familiar spirit to come to our aid in all these matters. Ricardo must be in contact with them, he must know spells to make them obey him, invocations to subject them to his orders.

Daydreams like these, and a thousand others, completely ineffable, welled up in Silveria's imagination, spurring her curiosity.

All the same, Ricardo had said she was too young to understand other subjects seemingly of less importance. Then how could she consider herself able to be initiated and instructed in something even more recondite and obscure?

Silveria was modest and prudent, despite her outspokenness and boldness, and she didn't persist in her questioning.

To her consolation and peace of mind, she felt a strange delight in the unexplained, and she sought and found in the unknown an inexhaustible vein of fantastic assumptions which amused and enchanted her.

After that, her visits to Ricardo weren't very frequent. Silveria was proud, and didn't want to be in the way, or be troublesome or tiresome; but Ricardo treated her kindly, like a bright, pampered, and graceful little girl, and she continued to visit him occasionally, bringing him flowers and eating his biscuits.

With his encouragement—he told her to consider him like an older brother—Silveria finally began to address him as *tú*.

When she was alone and she thought about Ricardo, she sometimes envied him greatly for being in close contact (as she imagined he must be) with the genies of the air or with other superhuman beings and intelligences; at other times she pitied him deeply because of the isolation and loneliness in which he lived, with no father or mother to take care of him and pamper him as she was cared for and pampered.

In this manner days and days passed by until winter arrived with its hoarfrost and ice.

La Nochebuena quiso el Indiano obsequiar a su hija y le compró y le trajo de la menos distante ciudad un precioso Nacimiento. Jerusalén con el templo de Salomón y el palacio de Herodes, todo de cartón pintado, estaba en lo más alto, sobre muchos peñascos, de cartón también; pedacitos de vidrio imitaban ríos y arroyos; la estrella que guiaba a los Reyes Magos aparecía atada a un alambre, y el portal de Belén figuraba en primer término.

Más de cuarenta muñequitos de barro animaban el paisaje. Herodes conversaba con la reina, asomados ambos a un balcón; Melchor, Gaspar y Baltasar iban a caballo, trotando por una vereda y guiados por la estrella maravillosa; el Niño Jesús se veía en el portal con la Virgen, San José, el buey y la mulita; pastores y zagalas se prosternaban adorando al Niño; otros cuidaban de las ovejas o de una bandada de pavos; y seis o siete ángeles, vistosísimos y con alas desplegadas, al parecer de oro, anunciaban la Buena Nueva al mundo tocando sendas trompetas.

Iluminado todo esto por dos docenas lo menos de cerillas, tomaba un aspecto deslumbrador; semejaba un ascua de oro.

En extremo se holgó Silveria al ver encendido su Nacimiento. Hubo en la alquería fiesta familiar. La nodriza tocó la zambomba, y amos y criados cantaron villancicos, y patriarcal y primitivamente cenaron juntos sopa de almendras, besugo, potaje de lentejas, y para postre castañas cocidas, olorosas peras y otras frutas bien conservadas desde el otoño.

Terminada la fiesta, todos se recogieron a dormir mucho antes de media noche; pero Silveria se sentía harto desvelada, y mil ensueños y fantasías la tenían alerta y alborotaban su espíritu.

Sola en su cuarto, abrió las maderas de la ventana y se puso a mirar el cielo y los campos solitarios y silenciosos. Ni la más ligera ráfaga de viento movía las ramas. El aire, sin nubes, consentía que la luna bañase con su pálido fulgor los montes y las copas de los árboles. Misteriosa oscuridad prevalecía donde éstos proyectaban su sombra. Alguna nieve, en el ramaje y extendida por el suelo, relucía cual bruñida plata, y al quebrarse en ella los rayos de la luna, ya lanzaban destellos diamantinos, ya formaban iris fugaces. Silveria contempló todo lo dicho, pero miró también el castillo, que sobresalía entre los árboles, y vio luz al través de los vidrios de la ventana principal. La lámpara ardía aún sobre el bufete, y su amigo sin duda estaba escribiendo o leyendo.

Ella tuvo entonces muy grande compasión de la soledad de su amigo, y, al pensar en que ella se había divertido tanto, mientras él

For Christmas Eve, the West Indian wanted to give his daughter a gift, and in the nearest city he bought her and brought home an expensive Nativity scene. Jerusalem, with Solomon's temple and Herod's palace, all of painted cardboard, were at the highest level of the scene, overlooking many cliffs, also of cardboard; little pieces of glass imitated rivers and streams; the star that guided the Magi was tied to a wire, and the manger at Bethlehem was in the foreground.

More than forty clay figurines gave life to the landscape. Herod was chatting with the queen as they both stood on a balcony; Melchior, Gaspar, and Baltasar were on horseback, trotting down a path and guided by the miraculous star; the Christ Child could be seen by the manger with the Virgin, Saint Joseph, the ox, and the ass; shepherds and shepherdesses were prostrate worshipping the child; others were tending the sheep or a flock of turkeys; and six or seven angels, resplendent with open wings, seemingly of gold, were announcing the Good Tidings to the world, each one blowing a trumpet.

All this, lit by at least two dozen small candles, took on a dazzling aspect; it resembled a golden ember.

Silveria's pleasure reached its peak when she saw her Nativity illuminated. There was a family celebration in the farmhouse. The nurse played the friction drum, and masters and servants sang carols, and together, in the ancient patriarchal manner, they dined on almond soup, sea bream, stewed lentils, and for dessert boiled chestnuts, fragrant pears, and other fruit that had been put up in the fall.

When the party was over, they all went to bed long before midnight; but Silveria felt wide awake, and a thousand daydreams and fancies kept her up, exciting her mind.

Alone in her room, she opened the shutters and stood looking at the sky and the solitary, silent countryside. Not even the slightest puff of wind was stirring the boughs. The cloudless air allowed the moon to bathe the mountains and the treetops with its pale gleaming. A mysterious darkness prevailed where the trees threw their shadow. A little snow, on the branches and spread over the ground, shone like polished silver, and when the moonbeams were refracted on it, they darted diamondlike flashes or formed transitory rainbows. Silveria observed all this, but she also looked at the castle, which stood out among the trees, and saw a light through the panes of the main window. The lamp was still burning on the desk, and her friend was no doubt writing or reading.

At that moment she felt great compassion for her friend's loneliness, and when she recalled that she had had such a good time, while

había estado tan solo, se le saltaron las lágrimas. Allá en sus adentros ponderó y encareció además la magnificencia y primor de su Nacimiento, y se afligió sobremanera de que Ricardo no le hubiese visto. Se sintió dominada por un irresistible deseo de lucir ante su amigo aquella maravilla artística de que era poseedora, gracias a la generosidad de su padre, y sin premeditarlo nada, tomó la resolución más atrevida.

Se abrigó lo mejor que pudo, bajó la escalera de puntillas, se apoderó de la llave de la puerta, abrió y volvió a cerrar, y se encontró al raso, con bastante frío y llevando en las manos el Nacimiento, apagado, que, por dicha, si bien tenía alguna balumba, pesaba muy poco.

Como era robusta y ágil, en menos de diez minutos se plantó en la puerta del castillo, cargada con magos, ángeles, Niño Dios, ovejas, pavos, Jerusalén y pastores.

Depositando su carga en el suelo, dio dos aldabonazos, y pronto oyó la voz del viejo Juan diciendo:

—¿Quién llama?

—Gente de paz. ¡Ábreme, hombre!

Juan conoció la voz, y abrió, todo espantado y santiguándose y persignándose.

—¡Ave María purísima! ¿Qué ha sucedido? ¿Muchacha, te has vuelto loca?

—No seas tonto —replicó ella—. Yo estoy en mi juicio. Vengo a que vea tu amo esta preciosidad. Vamos a encender a escape.

Y, valiéndose de la luz que Juan traía, encendió sin detenerse las candelas todas.

—Cállate, no digas que estoy aquí. Voy a sorprender a tu amo.

Y cargando de nuevo con el Nacimiento, ya todo refulgente, subió Silveria la escalera.

El poeta, con los codos sobre la mesa y absorto en sus meditaciones, no había sentido nada.

Silveria entró, se acercó a él sin hacer ruido, y cuando estuvo a cortísima distancia, recordó lo que el ángel principal llevaba escrito en un cartoncillo, pendiente de la trompeta, y con voz argentina y melodiosa, le dijo como saludo:

—¡Gloria a Dios en las alturas y paz en la tierra a los hombres de buena voluntad!

Maravillado el poeta, se puso de pie de un salto, y la muchacha, adelantándose rápidamente, colocó sobre la mesa la luminosa y sencilla representación del sagrado misterio.

—¡Vamos! —exclamó—. Confiesa que es muy bonito.

he had been all alone, tears came to her eyes. In her mind she magnified and exaggerated the splendor and excellence of her Nativity, and she was excessively vexed that Ricardo hadn't seen it. She felt dominated by an irresistible urge to show off to her friend that artistic marvel she owned, thanks to her father's generosity, and without any forethought she made an extremely daring decision.

Dressing up as warmly as she could, she went downstairs on tiptoe, took the key to the door, opened it and locked it behind her, and found herself outdoors, where it was quite cold, carrying the unlighted Nativity in her hands; fortunately, though it was fairly bulky, it wasn't very heavy.

Since she was robust and agile, less than ten minutes later she was standing at the castle door, laden with Magi, angels, the Christ Child, sheep, turkeys, Jerusalem, and shepherds.

Placing her burden on the ground, she wielded the knocker twice, and soon she heard old Juan's voice saying:

"Who's there?"

"Peaceful folk. Open up, man!"

Juan recognized her voice and let her in; he was quite frightened and repeatedly made the sign of the Cross.

"Holy Mother of God! What has happened? Have you gone crazy, girl?"

"Don't be a fool," she retorted; "I'm in my right mind. I've come to show this wonderful thing to your master. Let's light it up right away."

And making use of the taper Juan was carrying, without delay she lit all the candles.

"Be quiet, don't say I'm here. I'm going to surprise your master."

And once again taking up the Nativity, which was now all refulgent, Silveria went upstairs.

The poet, his elbows on his desk and absorbed in his meditations, hadn't heard a thing.

Silveria came in and approached him noiselessly; when she was very close, she remembered the message that the main angel bore, written on a scrap of paper hanging from his trumpet, and in silvery, melodious tones she repeated it as a greeting:

"Glory to God in the highest, and peace on earth to men of good will!"

In his amazement the poet leapt to his feet, and the girl, coming forward rapidly, placed on his desk the luminous, simple depiction of the sacred mystery.

"Come now!" she exclaimed. "Admit that it's very beautiful."

Ricardo lo miró todo, por un breve instante, sin decir palabra. Luego miró a Silveria y dijo:

—¡Ya lo creo . . . , es un prodigio!

Y asiendo a la chica por la cintura con ambas manos la levantó a pulso en el aire, la chilló, la brincó y le dio en las frescas mejillas media docena de besos sonoros. En seguida la reprendió suave y paternalmente por el audaz desatino de haberse escapado de su casa, viniéndose sola a media noche por entre los pinos. Ella le oyó compungida, pero no arrepentida.

No por eso dejó él de mirar de nuevo el Nacimiento celebrándole mucho. Después apagó a soplos todas las candelas, se puso la capa y el sombrero, hizo que Juan le acompañase, cargado con el Nacimiento, y, tomando a Silveria de la diestra, y en su izquierda una linterna encendida, llevó a la chica a casa de sus padres donde la hizo entrar, donde Juan dejó el Nacimiento y de donde no se retiró hasta que Silveria quedó dentro y echó la llave.

Pasó tiempo, y las visitas de Silveria y sus coloquios con el poeta no se hicieron más frecuentes. Harto notaba ella, apesadumbrada, aunque sin enojo, que él le hablaba siempre de niñerías, que no se dignaba leerle nada de sus obras, y que no llegaba nunca a explicarle los arcanos procedimientos de su arte.

Pero Silveria, que tenía mucho orgullo, culpaba de todo a sus cortos años, y se afligía poco, porque era confiada, jovial y alegre, y no se afligía sino con sobrado motivo.

Jamás hablaba al poeta de sus escritos, contentándose con saber, por Juan, que en la capital del reino eran cada vez más celebrados, proporcionando a su autor envidiable fama.

Ricardo se ausentaba con frecuencia: iba a la capital, pasaba allí algunos meses y volvía a su retiro.

Apenas volvía, acudía Silveria a verle, y él la encontraba tan niña, tan graciosa y tan inocente como la había dejado.

Aconteció, no obstante, que en una de esas excursiones, Ricardo tardaba mucho en volver. Silveria preguntaba a Juan, que había quedado guardando el castillo, cuándo volvería su amo, y, por las respuestas que de Juan recibía, calculaba que iba el poeta a tardar mucho, que acaso ya no volvería jamás.

Así transcurrieron, no dos o tres meses, como en otras ocasiones, sino más de cinco años; pero Silveria distaba infinito de olvidar al poeta. Siempre le tenía presente en la memoria, y aún le veía en sueños. Y si bien le causaba amarga tristeza la desesperanza de volver

Ricardo looked it all over for a brief instant, without saying a word. Then he looked at Silveria and said:

"I agree . . . it's marvelous!"

And taking the girl around the waist with both hands, he lifted her bodily into the air, he roared at her, bobbed her up and down, and planted a half-dozen noisy kisses on her healthy cheeks. Then he reprimanded her gently and paternally for the daring folly of running out of her house and coming alone at midnight among the pines. She listened to him with remorse, but not with regret.

None of this prevented him from looking at the Nativity again and praising it highly. Then he blew out all the candles, put on his cape and hat, ordered Juan to accompany him, carrying the Nativity, and, taking Silveria with his right hand and carrying a lighted lantern in his left, he led the girl to her parents' house; there he made her go in, there Juan left the Nativity, and from there he didn't withdraw until Silveria was inside and had locked the door.

Time went by, and Silveria's visits and conversations with the poet didn't become more frequent. She noticed all too well—and it grieved her without making her angry—that he always spoke to her about childish things, he didn't deign to read her any of his works, and he never got around to explaining the arcane procedures of his art.

But Silveria, who was very proud, put the blame for everything on her youth, and wasn't greatly distressed, because she was self-confident, jovial, and cheerful, and only became distressed when there was more than sufficient reason.

She never spoke to the poet about his writings, contenting herself with learning from Juan that in the capital of the kingdom they were becoming more famous every day, garnering enviable fame for their author.

Ricardo was often away: he'd go to the capital, spend a few months there, and then return to his retreat.

The moment he got back each time, Silveria would come to see him, and he found her just as girlish, gracious, and innocent as he had left her.

Nevertheless it came about that on one of those trips Ricardo's return was greatly delayed. Silveria asked Juan, who had stayed behind to take care of the castle, when his master would be back; from the answers she received from Juan she reckoned that the poet was going to be away for some time and might not even return at all.

And so, not two or three months, as no other occasions, but more than five years went by; but Silveria was infinitely far from forgetting the poet. He was always present in her memory, and she even saw him in dreams. Even though the hopelessness of seeing him again in the

a verle en realidad, la energía sana y la noble serenidad de su espíritu
se sobreponía a todas las penas. Por Juan sabía además, y esto la con-
solaba, que Ricardo estaba bien de salud y que alcanzaba brillantes
triunfos allá en remotos países.

Ella también triunfaba, a su modo, en aquel apartado retiro en que
vivía. Gloriosa transformación y vernal desenvolvimiento hubo en
todo su ser. Estaba otra, aunque más bella. Creció hasta ser casi tan
alta como su padre; su cabeza parecía en proporción al resto del
cuerpo, más pequeñita y mejor plantada sobre el gracioso cuello, cuyo
elegante contorno quedaba descubierto por la cabellera rubia, no
caída ya en trenzas sobre la espalda, sino recogida en rodete; los rici-
llos ensortijados, que flotaban sueltos por detrás, hacían el cuello más
lindo aún, como si vertiesen, sobre apretada leche teñida con fresas,
lluvia de oro en hilos y de canela en polvo; la majestad gallarda de su
ademán y de sus pasos indicaba la salud y el brío de sus miembros
todos; la armonía divina de sus formas se revelaba al través de la
ceñida vestidura, y, agitándose su firme pecho, se levantaba en curva
suave.

En resolución, Silveria era ya una hermosísima mujer; pero tan inocente y pura como cuando niña.

La madre, al ver a Silveria en edad tan sazonada y florida, excitó al
Indiano a salir de aquella soledad y a irse a vivir en la aldea o en la
población mayor y más rica, a fin de hallar un buen novio con quien
la chica se casase; pero el Indiano se oponía siempre a tal proyecto y
le condenaba como profanación abominable. Aunque valiéndose de
términos más rudos, él razonaba de esta suerte. Algo dormía aún en
Silveria, y era cruel romper bruscamente su sueño de ángel; era
impío, sin aguardar a que ella misma bajase del cielo a cumplir su misión, lanzarla de repente en la tierra, por grandes que fuesen las
venturas que la tierra le brindara.

Convenía por otra parte, que aquella rosa temprana desplegase sus
pétalos con todo reposo y no diese precipitadamente el aroma y la
miel de su cáliz. El Indiano alegaba, por último, que no era de temer
que su hija perdiese la ocasión. Por su sin par belleza podía aspirar a
enlazarse con un príncipe y como, además, el Indiano había admi-
nistrado bien su caudal, había ahorrado bastante y podía dotar a Silveria con generosa esplendidez; siempre que se lo propusiese acudirían
los novios a bandadas como los gorriones al trigo.

No se sabe si los razonamientos del Indiano convencieron o no a su
mujer, pero ella hubo de someterse, según tenía de costumbre.

Silveria continuó, pues, selvática y casi retraída de toda convivencia

flesh caused her bitter distress, the healthy energy and noble serenity of her mind overcame all sorrow. Moreover, she learned from Juan—and this consoled her—that Ricardo's health was good and that he was earning brilliant success in faroff lands.

She, too, was triumphant, in her own way, in that secluded retreat where she lived. A glorious transformation, a springlike development, had taken place in her whole being. She was different, but more beautiful. She had grown until she was nearly as tall as her father; in proportion to the rest of her body her head seemed smaller and more firmly planted on her graceful neck, whose elegant outline was left uncovered by her blonde hair, which no longer hung down her back in braids but was gathered into a bun; her ringleted curls, which floated freely over her shoulders, made her neck even prettier, as if, onto condensed milk tinged with strawberries, they were pouring a shower of golden threads and powdered cinnamon; the elegant majesty of her stance and gait indicated the good health and verve of her whole body; the divine harmony of her shape was revealed by her close-fitting attire, and her firm bosom, quivering, rose in a gentle curve.

In short, Silveria was now a very beautiful woman, but just as innocent and pure as when she was a girl.

Her mother, seeing Silveria at such a mature, blossoming age, urged the West Indian to leave that solitude and move into the village or into the largest, richest town, in order to find a good suitor for the girl to marry; but the West Indian was always opposed to such a plan, condemning it as an abominable sacrilege. Though he used stronger language, he reasoned in this way: there was still something dormant in Silveria, and it would be cruel to shatter her angelic dream abruptly; it would be impious not to wait until she herself descended from heaven to carry out her mission before suddenly hurling her to earth, no matter how great the good fortune which the earth might offer her.

On the contrary, it was fitting that that early rose should unfurl its petals very calmly and not emit the fragrance and honey of its calyx too hastily. Lastly, the West Indian asserted that there was no fear that his daughter might lose her chance. With her matchless beauty she could aspire to marry a prince; moreover, since the West Indian had managed his fortune well, he had saved enough money to give Silveria a generous, splendid dowry; whenever invited, suitors would show up in flocks like the sparrows in the wheatfield.

It isn't known whether the West Indian's logic convinced his wife or not, but she had to yield, as she was accustomed to do.

So Silveria continued to be a girl of the wilds, a virtual stranger to

y trato de gentes, como paloma torcaz, como escondida flor del desierto.

En una tarde apacible del mes de mayo subió Silveria al castillo a ver al anciano Juan, que allí vivía solo.

Extraordinarios fueron su júbilo y su sorpresa cuando supo que la noche anterior, sin previo aviso, había llegado Ricardo después de cinco años de ausente.

Como cuando ella tenía once años, con igual sencillez, si bien con mayor ímpetu, apartó Silveria al criado, corrió por la escalera arriba, y, conmovida, jadeante y bañadas las mejillas en encendido carmín, se lanzó en la sala, donde, por dicha, se encontraba el poeta.

Recondando entonces, de súbito, el saludo angélico de la noche de Navidad, le repitió diciendo:

—¡Gloria a Dios en las alturas y paz en la tierra a los hombres de buena voluntad!

Pasmado, mudo, estático se quedó él, como si una portentosa deidad hubiera llegado a visitarle.

—¿Qué . . . , no me conoces? —añadió ella. Y se arrojó cariñosamente a sus brazos.

Él la apartó de sí blandamente, con honrado temor, y con una admiración y un asombro que Silveria no comprendía.

—¿No eres ya mi hermano? —le dijo melancólicamente.

Entonces le contempló por breve espacio, y creyó advertir que una nube de tristeza velaba su faz; pero halló su faz aún más hermosa que en los antiguos días.

Ricardo tomó con afecto en sus manos las manos de ella, y le habló de cosas que ella escuchó con entreabierta boca y con ojos que, por el interés y el espanto con que le miraba y le oía, parecían más dulces y más luminosos y grandes.

Silveria no entendió bien todo el sentido de lo que él decía; pero percibió que se lamentaba de que era muy desventurado, de que ya no podía hacer dichosa a mujer alguna, de que su corazón estaba marchito, y de que, si bien el Hechicero podía volverle aún toda su juvenil lozanía, le había buscado en vano en sus largas peregrinaciones y no había podido hallarle.

En extremo afligieron a Silveria tan dolorosas confesiones. Dos gruesas lágrimas brotaron de sus ojos y se deslizaron por sus frescas mejillas.

Ansiando luego consolar al poeta, y con el mismo candor, con el mismo abandono purísimo con que ella acariciaba a su madre, se acercó a él y empezó a hacerle caricias.

En aquel punto, y con disgusto idéntico al que siente quien recela

all society and social intercourse, like a wood pigeon, like a hidden flower of the wilderness.

One peaceful afternoon in the month of May, Silveria went up to the castle to see the elderly Juan, who lived there alone.

Her joy and surprise were extraordinary on learning that the night before, with no advance notice, Ricardo had arrived after being away for five years.

Just as when she was eleven, with the same simplicity, though with greater force, Silveria shoved the servant aside, ran up the stairs, and, excited, panting, her cheeks drenched in a fiery red, dashed into the great hall, where by good fortune the poet happened to be.

Then, suddenly remembering the Angelic Greeting of Christmas Eve, she repeated it:

"Glory to God in the highest and peace on earth to men of good will!"

He was amazed, mute, and ecstatic, as if a portentous deity had come to visit him.

"What? . . . You don't know me?" she added. And she hurled herself affectionately into his arms.

He pushed her away gently, with honorable fear, and with a wonderment and awe that Silveria failed to understand.

"Aren't you my brother any more?" she said in melancholy tones.

Then she observed him for a little while, and she thought she could see a cloud of sadness covering his face; but she found that face even handsomer than in the old days.

Ricardo grasped her hands emotionally and spoke to her of things which she listened to with open lips and with eyes that seemed more gentle, larger and more luminous, because of the interest and alarm with which she was gazing at him and hearing him speak.

Silveria didn't fully comprehend the entire meaning of his words, but she perceived that he was complaining of being very unfortunate: he could no longer make any woman happy, his heart had dried up, and even though the Sorcerer would still be able to restore all of his youthful vigor to him, he had sought him in vain during his long wanderings and had been unable to find him.

Such painful confessions grieved Silveria extremely. Two large tears welled up in her eyes and trickled down her blossoming cheeks.

Then, anxious to console the poet, with the same candor and chaste freedom with which she was accustomed to caress her mother, she drew near him and started to caress him.

At that moment, with the same displeasure felt by one who fears

que alguien trata de impulsarle a cometer un crimen, Ricardo rechazó violentamente a Silveria, exclamando:

—¡No me toques! ¡No me beses! ¡Vete pronto de aquí!

La gentil moza, sin penetrar el motivo de aquellos aparentes y generosos desdenes, se consideró profundamente agraviada.

No se quejó; no rogó; no lloró. Su soberbia cegó la fuente del llanto y ahogó los ruegos y las quejas; pero huyó, volando como lastimada paloma, escapando como cierva herida por emponzoñada flecha clavada en las entrañas.

En hondo estupor había caído el poeta al notar el efecto desastroso del desvío que acababa de mostrar por un irreflexivo primer movimiento.

Apenas volvió en sí, fuerza es confesar que desechó todos los escrúpulos y se arrepintió y hasta se avergonzó de su conducta. Se rió de sí mismo con risa nerviosa y se calificó de imbécil.

A fin de enmendar la que ya juzgaba falta, salió corriendo en pos de Silveria, pero era tarde.

¿Cómo descubrir sus huellas? ¿Cómo reconocer el sendero por donde había huido? El bosque era espesísimo y dilatado. Ricardo vagaba por aquel laberinto; llamaba a voces a Silveria, y el eco sólo le respondía.

Pronto llegó la noche, sin luna y con nubes que ocultaban la luz de las estrellas. Completa oscuridad reinaba en el bosque. Tal vez rompía su solemne silencio el silbar de las lechuzas o el tenue gemido del viento manso que agitaba por momentos las hojas.

En los giros y rodeos, que iba dando como loco, vino a parar el poeta cerca de la alquería.

Alegres presentimientos y gratos planes le volvieron de súbito la serenidad.

«Silveria —pensaba él— no se habrá ido a otra parte. Debe de hallarse en su casa. Entraré allí; informaré de todo a los padres, y delante de ellos pediré perdón a Silveria, asegurándole que, lejos de desdeñarla, soy suyo para siempre.»

En la alquería ignoraban aún la vuelta del poeta.

Con singular asombro recibieron el Indiano y su mujer a un hombre a quien sólo de oídas conocían y de quien apenas habían oído hablar en más de cinco años.

Pero todo era allí consternación y alboroto. El Indiano acababa de llegar de una larga excursión, y su mujer le había dicho, llorando y sollozando, que Silveria no había vuelto; que Silveria no aparecía.

that someone is inciting him to commit a crime, Ricardo violently repulsed Silveria, exclaiming:

"Don't touch me! Don't kiss me! Leave here at once!"

The well-bred girl, unable to fathom the reason for that apparent disdain, actually so noble, considered herself gravely affronted.

She made no complaint or request; she didn't weep. Her pride choked the fountain of tears and stifled all beseeching and lamenting; but she fled, flying away like an injured dove, escaping like a doe wounded by a poisoned arrow fixed in her vitals.

The poet had fallen into a deep stupor on observing the disastrous effect of the coldness he had just shown in his first, unthinking reaction.

As soon as he recovered, it must be confessed that he cast aside all scruples, regretted what he had done, and was even ashamed of his conduct. He laughed at himself with a nervous laughter and called himself a fool.

In order to rectify what he now considered an error, he ran out after Silveria, but it was too late.

How could he pick up her trail? How could he recognize the path by which she had fled? The forest was extremely dense and extensive. Ricardo roamed through that labyrinth; he shouted for Silveria, but only echoes replied.

Soon night fell, moonless and with clouds that hid the light of the stars. Total darkness reigned in the forest. At times its solemn silence was broken by the hooting of the owls or the soft moaning of the gentle breeze that now and then stirred the leaves.

In the roundabout circles he was walking in like a madman, the poet found himself close to the farmhouse.

Cheerful premonitions and pleasant plans suddenly restored his serenity.

"Silveria," he said to himself, "surely hasn't gone elsewhere. She must be at home. I'll go in, I'll inform her parents of everything, and in their presence I'll beg forgiveness of Silveria, assuring her that, far from disdaining her, I am hers forever."

In the farmhouse no one yet knew that the poet had returned.

With singular awe the West Indian and his wife welcomed a man they knew only by hearsay, and whom they had scarcely heard mentioned for over five years.

But there all was consternation and confusion. The West Indian had just come home from a long trip and his wife, weeping and sobbing, had told him that Silveria hadn't returned, that there was no sign of Silveria.

Sin más explicaciones, porque no lo consintió la zozobra con que estaban, todos salieron de nuevo al campo a buscar a Silveria.

Inútilmente anduvieron buscándola hasta el amanecer. El día los sorprendió rendidos y desesperados.

La madre imaginaba que el Hechicero le había robado a su hija. El Indiano que se la habían comido los lobos; los criados que se la había tragado la tierra.

Sospechando que se hubiera podido caer en los estanques, revolvieron las aguas y sondearon el fondo sin dar con ella ni muerta ni viva.

Durante todo aquel día, sin reposar apenas, los amos y los criados hicieron pesquisas y como un ojeo por varios puntos del bosque, que se extendía leguas.

A las poblaciones más cercanas enviaron avisos de la fuga con las señas de la fugitiva; ¡pero nada valió! Y aunque entonces no había telégrafos, ni teléfonos, y no había policía o andaba menos lista que ahora, se empleó tanta diligencia en buscar a Silveria, que el persistir de su desaparición, adquiría visos y vislumbres de milagroso o dígase de fuera del orden natural y ordinario.

Retrocedamos ya al tiempo, en que nos hemos adelantado y volvamos a cuando huyó Silveria, juzgándose agraviada.

Delirante de rabia y despecho, corrió primero, sin parar y sin saber por dónde, internándose en un agreste e intrincado laberinto, por el cual no había ido jamás, y donde no había sendas ni rastro de pies humanos, sino abundancia de brezos, helechos, jaras y otras plantas, que entre los árboles crecían, formando enmarañados matorrales.

Se detuvo un rato, reflexionó y reconoció que se había perdido.

La asaltó grandísimo temor, figurándose el horrible pesar que iba a dar a sus padres si no volvía pronto a su casa.

Pugnó por volver, buscó el camino, se dirigió, ya por un lado, ya por otro; pero a cada paso se desorientaba más y se veía en más desconocido terreno.

La esquividad de aquellos sitios se hizo pronto más temerosa y solemne. Oscurísima noche sorprendió en ellos a Silveria.

Por fortuna, Silveria no sabía lo que era miedo. A pesar de su dolor y de su enojo, gustaba cierto sublime deleite al sentirse circundada de tinieblas y de misterio en medio de lo inexplorado. Quizás el Hechicero iba a aparecérsele allí de repente.

Without further explanations, which their worry left no time for, they all went out again to look for Silveria.

They kept searching in vain until dawn. Daylight overtook them exhausted and in despair.

Her mother imagined that the Sorcerer had kidnapped her daughter. The West Indian thought she had been eaten by the wolves; the servants thought the earth had swallowed her up.

Suspecting that she might have fallen into one of the ponds, they stirred up the waters and plumbed their depths without finding her either dead or alive.

During that whole day, with hardly any rest, masters and servants alike conducted searches, as if beating for game, through various parts of the forest, which extended for leagues.

They sent reports of the flight, with a description of the fugitive, to the nearest towns, but it was no use! And even though at that time there were no telegraphs or telephones, and either there was no police or the service wasn't as efficient as it now is, the search for Silveria was so diligent that her continued failure to appear acquired aspects and glimmers of the miraculous, or let's say of something out of the ordinary or unnatural.

Let us now go back in time, for we have gotten ahead of ourselves, and let us return to the moment when Silveria ran away, deeming herself affronted.

Delirious with rage and indignation, at first she ran without stopping or knowing where she was going, and she penetrated a wild, intricate labyrinth, in places where she had never set foot, and where there were no paths or tracks of human feet, but only an abundance of heather, fern, rockrose, and other plants which grew between the trees, forming tangled thickets.

She stopped for a while, thought things over, and realized she had gotten lost.

She was assailed by an enormous fear, imagining the terrible grief she would cause her parents if she didn't return home soon.

She strove to get back, she looked for the road, she headed now this way, now that; but with every step she became more disoriented and found herself in more unfamiliar terrain.

The inhospitable nature of those places soon became more frightening and grave. Silveria was still there when a very dark night overtook her.

Fortunately Silveria was an utter stranger to fear. Despite her sorrow and anger, she was enjoying a certain sublime pleasure at feeling herself encircled by darkness and mystery amid the unexplored. Perhaps the Sorcerer would suddenly show up there.

Ideas y sentimientos muy distintos surgieron en su alma. La ira contra el poeta se trocó en piedad. Le creyó enfermo del corazón; le perdonó; disculpó su desvío.

El Hechicero había causado aquel mal, y era menester que el Hechicero le trajese remedio.

Entonces improvisó Silveria una atrevida evocación, un imperioso conjuro, y dijo en alta voz y con valentía:

—¡Acude, acude, Hechicero, para consolar y sanar a mi poeta y hacerle dichoso!

La voz se desvaneció en las tinieblas, sin respuesta ni eco, restaurándose el silencio. La creación entera dormía o estaba muda y sorda.

Nuestra heroína siguió marchando a la ventura, si bien con lentitud. Sus pupilas se habían dilatado y casi veía en la oscuridad. Iba pues salvando dificultades y tropiezos, cruzando por entre malezas y riscos, y subiendo y bajando cuestas, porque el suelo era cada vez más agrio y quebrado.

Al fin empezó a alborear.

La fatiga de Silveria era inmensa. No podía tenerse de pie. Logró, no obstante, encaramarse en un peñón, donde se consideró defendida de la humedad y, confiando en la protección de los cielos, buscó reposo y pronto se quedó dormida.

Sus ensueños no fueron lúgubres. Acaso eran de feliz agüero y se prestaban a interpretaciones favorables.

Soñó que, mientras su madre le enseñaba a leer en libros devotos, vinieron los genios del aire y se la llevaron volando para enseñarle más sabrosa lectura en el cifrado y sellado libro de la naturaleza, cuyos sellos rompieron, abriéndole, a fin de que ella le descifrase y leyese.

Cuando despertó, el sol resplandecía, culminando en el éter. Sus ardientes rayos lo bañaban, lo regocijaban y lo doraban todo.

Ella se restregó los ojos y miró alrededor. Se encontró en honda cañada. Por todas partes, peñascos y breñas. Los picos de los cerros limitaban el horizonte. Aquel lugar debía de ser el riñón de la serranía. Silveria creyó casi imposible haber llegado hasta allí, sin rodar por un precipicio, sin destrozarse el cuerpo entre los espinos y las jaras, o sin auxilio de aquellos genios del aire con que había soñado.

¿Para qué detenerse en aquel desierto? Con nuevos bríos, aunque sin saber adónde, prosiguió Silveria su camino.

Después de andar más de dos horas, encontró una estrecha senda, que le pareció algo trillada. Formaba toldo a la senda la tupida fron-

Extremely varied ideas and emotions arose in her mind. Her anger with the poet changed to compassion. She believed him to be sick at heart; she forgave him; she pardoned his coldness.

The Sorcerer had caused that illness, and it was necessary for the Sorcerer to remedy it.

Then Silveria improvised a bold invocation, an imperious conjuration, and said loudly and bravely:

"Come, come, Sorcerer, to comfort and cure my poet and to make him happy!"

Her voice died away in the darkness, with no reply or echo; silence returned. All of creation was asleep or else deaf and dumb.

Our heroine kept on walking at random, though slowly. Her pupils had dilated, and she could practically see in the dark. So she went along skirting difficult places and stumbling blocks, crossing through thickets and over crags, walking uphill and down, because the ground got more and more rough and broken.

Finally day began to dawn.

Silveria's fatigue was immense. She couldn't keep on her feet. Nevertheless she managed to climb up on a huge rock, where she thought she was safe from the dampness, and trusting in protection from heaven, she sought repose and soon fell asleep.

Her dreams weren't mournful. Perhaps they were of good omen and lent themselves to favorable interpretations.

She dreamt that while her mother was teaching her to read from books of piety, the genies of the air came and flew away with her in order to show her a more delightful reading matter in the encoded and sealed book of nature, whose seals they broke, opening it, so she might decipher and read it.

When she awoke, the sun was shining, high up in the sky. Its burning rays bathed, gladdened, and gilded it entirely.

She rubbed her eyes and looked around. She was in a deep ravine. Everywhere, crags and scrub. The summits of the hills set a limit to the horizon. That spot must be the heart of the mountain range. Silveria thought it was nearly impossible for her to have gotten that far without tumbling off a cliff, without mangling her body amid thorns and brambles, or without the aid of those genies of the air she had dreamed about.

What reason was there to linger in that wilderness? With renewed energy Silveria pursued her journey, though she didn't know where she was heading.

After walking over two hours, she found a narrow path that seemed somewhat trodden down by human feet. The dense foliage of gigan-

dosidad de gigantescos árboles. Apenas algunos sutiles rayos de sol se filtraban a través de las ramas.

Subiendo iba Silveria una cuestecilla, cuando oyó muy cerca los lamentables aullidos de un perro. Precipitó su marcha, llegó al viso, donde había un altozano, y vio por bajo un grupo de chozas.

Junto a las chozas, armadas de sendas estacas, cinco mujeres, desgreñadas y mugrientas, o más bien cinco furias, rodeaban a un perro y le mataban a palos. Catorse o quince chiquillos cubiertos de harapos y de tizne, celebraban con descompuestos gritos de cruel alegría aquella ejecución despiadada.

A cierta distancia venía un pobre viejo, de blanca y luenga barba, con un puñal desnudo en la mano corriendo hacia las mujeres para defender o vengar al perro.

Llevaba un violín colgado a la espalda, y estaba ciego. Era un músico ambulante.

Las mujeres se retiraron hacia las chozas, viéndole venir. Los chiquillos, puestos en hilera, la emprendieron con él a pedradas. Uno de ellos se revolcaba por el suelo y chillaba como un energúmeno. El pero, acosado por todos, le había dado un pequeño mordisco, motivando así la ira de las mujeres y la canina tragedia.

El ciego llegó tarde. El perro había quedado muerto.

Derribándose sobre él, el anciano hizo tales lamentaciones y vertió llanto tan desconsolador, que algo mitigó la ferocidad de aquella gente. Los chiquillos dejaron de tirarle piedras; pero ellos y sus madres continuaron insultándole de palabra.

Le llamaban brujo, mendigo sin vergüenza y hechicero maldito. En esto llegó Silveria, imprevisto y raro personaje en medio de tal escena.

Por salvadora ventura pudo tenerse que los maridos y padres de aquella desarrapada y turbulenta grey, los cuales, bajo la traza de carboneros y leñadores, tal vez eran contrabandistas o bandidos, hubiesen ido lejos, aquel día, a ejercer sus industrias o a entregarse a sus merodeos. Si hubieran estado allí, el ciego y Silveria, que se puso a defenderle, muy animosa, hubieran corrido grave peligro, porque aquellos hombres habían de ser maleantes y desalmados.

Como quiera que fuese, Silveria, convirtiéndose en denodada amazona, se apoderó del arma, que el viejo no sabía esgrimir a causa de su debilidad y de su ceguera, y creyó y aseguró que tendría a raya a toda la chusma.

Lo prudente, sin embargo, era emprender una pronta retirada. El ciego lo pedía así, diciendo con voz temblorosa a Silveria:

—Vámonos, hija mía; me estoy muriendo; apenas puedo andar. Tú

tic trees formed a canopy over the path. A very few thin sunbeams filtered through the boughs.

Silveria was climbing a gentle slope when she heard, very close by, the lamentable howls of a dog. She quickened her pace and reached a lookout point on a rise of ground; down below she saw a group of huts.

Next to the huts, five disheveled, grimy women, or rather five furies, each one armed with a stick, were encircling a dog and beating him. Fourteen or fifteen small children, covered with rags and dirt, were applauding that heartless deed with wild cries of cruel joy.

At some distance a poor old man was approaching, a man with a long white beard. With an unsheathed dagger in his hand he was running toward the women to defend or avenge his dog.

A violin was hanging on his back, and he was blind. He was a itinerant musician.

The women withdrew toward the huts when they saw him coming. The children, forming a row, began throwing stones at him. One of them was rolling around on the ground shrieking like a lunatic. The dog, on being attacked by all of them, had given him a slight nip, thus occasioning the women's wrath and the canine tragedy.

The blind man arrived too late. The dog was dead.

Falling down over him, the old man uttered such laments and shed such heartbreaking tears that he made those people's ferocity abate somewhat. The children stopped throwing stones at him, but they and their mothers continued to insult him verbally.

They called him a wizard, a shameless beggar, and an accursed sorcerer. Just then Silveria arrived, an unforeseen, strange character amid such a scene.

It could be considered a lifesaving piece of luck that the husbands and fathers of that ragged, turbulent herd (in the guise of charcoal burners and woodcutters, they were at times smugglers or bandits) had gone far off that day to ply their trade or indulge in their marauding. Had they been there, the blind man and Silveria, who was all set to defend him very courageously, would have run a serious risk, because those men must have been malevolent and heartless.

However that might be, Silveria, transformed into a fearless amazon, seized the weapon which the old man was unable to wield because of his weakness and blindness, and assured him confidently that she would keep the whole gang at bay.

Nevertheless the wise thing to do was to beat a prompt retreat. That's what the blind man requested, saying to Silveria in a shaky voice:

"Let's go, my girl; I'm dying; I can barely walk. You're an angel. Be

eres un ángel. Sírveme de guía y de apoyo. Yo te marcaré el camino que importa seguir, y tú le verás, le distinguirás con tus ojos, que han de ser muy hermosos, y me llevarás por él hasta llegar a un sitio donde aguarde yo con reposo mi muerte, ya cercana.

El viejo, en efecto, tenía el semblante de un moribundo. Violentas pasiones y continuos padecimientos, físicos y morales, habían gastado su vida.

—Sin el perro —dijo— no podía yo irme, si tú, hija mía, no hubieses venido en mi socorro. Ayúdame a llegar á la casa, donde tengo albergue y refugio. No dista mucho de aquí, y con todo, no sé si llegaré con vida; las fuerzas me faltan.

Silveria, llena de caridad, sostuvo al viejo, y éste, apoyado en su báculo y en el brazo de Silveria, a quien indicaba la vía, fue andando en compañía de la gallarda joven.

Durante el viaje, le hizo el anciano pasmosas confidencias.

—Apenas me hablaste —le dijo—, te reconocí por la voz. Pensé que oía a tu madre, cuando, hace veinte años, ella misma, engañándose, me persuadía con dulces palabras de que me quería bien, y me halagaba con la esperanza de ser mi esposa. Pero, en mal hora para mí, vino al lugar el Indiano. Tu madre se prendó de él perdidamente. Yo la perdono. Comprendo que no tuvo ella la culpa de mi infortunio, sino la influencia invencible de nuestro sino. Entonces mi alma era más fervorosa y enérgica. Mi alma era injusta, y no la perdonaba. No pocas veces proyecté robarla o matarla, y me disuadía y me arredraba luego mi honradez . . . o mi cobardía. Como demente, vagaba yo en torno de vuestra alquería. Me ocultaba en el castillo. Atormentaba a tu madre como un vivo remordimiento; la asustaba haciéndole creer que el hechicero era yo. Dios, sin duda, quiso castigarme, y me dejó ciego. En adelante, no rondé más en torno de vuestra alquería. Mi vida fue cada vez más desastrosa. Viví errando por montes y valles, tocando mi violín y pordioseando.

Las revelaciones del viejo, su sórdida miseria y las mismas enfermedades, que se estaba notando que le abrumaban bajo su peso, infundían a Silveria repulsión poderosa; pero, en su noble espíritu, podían más la compasión, y la excitativa a no abandonar al desvalido hasta que le dejase en salvo.

Silveria, además, no acertó a resistir a las insistentes preguntas del mendigo, y le contó su vida, su fuga y su empeño de hallar al hechicero para sanar y consolar al poeta.

Entretanto, la peregrinación continuaba con trabajosa lentitud, por sitios cada vez más escabrosos. Se habían internado en un estrecho y

my guide and support. I'll describe to you the path we must take, and you'll see it, you'll make it out with your eyes, which must be very beautiful, and you'll guide me along it until we reach a place where I can calmly await my death, which won't be long in coming."

And indeed the old man looked as if he were dying. Violent passions, and physical and mental suffering without letup, had consumed his life.

"Without the dog," he said, "I couldn't have gotten away if you hadn't come to my aid, my girl. Help me reach the house where I have shelter and refuge. It's not far away from here, and yet I don't know if I'll get there alive; my strength is draining away."

Silveria, full of charity, held up the old man, who, leaning on his staff and on Silveria's arm, told her what way to go and departed in the company of the brave young woman.

As they went, the old man revealed astounding secrets to her.

"As soon as you spoke to me," he said, "I recognized you by your voice. I thought I was hearing your mother when, twenty years ago, deceiving herself, she convinced me with sweet words that she loved me and flattered me with the hopes she would become my bride. But in an evil hour for me, the West Indian arrived in the village. Your mother fell hopelessly in love with him. I forgive her. I understand that she wasn't to blame for my misfortune; the unconquerable influence of our destiny was to blame. In those days my soul was more fervent and energetic. My soul was unjust, and I didn't forgive her. On frequent occasions I planned to kidnap her or kill her, but then I was dissuaded and held back by my honor . . . or my cowardice. Like a madman I used to prowl around your farm. I'd hide in the castle. I'd torment your mother like a living remorse; I'd frighten her, making her believe I was the Sorcerer. No doubt God decided to punish me, and he left me blind. From then on, I no longer made the rounds of your farm. My life became more disastrous all the time. I lived by wandering up hill and down dale, playing my violin and begging."

The old man's revelations, his squalid poverty, and his very infirmities, which, as Silveria continued to notice, were overwhelming him beneath their weight, instilled a strong aversion in her; but in her noble mind compassion gained the upper hand, as did the urge not to desert the feeble man before leaving him in safety.

Moreover, Silveria was unable to resist the beggar's unrelenting questions, and she told him about her life, her escape, and her eagerness to find the Sorcerer in order to cure and console the poet.

Meanwhile their journey continued with painful slowness, through places that were rougher all the time. They had entered a narrow,

hondo desfiladero. Por ambos lados se erguían montañas inaccesibles, tajados peñascos, por donde no lograrían trepar ni las cabras monteses. La fértil vegetación espontánea revestía todo aquello de bravía hermosura, que causaba a la vez susto y deleitoso pasmo.

A menudo el viejo se paraba fatigadísimo; se echaba por tierra y reposaba.

En uno de esos momentos de reposo sacó de su zurrón algunos mendrugos de pan bazo y varias rajas de queso, y, al borde de una fuentecilla, compartió con la joven su poco apetitosa y rústica merienda. En otros momentos, Silveria se rindió al sueño y se recobró de su cansancio.

—Todavía nos queda bastante que andar —dijo el viejo.

Sacando del zurrón una linternilla, y de la faltriquera eslabón, pedernal, yesca y pajuela, encendió un cabo de vela que dentro de la linternilla estaba colocado. Después entregó a Silveria la linternilla y otros cabos de vela, de que venía provisto, para cuando el que estaba ardiendo se consumiera.

De esta suerte siguieron caminando.

Sería ya cerca de media noche, cuando oyó Silveria ruido de aguas abundantes, que corrían con rapidez, despeñándose entre las rocas.

—Ya estamos a pocos pasos de mi casa —dijo el ciego—. Yo vivo con mi hermana, que es más vieja que yo. Su carácter es violento y avinagrado. Odiaba a tu madre. No quiero que te vea. Podría reconocerte y hacerte daño. Sus hijos, además, son dos forajidos, y de ellos debo recelar lo peor. No bien lleguemos a la orilla del río, es necesario que me dejes. Yo siguiendo la corriente, me iré sin dificultad a la casa, que dista de allí poquísimo. Tú, ya sola, seguirás andando con valor contra el curso del agua, y procurando no encontrar a ningún ser humano. La linternilla te alumbrará. Al fin llegarás al nacimiento del río, que brota entre las peñas. A poca distancia del gran manantial, si buscas bien, verás la entrada de la caverna. Entra denodadamente; llega hasta el fondo, y yo te aseguro y anuncio que encontrarás al hechicero, según lo deseas.

Pronto llegaron, en efecto, a la misma margen de aquel riachuelo apresurado. Allí se escabulló el viejo: se desvaneció en la oscuridad, como soñada visión aérea. Silveria se quedó completamente sola.

Su peregrinación fue más penosa y más arriesgada que antes, por espacio de algunas horas. El casi borrado sendero por donde Silveria iba se levantaba, en no pocos puntos, sobre el nivel del agua, de la que le separaba un negro precipicio. La garganta de las sierras, en que el

deep defile. On both sides there loomed inaccessible mountains, sheer cliffs, where not even mountain goats could ascend. Fertile, spontaneous vegetation clothed it all with savage beauty, which caused alarm and delightful wonder at the same time.

Frequently the old man halted in his great weariness; he'd throw himself to the ground and rest.

During one of those rest periods he drew from his pouch a few crusts of brown bread and several slices of cheese, and, beside a little spring, he shared with the young woman his rustic, unappetizing snack. At other times Silveria succumbed to sleep and recuperated from her weariness.

"We still have quite a way to go," the old man said.

Taking a small lantern from his pouch, and a steel, flint, tinder, and match out of his pocket, he lit a candle stump that was inside the lantern. Then he handed Silveria the lantern and some more candle stumps, of which he had a provision, for the time when the one that was burning would be melted down.

They went on walking in that way.

It was probably close to midnight when Silveria heard the sound of a copious stream, running rapidly and plunging down amid the rocks.

"Now we're only a few steps away from my house," the blind man said. "I live with my sister, who's older than I am. Her character is violent and sour. She hated your mother. I don't want her to see you. She might recognize you and do you some harm. Besides, her sons are two outlaws, and the worst is to be feared from them. As soon as we get to the riverbank, you must leave me. Following the current, I'll get home without difficulty; it's very close to there. Once you're alone, keep up your courage and walk upstream, trying not to meet a human being. The lantern will light your way. Finally you'll reach the source of the river, which wells up between the rocks. Not far from the main fountain, if you look hard, you'll see the entrance to a cave. Go in fearlessly; reach the far end, and I declare and promise you that you'll find the Sorcerer, as you wish to."

Indeed they soon reached the very bank of that rushing stream. There the old man slipped away: he vanished into the darkness like an airy vision she had dreamed. Silveria was left completely alone.

Her journey was more painful and dangerous than before, during the next few hours. The all but invisible path Silveria was following rose above water level in many places, and she was separated from the river by a black abyss. The mountain gorge in which the river had cut its channel became narrower all the time, while the mountain peaks

río había abierto su cauce, se estrechaba cada vez más, y la cima de los montes parecía elevarse, dejando ver menos cielo y menos estrellas.

Amaneció, por último, y penetró en aquella hondonada la incierta luz de la aurora.

Todo se alegró y animó al ir disipándose la oscuridad. Despertaron las aves y saludaron con sus trinos al naciente día.

Silveria llegó entonces al manantial. Brotaba con ímpetu y en gran cantidad la cristalina masa de agua entre enormes y pelados peñascos. Por todas partes se alzaban como colosales paredes los escarpados cerros. La joven se creía sumida en un grande hoyo, porque las revueltas del camino le encubrían el lugar de su ingreso.

Buscó ella con ansia la gruta, y apartando ramas y zarzas, que la celaban algo, vio al fin la entrada.

Sin vacilar un instante, y con heroica valentía, penetró en el subterráneo, espantando a los búhos y murciélagos que allí anidaban, y que oseados huyeron.

Transcurridos ya más de veinte minutos de marchar en las sombras, un tanto iluminadas por la linternilla, y de seguir un camino tortuoso, viendo Silveria que no llegaba el término, se impacientó, recordó su evocación y gritó con coraje:

—¡Acude, acude, hechicero, para sanar y consolar a mi poeta!

Nadie respondió a la evocación, que retumbó repercutiendo en aquellos huecos y recodos.

El último cabo de vela que en la linterna ardía chisporroteó y acabó de consumirse. La audaz peregrina quedó envuelta en las tinieblas más profundas.

Se adelantó a tientas: iba cuesta arriba; la cuesta era más empinada mientras más se elevaba. El techo de la gruta se hacía más bajo. Silveria tenía que andar agachadísima y tocando el techo con las manos para no tocarle con la cabeza.

De pronto notó en el techo, en vez de piedra, madera. Palpó con cuidado, y advirtió que eran tablas trabadas con dos barras de hierro. Palpó con mayor atención, y descubrió que las tablas estaban asidas al techo de la gruta por cuatro fuertes goznes.

Subió entonces tres escalones en que terminaba la cuesta, aplicó la espalda al tablón y empujó con brío.

El tablón no tenía candado ni cerradura. No había llave que pudiese estar echada; pero el tablón se resistía al empuje de Silveria, que casi desesperó de levantarle.

Hizo, no obstante, un supremo esfuerzo, y el tablón se levantó girando sobre los goznes, volcándose de un lado y dejando entrar por la

seemed to grow higher, allowing her to see less of the sky and fewer stars.

Finally day broke, and the pale light of dawn penetrated that gully.

Everything became more cheerful and spirited as the darkness was dispelled. The birds awoke and greeted the new day with their trills.

Then Silveria reached the source. The crystalline mass of water gushed forcefully and abundantly from between enormous bare rocks. On all sides the steep hills rose like colossal walls. The young woman thought she was submerged in a deep pit, because the bends in the path hid from sight the place where she had entered.

Anxiously she looked for the cave and, moving aside the branches and brambles that partially concealed it, she finally caught sight of the entrance.

Without hesitating for an instant, and with heroic bravery, she entered the underground passage, frightening the large owls and the bats which nested there, and which flew away in fear.

After a walk of over twenty minutes in the dark, which was slightly illuminated by the lantern, and after following a tortuous path, Silveria, seeing that she wasn't reaching the end of it, became impatient, remembered her invocation, and shouted spiritedly:

"Come, come, Sorcerer, to cure and console my poet!"

No one replied to the invocation, which resounded as it struck those hollows and recesses.

The last candle stump, burning in the lantern, guttered and went out. The bold wanderer was left enveloped in the deepest darkness.

She groped her way forward: she was going uphill; the slope grew steeper as it rose. The ceiling of the cave became lower. Silveria had to walk in a very low crouch, touching the ceiling with her hands to avoid hitting it with her head.

Suddenly she noticed some wood, instead of stone, in the ceiling. She felt it carefully and observed that it was planks bound by two iron bars. She felt it more attentively and discovered that the planks were attached to the ceiling of the cave by four strong hinges.

Then she went up the three steps in which the slope ended, put her shoulder to the planking, and pushed it energetically.

The planking had no lock-and-key or padlock. There was no key that could be inserted, but the planking resisted Silveria's pressure, and she nearly gave up hope of raising it.

All the same, she made one last effort, and the planking rose, turning on its hinges, rolling to one side and letting in through the wide

ancha abertura alguna tierra con ortigas, jaramagos y otras pequeñas plantas de que estaba cubierta. La hermosa luz del claro día bañó al mismo tiempo aquella extremidad de la gruta.

—¡Alabado sea Dios! —exclamó Silveria.

Y, saltando alborozada, se encontró en un abandonado e inculto jardincillo, cercado de muy altas murallas, sin ventana alguna.

Sólo divisó, junto a un ángulo de aquel cuadrado recinto, un pequeño arco ojival, y bajo el arco, las primeras gradas de una angostísima escalera de caracol.

A escape pasó ella bajo el arco y subió por la escalera hasta una puertecilla, cerrada con llave, en que la escalera terminaba.

A pesar de las penalidades y emociones de la aventurada peregrinación, Silveria estaba preciosa de beldad, en su mismo desorden. La rubia cabellera, medio destrenzada y caída; las mejillas, rojas con la agitación; el pecho, levantándose con fuertes latidos, y los ojos, con más brillantez que de ordinario, por leve cerco morado con que la fatiga le había teñido los párpados, al borde de las largas y sedosas pestañas.

Impaciente y contrariada Silveria, por el obstáculo que se le ofrecía, golpeó la puertecilla con furor sacudiendo sobre ella, con la pequeña y linda mano que parecía inverosímil que tamaña fuerza tuviera, los más desaforados y resonantes puñetazos.

Tardaron en abrir, y creció su impaciencia. Volvió a golpear. Luego recordó la evocación, y empezó a recitarla gritando:

—Acude, acude, hechicero . . .

No tuvo tiempo para concluirla. La puertecilla se abrió de súbito, de par en par, y Silveria vio delante a su poeta, lleno del mismo júbilo que ella sentía.

Lanzó Silveria alrededor una rápida mirada, y reconoció la sala del castillo donde escribía Ricardo y donde ella le había visitado tantas veces.

Quiso entonces por gracia repetir la evocación, y empezó a decir nuevamente:

—Acude, acude, hechicero . . .

Pero tampoco pudo terminar.

Ricardo le selló la boca con un beso prolongadísimo y la ciñó apretadamente entre los brazos para que ya no se le escapase.

Ella le miró un instante con lánguida ternura, y cerró después los ojos como en un desmayo.

Los pájaros, las mariposas, las flores, las estrellas, las fuentes, el sol, la primavera con sus galas, todas las pompas, músicas, glorias y riquezas del mundo imaginó ella que se veían, que se oían y se gozaban, doscientas mil veces mejor que en la realidad externa, en lo más

opening a little soil with nettles, hedge mustard, and other small plants with which it was covered. The lovely light of the clear day bathed that end of the cave at the same time.

"Thank God!" Silveria exclaimed.

And jumping for joy, she found herself in an abandoned, uncultivated little garden, enclosed by very high walls, without any window.

She only discerned, next to one corner of that square space, a small Gothic arch, and under the arch, the first steps of a very narrow spiral staircase.

Rapidly she stepped under the arch and climbed the stairs until she reached a small door, locked with a key, at which the staircase ended.

Despite the hardships and emotions of her adventurous journey, Silveria looked extremely beautiful in her very untidiness. Her blonde hair was half unbraided and falling loosely; her cheeks red with the excitement; her bosom heaving with strong heartbeats; and her eyes brighter than usual, because of the slight purple ring which fatigue had painted on her eyelids, on the rim of her long, silky lashes.

Impatient and peeved at the obstacle before her, Silveria pounded the little door furiously, giving it loud, mighty blows with her small, pretty fists, which didn't look as if they possessed such strength.

No one came to let her in, and her impatience grew. She hammered again. Then she remembered her spell, and started to recite it at the top of her voice:

"Come, come, Sorcerer . . ."

She didn't have time to finish it. The little door suddenly opened wide, and Silveria saw before her her poet, filled with the same jubilation that she felt.

Silveria cast a rapid glance around, and recognized the castle hall in which Ricardo did his writing and where she had visited him so often.

Then she tried to repeat the invocation as a joke, and began saying again:

"Come, come, Sorcerer . . ."

But she couldn't complete it this time, either.

Ricardo sealed her lips with a very long kiss and clasped her tightly in his arms so she could no longer get away from him.

She looked at him for a moment with languid tenderness, and then shut her eyes as if in a swoon.

She imagined that the birds, the butterflies, the flowers, the stars, the fountains, the sun, the springtime with its finery, that all the pomp, music, glory, and riches of the world could be seen, heard, and enjoyed, two hundred thousand times better than in their external re-

íntimo y secreto de su alma, sublimada y miríficamente ilustrada en aquella ocasión por la magia soberana del hechicero.

Silveria le había encontrado, al fin, propicio y no contrario. Y él, como merecido premio de la alta empresa, tenaz y valerosamente lograda, hacía en favor de Silveria y de Ricardo sus milagros más beatíficos y deseables.

No nos maravillaremos, pues, y hasta válganos lo expuesto para disculpar a Silveria y al poeta, de que no fuesen, sino tres horas más tarde, a ver al Indiano y a su mujer, y sacarlos de la angustia en que vivían.

Indescriptibles fueron la satisfacción y el contento de ambos cuando volvieron a ver sana y salva a su hija, y asimismo se enteraron de que, sin necesidad de ir a la cercana aldea ni a ninguna otra población, como la madre pretendía, sino en el centro de aquellas esquivas soledades, Silveria había hallado novio muy guapo, según su corazón, conforme con su gusto, con su aptitud y capacidad harto probadas, para toda poesía y aun para toda prosa.

Ojalá que cuantos busquen con inocencia y con buena fe al hechicero, le hallen tan benigno como le hallaron Silveria y Ricardo, y le conserven la vida entera en su compañía, como le conservaron ellos.

Viena, 1894

ality, in the most intimate and secret places in her soul, which was exalted and wondrously illuminated at that moment by the sovereign magic of the Sorcerer.

Silveria had finally met him, obliging and not reluctant. And he, as the well-earned reward of their high emprise, achieved by tenacity and valor, was performing for Silveria and Ricardo his most beatific and desirable miracles.

And so, we won't be surprised (and let what I have narrated serve as an excuse for Silveria and the poet) that it took them three hours before they went to see the West Indian and his wife to relieve them of the anxiety they were suffering.

The satisfaction and contentment of those two were indescribable when they saw their daughter again safe and sound, and when they likewise learned that, with no need to go to the nearby village or any other inhabited place, as Silveria's mother urged, but in the heart of that inhospitable solitude, the girl had found a very handsome sweetheart, one after her own heart and to her liking, with a sufficiently well-proven aptitude and capacity for all sorts of poetry and even for all sorts of prose.

How I wish that all those who seek the Sorcerer in innocence and good faith find him as benevolent as Silveria and Ricardo did, and keep company with him all their lives, as they did!

Vienna, 1894

Pedro Antonio de Alarcón

La buenaventura

I

No sé qué día de agosto del año 1816 llegó a las puertas de la Capitanía general de Granada cierto haraposo y grotesco gitano, de sesenta años de edad, de oficio esquilador y de apellido o sobrenombre Heredia, caballero en flaquísimo y destartalado burro mohíno, cuyos arneses se reducían a una soga atada al pescuezo; y, echado que hubo pie a tierra, dijo con la mayor frescura *«que quería ver al capitán general.»*

Excuso añadir que semejante pretensión excitó sucesivamente la resistencia del centinela, las risas de los ordenanzas y las dudas y vacilaciones de los *edecanes* antes de llegar a conocimiento del excelentísimo señor don Eugenio Portocarrero, conde del Montijo, a la sazón capitán general del antiguo reino de Granada . . . Pero como aquel prócer era hombre de muy buen humor y tenía muchas noticias de Heredia, célebre por sus chistes, por sus cambalaches y por su amor a lo ajeno . . . , con permiso del engañado dueño, dio orden de que dejasen pasar al gitano.

Penetró éste en el despacho de su excelencia, dando dos pasos adelante y uno atrás, que era como andaba en las circunstancias graves, y poniéndose de rodillas exclamó:

—¡Viva María Santísima y viva su merced, que es el amo de toitico el mundo!

—Levántate; déjate de zalamerías, y dime qué se te ofrece . . . — respondió el conde con aparente sequedad.

Heredia se puso también serio, y dijo con mucho desparpajo:

—Pues señor, vengo a que se me den los mil reales.

Pedro Antonio de Alarcón

The Gypsy's Prediction

I

On an undetermined day of August 1816 there arrived at the door of the Captaincy General of Granada a certain ragged, grotesque Gypsy, aged sixty, by trade a sheepshearer, and by surname or nickname Heredia; he was riding a very thin, sorry-looking, sullen donkey, whose trappings consisted merely of a rope tied to its neck. As soon as his feet touched the ground, he said with the greatest impudence that he wanted to see the Captain General.

I don't need to add that such lofty pretensions aroused in succession the resistance of the sentinel, the laughter of the orderlies, and the doubts and hesitations of the aides-de-camp, before coming to the knowledge of His Excellency Don Eugenio Portocarrero, Count of El Montijo, at that time the supreme military commander of the former kingdom of Granada . . . But since that distinguished gentleman was a very good-natured man and knew a lot about Heredia, who was famous for his jokes, his crafty horse trading, and his love for other people's property (always gained with the consent of its swindled owner), he ordered his men to let the Gypsy in.

Heredia entered His Excellency's office taking two steps forward and one back (this was how he proceeded under serious circumstances), and falling to his knees, he exclaimed:

"Long live the Blessed Virgin and long live Your Grace, the master of the whole world!"

"Get up, leave off your wheedling, and tell me what you wish," the count replied with apparent curtness.

Heredia became serious, too, and said with great pertness:

"Well, sir, I've come for the thousand *reales*."[1]

---

1. A *real* was a monetary unit, later equivalent to a fourth of a *peseta*.

—¿Qué mil reales?

—Los ofrecidos, hace días, en un bando, al que presente las señas de *Parrón*.

—Pues, ¡qué! ¿Tú lo *conocías?*

—No, señor.

—Entonces . . .

—Pero ya lo conozco.

—¡Cómo!

—Es muy sencillo. Lo he buscado; lo he visto, traigo las señas, y pido mi ganancia.

—¿Estás seguro de que lo has visto? —exclamó el capitán general con un interés que se sobrepuso a sus dudas.

El gitano se echó a reír, y respondió:

—¡Es claro! Su merced dirá: Este gitano es como todos, y quiere engañarme. ¡No me perdone Dios si miento! Ayer vi a *Parrón*.

—Pero ¿sabes tú la importancia de lo que dices? ¿Sabes que hace tres años que se persigue a ese monstruo, a ese bandido sanguinario, *que nadie conoce ni ha podido nunca ver?* ¿Sabes que todos los días roba en distintos puntos de estas sierras a algunos pasajeros, y después los asesina, pues dice que los muertos no hablan, y que ése es el único medio de que nunca dé con él la justicia? ¿Sabes, en fin, que ver a *Parrón* es encontrarse con la muerte?

El gitano se volvió a reír, y dijo:

—Y ¿no sabe su merced que lo que no puede hacer un gitano no hay quien lo haga sobre la Tierra? ¿Conoce nadie cuándo es verdad nuestra risa o nuestro llanto? ¿Tiene su merced noticia de alguna zorra que sepa tantas picardías como nosotros? Repito, mi general, que no sólo he visto a *Parrón,* sino que he hablado con él.

—¿Dónde?

—En el camino de Tózar.

—Dame pruebas de ello.

—Escuche su merced. Ayer mañana hizo ocho días que caímos mi borrico y yo en poder de unos ladrones. Me maniataron muy bien, y me llevaron por unos barrancos endemoniados hasta dar con una plazoleta donde acampaban los bandidos. Una cruel sospecha me tenía desazonado: «¿Será esta gente de *Parrón?* —me decía a cada instante—. ¡Entonces no hay remedio: me matan! . . . , pues ese maldito se ha empeñado en que ningunos ojos que vean su fisonomía vuelvan a ver cosa ninguna.»

"What thousand *reales*?"

"The reward offered in a proclamation a few days ago to whoever could give a description of Parrón."

"What! You knew him?"

"No, sir."

"In that case . . ."

"But I know him now."

"How's that?"

"It's very simple. I looked for him; I've seen him; I have his description; and I'm asking for my reward."

"Are you sure you've seen him?" the captain general exclaimed with an interest that overcame his doubts.

The Gypsy burst out laughing, and replied:

"Naturally! Your Excellency will say: 'This Gypsy is like all the rest, and he's trying to fool me.' May God not forgive me if I'm lying! I saw Parrón yesterday."

"But do you know the import of what you're saying? Do you know that for three years now we've been pursuing that monster, that bloodthirsty bandit, whom no one knows or has ever been able to see? Do you know that every day he robs some travelers in different parts of these mountains, and kills them afterward, because he says the dead don't talk; and that this is the only way that the law can get hold of him? Lastly, do you know that to see Parrón is to meet up with death?"

The Gypsy laughed again, and said:

"And doesn't Your Worship know that if a Gypsy can't do something, no one else on earth can? Does anyone know when our laughter or our tears are genuine? Is Your Worship acquainted with any fox that knows as many rascally tricks as we do? I repeat, general, that I've not only seen Parrón, but I've spoken with him."

"Where?"

"On the road to Tózar."[2]

"Give me proofs of it."

"Listen, sir. A week ago yesterday morning, my donkey and I fell into the hands of some highway robbers. They tied up my hands very soundly and led me through some devilish ravines until we reached a small open place where the bandits were camping. A cruel suspicion put me out of sorts: 'Could these be Parrón's men?' I asked myself every minute. 'In that case, there's no help for it: they'll kill me . . . because that monster has pledged that any eyes which see his face will never see anything again.'

2. Tózar is a few miles northwest of Granada.

Estaba yo haciendo estas reflexiones, cuando se me presentó un hombre vestido de macareno con mucho lujo, y dándome un golpecito en el hombro y sonriéndose con suma gracia, me dijo:

—Compadre, ¡yo soy *Parrón!*

Oír esto y caerme de espaldas, todo fue una misma cosa.

El bandido se echó a reír.

Yo me levanté desencajado, me puse de rodillas y exclamé en todos los tonos de voz que pude inventar:

—¡Bendita sea tu alma, rey de los hombres! . . . ¿Quién no había de conocerte por ese porte de príncipe real que Dios te ha dado? ¡Y que haya madre que para tales hijos! ¡Jesús! ¡Deja que te dé un abrazo, hijo mío! ¡Que en mal hora muera si no tenía gana de encontrarte el gitanico para decirte la buenaventura y darte un beso en esa mano de emperador! ¡También yo soy de los tuyos! ¿Quieres que te enseñe a cambiar burros muertos por burros vivos? ¿Quieres vender como potros tus caballos viejos? ¿Quieres que le enseñe el francés a una mula?

El conde del Montijo no pudo contener la risa . . . Luego preguntó:

—Y ¿qué respondió *Parrón* a todo eso? ¿Qué hizo?

—Lo mismo que su merced: reírse a todo trapo.

—¿Y tú?

—Yo, señorico, me reía también; pero me corrían por las patillas lagrimones como naranjas.

—Continúa.

—En seguida me alargó la mano y me dijo:

—Compadre, es usted el único hombre de talento que ha caído en mi poder. Todos los demás tienen la maldita costumbre de procurar entristecerme, de llorar, de quejarse y de hacer otras tonterías que me ponen de mal humor. Sólo usted me ha hecho reír; y si no fuera por esas lágrimas . . .

—¡Qué, ¡señor, si son de alegría!

—Lo creo. ¡Bien sabe el demonio que es la primera vez que me he reído desde hace seis u ocho años! Verdad es que tampoco he llorado . . . Pero despachemos. ¡Eh, muchachos!

Decir *Parrón* estas palabras y rodearme una nube de trabucos todo fue un abrir y cerrar de ojos.

—¡Jesús me ampare! —empecé a gritar.

—¡Deteneos! —exclamó *Parrón*—. No se trata de eso *todavía*. Os llamo para preguntaros qué le habéis *tomado* a este hombre.

—Un burro en pelo.

—¿Y dinero?

"I was making these reflections when I saw before me a man gaudily dressed with a lot of finery; tapping me on the shoulder and smiling with extreme grace, he said:

"'Friend, I'm Parrón!'

"The moment I heard that, I fell flat on my back.

"The bandit burst out laughing.

"I stood up, feeling sore, I knelt down, and I exclaimed in every tone of voice I could produce:

"'Blessings on your soul, king of men! . . . Who wouldn't know you by that bearing like a royal prince's which God has given you? To think there's a mother who can bear such sons! Jesus! Let me give you a hug, my boy! May this little Gypsy die horribly if he wasn't eager to meet you, to tell your fortune, and to plant a kiss on your hand, like an emperor's! I'm just like one of your own men! Do you want me to teach you how to trade dead donkeys for living ones? Do you want to sell your old horses as if they were colts? Do you want me to teach a mule French?'"

The Count of El Montijo couldn't repress his laughter. Then he asked:

"And what answer did Parrón make to all that? What did he do?"

"The same thing Your Worship did: he split his sides laughing."

"And you?"

"I, sir, was laughing, too; but tears as big as oranges were running down my side whiskers."

"Go on."

"At once he held out his hand to me and said:

"'Friend, you're the only intelligent man who's fallen into my hands. All the rest have the damned habit of trying to make me sad, of crying, lamenting, and other foolishness which puts me in a bad mood. You're the only one who's made me laugh; and if it weren't for those tears . . .'

"'But, sir, they're tears of joy!'

"'I believe you. The devil knows this is the first time I've laughed in six or eight years! To tell the truth, I haven't cried, either . . . But, to our business. Hey, men!'

"When Parrón spoke those words, I was surrounded by a cloud of blunderbusses in the twinkling of an eye.

"'May Jesus defend me!' I began to shout.

"'Stop!' Parrón called to his men. 'It's not a question of that *yet*. I've summoned you to ask you what you've taken from this man.'

"'A donkey without a saddle.'

"'And money?'

—Tres duros y siete reales.

—Pues dejadnos solos.

Todos se alejaron.

—Ahora dime la buenaventura —exclamó el ladrón, tendiéndome la mano.

Yo se la cogí; medité un momento; conocí que estaba en el caso de hablar formalmente, y le dije con todas las veras de mi alma:

—*Parrón,* tarde que temprano, ya me quites la vida, ya me la dejes . . . , ¡morirás ahorcado!

—Eso ya lo sabía yo . . . —respondió el bandido con entera tranquilidad—. Dime *cuándo.*

Me puse a cavilar.

Este hombre, pensé, me va a perdonar la vida; mañana llego a Granada y doy el *cante;* pasado mañana lo cogen . . . Después, empezará la sumaria . . .

—¿Dices que *cuándo?* —le respondí en alta voz—. Pues, ¡mira!, va a ser el mes que entra.

Parrón se estremeció; y yo también, conociendo que el amor propio de adivino me podía salir por la tapa de los sesos.

—Pues mira tú, gitano . . . —contestó *Parrón* muy lentamente—. Vas a quedarte en mi poder . . . ¡Si en todo el mes que entra no me ahorcan, te ahorco yo a ti tan cierto como ahorcaron a mi padre! Si muero para esa fecha, quedarás libre.

—¡Muchas gracias! —le dije yo en mi interior—. ¡Me perdona . . . después de muerto!

Y me arrepentí de haber echado tan corto el plazo.

Quedamos en lo dicho: fui conducido a la cueva, donde me encerraron, y *Parrón* montó en su yegua y tomó el tole por aquellos breñales . . .

—Vamos, ya comprendo . . . —exclamó el conde del Montijo—. *Parrón* ha muerto; tú has quedado libre, y por eso sabes sus señas . . .

—¡Todo lo contrario, mi general! *Parrón* vive, y aquí entra lo más negra de la presente historia.

II

Pasaron ocho días sin que el capitán volviese a verme. Según pude entender, no había parecido por allí desde la tarde que le hice la buenaventura; cosa que nada tenía de raro, a lo que me contó uno de mis guardianes.

"'Three *duros*[3] and seven *reales*.'

"'Then, leave us alone.'

"They all moved away.

"'Now tell my fortune!' the robber exclaimed, extending his hand.

"I took it, meditated for a moment, realized that the situation called for serious speech, and said to him with the greatest sincerity:

"'Parrón, sooner or later, whether you take my life or spare me . . . you'll be hanged!'

"'That much I knew,' the bandit replied as calmly as can be. 'Tell me *when*.'

"I began to think it over.

"'This man,' I thought, 'is going to spare my life; tomorrow I'll reach Granada and I'll inform on him; the day after tomorrow they'll catch him . . . After that, they'll start indictment proceedings . . .'

"'You ask me when?' I replied aloud. 'Well, look, it'll be within a month from now.'

"Parrón shuddered, and so did I, realizing that my conceit as a prophet might get my brains blown out.

"'Well, now *you* look, Gypsy,' Parrón answered very slowly. 'You're going to remain my prisoner . . . If I'm not hanged within the entire next month, I'll hang *you*, just as surely as my father was hanged! If I die by that date, you'll go free.'

"'Thanks a lot!' I said to myself. 'He'll spare me . . . after he's dead!'

"And I regretted having made the deadline so soon.

"We agreed to those terms: I was led to the cave, where I was locked in, and Parrón mounted his mare and lit out through that scrub . . ."

"That's it! Now I understand," exclaimed the Count of El Montijo. "Parrón died; you were freed, and that's how you know what he looks like . . ."

"Just the opposite, general! Parrón is alive, and now comes the grimmest part of this story."

II

"A week went by and the robber chief didn't see me again. From what I could make out, he hadn't shown up since the afternoon when I told his fortune; this was nothing unusual, according to what one of my guards told me.

---

3. A *duro* was the equivalent of five *pesetas*.

—Sepa usted —me dijo— que el jefe se va al infierno de vez en cuando, y no vuelve hasta que se le antoja. Ello es que nosotros no sabemos nada de lo que hace durante sus largas ausencias.

A todo esto, a fuerza de ruegos, y como pago de haber dicho la buenaventura a todos los ladrones, pronosticándoles que no serían ahorcados y que llevarían una vejez muy tranquila, había yo conseguido que por las tardes me sacasen de la cueva y me atasen a un árbol, pues en mi encierro me ahogaba de calor.

Pero excuso decir que nunca faltaban a mi lado un par de centinelas.

Una tarde, a eso de las seis, los ladrones que habían salido de *servicio* aquel día a las órdenes del *segundo de Parrón* regresaron al campamento llevando consigo, maniatado como pintan a nuestro Padre Jesús Nazareno, a un pobre segador de cuarenta a cincuenta años, cuyas lamentaciones partían el alma.

—¡Dadme mis veinte duros! —decía—. ¡Ah! ¡Si supierais con qué afanes los he ganado! ¡Todo un verano segando bajo el fuego del sol! . . . ¡Todo un verano lejos de mi pueblo, de mi mujer y de mis hijos! ¡Así he reunido, con mil sudores y privaciones, esa suma, con que podríamos vivir este invierno! . . . ¡Y cuando ya voy de vuelta, deseando abrazarlos y pagar las deudas que para comer hayan hecho aquellos infelices, ¿cómo he de perder ese dinero, que es para mí un tesoro? ¡Piedad, señores! ¡Dadme mis veinte duros! ¡Dádmelos, por los dolores de María Santísima!

Una carcajada de burla contestó a las quejas del pobre padre.

Yo temblaba de horror en el árbol a que estaba atado; porque los gitanos también tenemos familia.

—No seas loco . . . —exclamó al fin un bandido, dirigiéndose al segador—. Haces mal en pensar en tu dinero, cuando tienes cuidados mayores en que ocuparte . . .

—¡Cómo! —dijo el segador, sin comprender que hubiese desgracia más grande que dejar sin pan a sus hijos.

—¡Estás en poder de *Parrón!*

—*Parrón* . . . ¡No le conozco! . . . Nunca lo he oído nombrar . . . ¡Vengo de muy lejos! Yo soy de Alicante, y he estado segando en Sevilla.

—Pues, amigo mío, *Parrón* quiere decir la *muerte*. Todo el que cae en nuestro poder es preciso que muera. Así, pues, haz testamento en dos minutos y encomienda el alma en otros dos. ¡Preparen! ¡Apunten! Tienes cuatro minutos.

—Voy a aprovecharlos . . . ¡Oídme, por compasión! . . .

"'You ought to know,' he said, 'that the chief goes underground every so often, and doesn't come back until he feels like it. That is, we don't know a thing about what he does during those long absences of his.'

"By all this, by dint of urgent requests, and as a reward for telling the fortunes of all the robbers, predicting that they wouldn't be hanged but would enjoy a very peaceful old age, I had succeeded in being taken out of the cave every afternoon and tied to a tree, because in my confinement I was suffocating from the heat.

"Needless to say, there were always a pair of sentinels beside me.

"One afternoon about six, the robbers who had gone out on 'duty' that day on the orders of Parrón's 'lieutenant' returned to camp bringing with them, his hands tied like those of Our Father Jesus of Nazareth in paintings, a poor reaper between forty and fifty years old, whose laments were heartbreaking.

"'Give me back my twenty *duros,*' he was saying. 'Oh, if you only knew how hard I worked for that money! Reaping all summer long in the blazing sun! . . . All summer away from my village, my wife, and my children! That's how I put together that sum, sweating away with a thousand privations, so we could live on it this winter! . . . And now that I'm on my way home, eager to embrace them and pay off whatever debts those unfortunates must have made in order to eat, how am I to lose that money, which is like a treasure to me? Have pity, gentlemen! Give back my twenty *duros!* Give it back, by the sorrows of our Blessed Lady!'

"A mocking guffaw was the reply to the poor father's laments.

"I was trembling with horror by the tree to which I was tied; because we Gypsies have families, too.

"'Don't be crazy!' one bandit finally exclaimed, addressing the reaper. 'You're wrong to think about your money when you have bigger worries to occupy your mind . . .'

"'What!' the reaper said, not understanding that there could be a greater misfortune than leaving his children without bread.

"'You're in the hands of Parrón!'

"'Parrón . . . I don't know him! . . . I've never heard that name . . . I come from very far away! I'm from Alicante, and I've been reaping in Seville province.'

"'Well, my friend, Parrón means death. Whoever falls into our hands must die. So make your will in two minutes and commend your soul in two more. Men, get ready! Aim! You, you've got four minutes.'

"'I'm going to use them . . . Listen to me, for mercy's sake! . . .'

—Habla.

—Tengo seis hijos . . . y una infeliz . . . , diré *viuda* . . . , pues veo que voy a morir . . . Leo en vuestros ojos que sois peores que fieras . . . ¡Sí, peores! Porque las fieras de una misma especie no se devoran unas a otras. ¡Ah! ¡Perdón! . . . No sé lo que me digo. ¡Caballeros, alguno de ustedes será padre! . . . ¿No hay un padre entre vosotros? Sabéis lo que son seis niños pasando un invierno sin pan? ¿Sabéis lo que es una madre que ve morir a los hijos de sus entrañas diciendo: «Tengo hambre . . . , tengo frío»? Señores, ¡yo no quiero mi vida sino por ellos! ¿Qué es para mí la vida? ¡Una cadena de trabajos y privaciones! ¡Pero debo vivir para mis hijos! . . . ¡Hijos míos! ¡Hijos de mi alma!

Y el padre se arrastraba por el suelo, y levantaba hacia los ladrones una cara . . . ¡Qué cara! . . . ¡Se parecía a la de los santos que el rey Nerón echaba a los tigres, según dicen los padres predicadores!

Los bandidos sintieron moverse algo dentro de su pecho, pues se miraron unos a otros . . . ; y viendo que todos estaban pensando la misma cosa, uno de ellos se atrevió a decirla . . .

—¿Qué dijo? —preguntó el capitán general, profundamente afectado por aquel relato.

—Dijo: «Caballeros, lo que vamos a hacer no lo sabrá nunca *Parrón* . . .»

—Nunca . . . , nunca . . . —tartamudearon los bandidos.

—Márchese usted, buen hombre . . . —exclamó entonces uno que hasta lloraba.

Yo hice también señas al segador de que se fuese al instante.

El infeliz se levantó lentamente.

—Pronto . . . ¡Márchese usted! —repitieron todos, volviéndole la espalda.

El segador alargó la mano maquinalmente.

—¿Te parece poco? —gritó uno—. ¡Pues no quiere su dinero! Vaya . . . , vaya . . . ¡No nos tiente usted la paciencia!

El pobre padre se alejó llorando, y a poco desapareció.

Media hora había transcurrido, empleada por los ladrones en jurarse unos a otros no decir nunca a su capitán que habían perdonado la vida a un hombre, cuando de pronto apareció *Parrón,* trayendo al segador en la grupa de su yegua.

Los bandidos retrocedieron espantados.

Parrón se apeó muy despacio, descolgó su escopeta de dos cañones, y, apuntando a sus camaradas, dijo:

—¡Imbéciles! ¡Infames! ¡No sé cómo no os mato a todos! ¡Pronto! ¡Entregad a este hombre los duros que le habéis robado!

"'Speak.'

"'I have six children . . . and one unhappy . . . let's say, widow . . . since I see I'm going to die . . . I see from your eyes that you're worse than wild animals . . . Yes, worse! Because wild animals of the same species don't eat one another. Oh! Spare me! . . . I don't know what I'm saying. Gentlemen, is any of you a father? . . . Isn't there one father among you? Do you know what it is for six children to spend a winter without bread? Do you know what it is for a mother to watch the children of her womb die, saying: "I'm hungry . . . I'm cold"? Gentlemen, I ask for my life for their sake only! What's life to me? A series of labors and privations! But I must live for my children's sake! . . . My children! Children of my heart!'

"And the father was dragging himself along the ground, raising up to the robbers a face . . . What a face! . . . It resembled those of the saints whom King Nero threw to the tigers, as the preachers tell us!

"The bandits felt something stirring in their bosom, because they looked at one another . . . ; seeing that they all had the same thought, one of them was bold enough to enunciate it . . ."

"What did he say?" asked the captain general, deeply moved by that narrative.

"He said: 'Gentlemen, Parrón must never know what we're about to do . . .'

"'Never . . . never . . . ,' the bandits stammered.

"'Take yourself off, good man!' exclaimed one of them, who was actually crying.

"I, too, signaled the reaper to depart immediately.

"The unfortunate fellow stood up slowly.

"'Quick! . . . Leave!' they all repeated, turning their backs on him.

"The reaper held out his hand mechanically.

"'Aren't you satisfied?' one bandit yelled. 'Look at that, he wants his money! Go . . . go . . . don't try our patience!'

"The poor father departed in tears, and was soon out of sight.

"When a half-hour had gone by, which the robbers had spent taking mutual oaths never to tell their chief they had spared a man's life, Parrón suddenly appeared, carrying the reaper behind him on his mare.

"The bandits recoiled in fright.

"Parrón dismounted very slowly, took down his double-barreled shotgun, and, aiming it at his comrades, said:

"'Imbeciles! Wretches! I don't know why I'm not killing you all! Quick! Hand over to this man the *duros* you've stolen from him!'

Los ladrones sacaron los veinte duros y se los dieron al segador, el cual se arrojó a los pies de aquel personaje que dominaba a los bandoleros y que tan buen corazón tenía . . .

Parrón le dijo:

—¡A la paz de Dios! *Sin las indicaciones de usted nunca hubiera dado con ellos.* ¡Ya ve usted que desconfiaba de mí sin motivo! . . . He cumplido mi promesa . . . Ahí tiene usted sus veinte duros . . . Conque . . . ¡en marcha!

El sagador lo abrazó repetidas veces y se alejó lleno de júbilo.

Pero no habría andado cincuenta pasos, cuando su bienhechor lo llamó de nuevo.

El pobre hombre se apresuró a volver pies atrás.

—¿Qué manda usted? —le preguntó, deseando ser útil al que había devuelto la felicidad a su familia.

—¿Conoce usted a *Parrón?* —le preguntó él mismo.

—No lo conozco.

—¡Te equivocas! —replicó el bandolero—. Yo soy *Parrón.*

El segador se quedó estupefacto.

Parrón se echó la escopeta a la cara y descargó los dos tiros contra el segador, que cayó redondo al suelo.

—¡Maldito seas! —fue lo único que pronunció.

En medio del terror que me quitó la vista, observé que el árbol en que yo estaba atado se estremecía ligeramente y que mis ligaduras se aflojaban.

Una de las balas, después de herir al segador, había dado en la cuerda que me ligaba al tronco y la había roto.

Yo disimulé que estaba libre, y esperé una ocasión para escaparme.

Entretanto, decía *Parrón* a los suyos, señalando al segador:

—Ahora podéis robarlo. Sois unos imbéciles . . . , ¡unos canallas! ¡Dejar a ese hombre, para que se fuera, como se fue, dando gritos por los caminos reales! . . . Si conforme soy yo quien se lo encuentra y se entera de lo que pasaba, hubieran sido los *migueletes,* habría dado vuestras señas y las de nuestra guarida, como me las ha dado a mí, y estaríamos ya todos en la cárcel. ¡Ved las consecuencias de robar sin matar! Conque basta ya de sermón y enterrad ese cadáver para que no apeste.

Mientras los ladrones hacían el hoyo y *Parrón* se sentaba a merendar dándome la espalda, me alejé poco a poco del árbol y me descolgué al barranco próximo . . .

Ya era de noche. Protegido por sus sombras salí a todo escape y, a la luz de las estrellas, divisé mi borrico, que comía allí tranquilamente,

"The robbers produced the twenty *duros* and gave the money to the reaper, who flung himself at the feet of that person who dominated the bandits and who had such a good heart . . .

"Parrón said to him:

"'Go, and God be with you! Without your information I would never have found them. Now you see you had no reason to distrust me! . . . I've kept my promise . . . Here you have your twenty *duros* . . . And so . . . off with you!'

"The reaper embraced him several times and moved off, full of joy.

"But he hadn't gone fifty paces when his benefactor called him back again.

"The poor man hastened to retrace his steps.

"'What orders do you have for me?' he asked, eager to be of service to the man who had restored his family's happiness.

"'Do you know Parrón?' Parrón himself asked.

"'I don't.'

"'You're mistaken!' the bandit retorted. 'I'm Parrón.'

"The reaper was dumbfounded.

"Parrón raised the shotgun to eye level and discharged both barrels at the reaper, who crumpled to the ground.

"'Damn you!' was the only thing he uttered.

"In the grip of the terror which blinded me, I noticed that the tree to which I was tied was shaking slightly and that my bonds were slackening.

"One of the bullets, after striking the reaper, had hit the rope that bound me to the trunk and had severed it.

"I gave no sign that I was free, and awaited an opportunity to escape.

"Meanwhile, Parrón was telling his men, as he pointed to the reaper:

"'Now you can rob him. You're a bunch of imbeciles . . . a gang of rabble! To set this man free, so he could go—as he did go—yelling all over the highway! . . . If it hadn't been I who met him and found out what was going on, but the militia instead, he would have given your description and that of our lair, the same way he gave it to me, and we'd all be in jail by now. Those are the consequences of robbing and not killing! That's enough sermonizing; bury that body so it doesn't stink.'

"While the robbers were digging the hole and Parrón was sitting and having a bite with his back to me, I moved away from the tree gradually and let myself down into the nearest ravine . . .

"It was already nighttime. Protected by the darkness, I got out of there as fast as I could and, by the light of the stars, I saw my donkey,

atado a una encina. Montéme en él, y no he parado hasta llegar aquí . . .

Por consiguiente, señor, deme usted los mil reales, y yo daré las señas de *Parrón,* el cual se ha quedado con mis tres duros y medio . . .

Dictó el gitano la filiación del bandido; cobró desde luego la suma ofrecida y salió de la Capitanía general, dejando asombrados al conde del Montijo y al sujeto, allí presente, que nos ha contado todos estos pormenores.

Réstanos ahora saber si acertó o no acertó Heredia al decir la buenaventura a *Parrón.*

III

Quince días después de la escena que acabamos de referir, y a eso de las nueve de la mañana, muchísima gente ociosa presenciaba, en la calle de San Juan de Dios y parte de la de San Felipe, de aquella misma capital, la reunión de dos compañías de migueletes que debían salir a las nueve y media en busca de *Parrón,* cuyo paradero, así como sus señas personales y las de todos sus compañeros de fechorías, había al fin averiguado el conde del Montijo.

El interés y emoción del público eran extraordinarios, y no menos la solemnidad con que los migueletes se despedían de sus familias y amigos para marchar a tan importante empresa. ¡Tal espanto había llegado a infundir *Parrón* a todo el antiguo reino granadino!

—Parece que ya vamos a *formar* . . . —dijo un miguelete a otro—, y no veo al cabo López . . .

—¡Extraño es, a fe mía, pues él llega siempre antes que nadie cuando se trata de salir en busca de *Parrón,* a quien odia con sus cinco sentidos!

—Pues ¿no sabéis lo que pasa? —dijo un tercer miguelete, tomando parte en la conversación.

—¡Hola! Es nuestro nuevo camarada . . . ¿Cómo te va en nuestro cuerpo?

—¡Perfectamente! —respondió el interrogado.

Era éste un hombre pálido y de porte distinguido, del cual se despegaba mucho el traje de soldado.

—¿Conque decías . . . ? —replicó el primero.

—¡Ah! ¡Sí! Que el cabo López ha fallecido . . . —respondió el miguelete pálido.

—Manuel . . . , ¿qué dices? ¡Eso no puede ser! . . . Yo mismo he visto a López esta mañana, como te veo a ti . . .

which was grazing there peacefully, tied to a holm oak. I mounted it, and didn't stop until I got here . . .

"And so, sir, give me the thousand *reales* and I'll give you Parrón's description—he's still got my three and a half *duros* . . ."

The Gypsy dictated the bandit's particulars; he immediately collected the sum that had been offered and left headquarters, leaving in astonishment the Count of El Montijo and the person who was present and told me all these details.

It now remains for us to learn whether or not Heredia prophesied correctly when telling Parrón's fortune.

III

Two weeks after the scene I have just reported, about nine in the morning, a large number of idlers in the Calle de San Juan de Dios and part of the Calle de San Felipe, in this same capital of Granada, witnessed the falling-in of two militia companies that were to set out at nine-thirty in search of Parrón, whose whereabouts, together with his personal description and that of all his partners in crime, had finally been ascertained by the Count of El Montijo.

The public's interest and emotion were out of the ordinary, and no less so the solemnity with which the militiamen were taking leave of their families and friends as they left on that most important undertaking. That's how much fear Parrón had come to instill in all of the former kingdom of Granada!

"It looks as if we're going to fall in now . . . ," one militiaman said to another, "and I don't see Corporal López . . ."

"It's odd, I'll say, because he's always the first to arrive when it comes to going out to look for Parrón, whom he hates with all his might!"

"But don't you know what's going on?" said a third militiaman, joining the conversation.

"Hello! It's our new comrade . . . How are you getting along in our unit?"

"Very well!" replied the man who had just been questioned.

He was a pale man with a distinguished bearing, on whom the military uniform was very unbecoming.

"So you were saying . . . ?" the first man rejoined.

"Oh, yes! Corporal López is dead . . . ," the pale militiaman replied.

"Manuel . . . What are you saying? That's impossible! . . . I myself saw López this morning, just as I'm looking at *you* . . ."

El llamado Manuel contestó fríamente:

—Pues hace media hora que lo ha matado *Parrón*.

—¿*Parrón*? ¿Dónde?

—¡Aquí mismo! ¡En Granada! En la Cuesta del Perro se ha encontrado el cadáver de López.

Todos quedaron silenciosos, y Manuel empezó a silbar una canción patriótica.

—¡Van once migueletes en seis días! —exclamó un sargento—. ¡*Parrón* se ha propuesto exterminarnos! Pero ¿cómo es que está en Granada? ¿No íbamos a buscarlo a la sierra de Loja?

Manuel dejó de silbar y dijo con su acostumbrada indiferencia:

—Una vieja que presenció el delito dice que, luego que mató a López, ofreció que, si íbamos a buscarlo, tendríamos el gusto de verlo . . .

—¡Caramba! ¡Disfrutas de una calma asombrosa! ¡Hablas de *Parrón* con un desprecio! . . .

—Pues ¿qué es *Parrón* más que un hombre? —repuso Manuel con altanería.

—¡A la formación! —gritaron en este acto varias voces.

Formaron las dos compañías, y comenzó la lista nominal.

En tal momento acertó a pasar por allí el gitano Heredia, el cual se paró, como todos, a ver aquella lucidísima tropa.

Notóse entonces que *Manuel*, el nuevo miguelete, dio un retemblido y retrocedió un poco, como para ocultarse detrás de sus compañeros . . .

Al propio tiempo Heredia fijó en él sus ojos; y dando un grito y un salto como si le hubiese picado una víbora, arrancó a correr hacia la calle de San Jerónimo.

Manuel se echó la carabina a la cara y apuntó al gitano . . .

Pero otro miguelete tuvo tiempo de mudar la dirección del arma, y el tiro se perdió en el aire.

—¡Está loco! ¡Manuel se ha vuelto loco! ¡Un miguelete ha perdido el juicio! —exclamaron sucesivamente los mil espectadores de aquella escena.

Y oficiales, y sargentos, y paisanos rodeaban a aquel hombre, que pugnaba por escapar, y al que por lo mismo sujetaban con mayor fuerza, abrumándolo a preguntas, reconvenciones y dicterios que no le arrancaron contestación alguna.

Entretanto Heredia había sido preso en la plaza de la Universidad

The man addressed as Manuel answered coldly:

"Well, half an hour ago Parrón killed him."

"Parrón? Where?"

"Right here! In Granada! López's body was found on the Cuesta del Perro."

They all fell silent, and Manuel began to whistle a patriotic song.

"That makes eleven militiamen in six days!" a sergeant exclaimed. "Parrón has made up his mind to exterminate us! But how is it that he's in Granada? Weren't we going to hunt for him in the mountains around Loja?"[4]

Manuel ceased whistling and said with his customary indifference:

"An old woman who witnessed the crime says that, right after he killed López, he assured her that, if we went looking for him, we'd have the pleasure of seeing him . . ."

"Damn! You're a terribly cool customer! You talk about Parrón with such contempt! . . ."

"Well, is Parrón anything more than a man?" Manuel retorted haughtily.

"Fall in!" several voices called at that point.

The two companies fell in, and the roll call began.

At that moment the Gypsy Heredia happened to pass by, and, like everyone else, he stopped to admire that very fine-looking group of soldiers.

Then it was observed that Manuel, the new militiaman, gave a start and stepped back a little, as if he wanted to hide behind his companions . . .

At the same time Heredia fixed his eyes on him; shouting and leaping as if a viper had bitten him, he broke into a run, heading for the Calle de San Jerónimo.

Manuel readied his carbine and aimed at the Gypsy . . .

But another militiaman had time to push the weapon aside, and the shot went off in the air.

"He's crazy! Manuel has gone crazy! A militiaman has lost his senses!" the thousand spectators of that scene exclaimed one after another.

And officers, sergeants, and peasants surrounded that man, who was struggling to escape and whom for that very reason they were subduing more forcibly, overwhelming him with questions, reprimands, and insults which elicited no reply from him.

Meanwhile, Heredia had been captured in the Plaza de la

---

4. A town to the west of Granada.

por algunos transeúntes, que, viéndole correr después de haber so-
nado aquel tiro, lo tomaron por un malhechor.

—¡Llevadme a la Capitanía general! —decía el gitano—. ¡Tengo
que hablar con el conde del Montijo!

—¡Qué conde del Montijo ni qué niño muerto! —le respondieron
sus aprehensores—. ¡Ahí están los migueletes, y ellos verán lo que hay
que hacer con tu persona!

—Pues lo mismo me da —respondió Heredia—. Pero tengan ustedes cuidado de que no me mate *Parrón* . . .

—¿Cómo *Parrón*? . . . ¿Qué dice este hombre?

—Venid y veréis.

Así diciendo, el gitano se hizo conducir delante del jefe de los
migueletes, y señalando a *Manuel,* dijo:

—Mi comandante, ¡ése es *Parrón,* y yo soy el gitano que dio hace
quince días sus señas al conde del Montijo!

—¡*Parrón*! ¡*Parrón* está preso! ¡Un miguelete era *Parrón*! . . . —gritaron muchas voces.

—No me cabe duda —decía entretanto el comandante, leyendo las
señas que le había dado el Capitán general—. ¡A fe que hemos estado
torpes! Pero ¿a quién se le hubiera ocurrido buscar al capitán de
ladrones entre los migueletes que iban a prenderlo?

—¡Necio de mí! —exclamaba al mismo tiempo *Parrón,* mirando al
gitano con ojos de león herido—. ¡Es el único hombre a quien he perdonado la vida! ¡Merezco lo que me pasa!

A la semana siguiente ahorcaron a *Parrón.*

Cumplióse, pues, literalmente, la *buenaventura* del gitano . . .

Lo cual (dicho sea para concluir dignamente) no significa que de-
báis creer en la infalibilidad de tales vaticinios, ni menos que fuera
acertada regla de conducta la de *Parrón,* de matar a todos los que llegaban a conocerle . . . Significa tan sólo que los caminos de la
Providencia son inescrutables para la razón humana; doctrina que, a
mi juicio, no puede ser más ortodoxa.

Guadix, 1853.

Universidad by some passersby who, seeing him run after that shot had been heard, thought he was a criminal.

"Take me to military headquarters!" the Gypsy was saying. "I must speak with the Count of El Montijo!"

"Forget about the Count of El Montijo and your other nonsense!" his captors replied. "Here come the militiamen, they'll see what needs to be done with you!"

"Well, it's all the same to me," Heredia replied. "But watch out so Parrón doesn't kill me . . ."

"What do you mean: Parrón? . . . What is this fellow saying?"

"Come and you'll see."

Saying this, the Gypsy allowed them to lead him before the chief militiaman, and pointing out Manuel, he said:

"Commandant, that's Parrón, and I'm the Gypsy who gave the Count of El Montijo his description two weeks ago!"

"Parrón! Parrón is caught! One of the militiamen was Parrón! . . ." many voices shouted.

"There's no doubt in my mind," the commandant was saying meanwhile, as he read the description he had been given by the captain general. "We've really been stupid! But who would have thought of looking for the robber chief among the militiamen who were setting out to capture him?"

"Fool that I am!" Parrón was exclaiming at the same time, looking at the Gypsy with the eyes of a wounded lion. "He's the only man whose life I spared! I deserve what I'm getting!"

The following week they hanged Parrón.

So the Gypsy's prediction came true literally . . .

Which (let it be said, in dignified conclusion) does not mean that you ought to believe in the infallibility of such predictions, or that Parrón was following a correct rule of conduct by killing everyone who got to know him . . . It merely means that the paths of Providence are inscrutable to human reasoning; a doctrine which, in my opinion, cannot be more orthodox.

Guadix, 1853.

La Comendadora
Historia de una mujer que no tuvo amores

I

Hará cosa de un siglo que cierta mañana de marzo, a eso de las once, el sol, tan alegre y amoroso en aquel tiempo como hoy que principia la primavera de 1868, y como lo verán nuestros biznietos dentro de otro siglo (si para entonces no se ha acabado el mundo), entraba por los balcones de la sala principal de una gran casa solariega, sita en la Carrera de Darro, de Granada, bañando de esplendorosa luz y grato calor aquel vasto y señorial aposento, animando las ascéticas pinturas que cubrían sus paredes, rejuveneciendo antiguos muebles y descoloridos tapices, y haciendo las veces del ya suprimido brasero para tres personas, a la sazón vivas e importantes, de quienes apenas queda hoy rastro ni memoria . . .

Sentada cerca de un balcón estaba una venerable anciana, cuyo noble y enérgico rostro, que habría sido muy bello, reflejaba la más austera virtud y un orgullo desmesurado. Seguramente aquella boca no había sonreído nunca, y los duros pliegues de sus labios provenían del hábito de mandar. Su ya trémula cabeza sólo podía haberse inclinado ante los altares. Sus ojos parecían armados del rayo de la Excomunión. A poco que se contemplara a aquella mujer, conocíase que dondequiera que ella imperase no habría más arbitrio que matarla u obedecerla. Y, sin embargo, su gesto no expresaba crueldad ni mala intención, sino estrechez de principios y una intolerancia de conducta incapaz de transigir en nada ni por nadie.

Esta señora vestía saya y jubón de alepín negro de la reina, y cubría la escasez de sus canas con una toquilla de amarillentos encajes flamencos.

Sobre la falda tenía abierto un libro de oraciones, pero sus ojos habían dejado de leer, para fijarse en un niño de seis a siete años, que jugaba y hablaba solo, revolcándose sobre la alfombra en uno de los cuadrilongos de luz de sol que proyectaban los balcones en el suelo de la anchurosa estancia.

Este niño era endeble, pálido, rubio y enfermizo, como los hijos de Felipe IV pintados por Velázquez. En su abultada cabeza se marcaban con vigor la red de sus cárdenas venas y unos grandes ojos azules, muy protuberantes. Como todos los raquíticos aquel muchacho revelaba extraordinaria viveza de imaginación y cierta iracundia provocativa, siempre en acecho de contradicciones que arrostrar.

The Nun of the Order of Saint James
History of a Woman Who Was Never Loved

I

About a hundred years ago, on one March morning about eleven, the sun, just as cheerful and loving in those days as it is today, when the spring of 1868 is beginning, and as our great-grandchildren will see it in the next century (if the world hasn't come to an end by then), was shining through the balconies of the main drawing room of an ancestral mansion located on the Carrera de Darro in Granada, bathing that vast noble chamber in magnificent light and pleasing warmth, giving life to the ascetic pictures that covered its walls, rejuvenating antique furniture and faded tapestries, and taking the place of the no-longer-needed brazier for three people who were then living and important, but of whom hardly a trace or a memory remains today . . .

Seated near one balcony was a venerable old lady whose noble and energetic face, which must have been very lovely, reflected the most austere virtue and a measureless pride. Surely those lips had never smiled, and the hard creases around them came from the habit of giving orders. Her head, shaky now, could have bowed only to altars. Her eyes seemed to be armed with the thunder of excommunication. A brief observation of that woman would convince anyone that wherever she held sway there was no other choice than to kill her or obey her. And yet her features didn't express cruelty or malevolence, merely narrowmindedness and an intolerant nature incapable of compromise on any subject or in anyone's favor.

This lady wore a skirt and bodice of fine wool-and-silk cloth colored "queen's" black; her sparse gray hair was covered by a shawl of yellowish Flemish lace.

On her lap there was an open prayer book, but her eyes had ceased to read; instead she gazed at a boy of six or seven, who was playing alone and talking to himself, rolling on the carpet in one of the rectangles of light projected by the balconies onto the floor of the spacious room.

This boy was feeble, pale, blonde, and sickly, like the children of Philip IV painted by Velázquez. On his lumpy head could be clearly seen the network of his purple veins and two big blue eyes, very bulging. Like all stunted children, this boy displayed a remarkably vivid imagination and a certain provoking irascibility, always on the lookout for contradictions to confront.

Vestía, como un hombrecito, medias de seda negra, zapato con hebilla, calzón de raso azul, chupa de lo mismo, muy bordada de otros colores, y luenga casaca de terciopelo negro.

A la sazón se divertía en arrancar las hojas a un hermoso libro de heráldica y en hacerlas menudos pedazos con sus descarnados dedos, acompañando la operación de una charla incoherente, agria, insoportable, cuyo espíritu dominante era decir: «—*Mañana voy a hacer esto.—Hoy no voy a hacer lo otro.—Yo quiero tal cosa.—Yo no quiero tal otra* . . .», como si su objeto fuese desafiar la intolerancia y las censuras de la terrible anciana.

¡También infundía terror el pobre niño!

Finalmente, en un ángulo del salón (desde donde podía ver el cielo, las copas de algunos árboles y los rojizos torreones de la Alhambra, pero donde no podía ser vista sino por las aves que revoloteaban sobre el cauce del río Darro), estaba sentada en un sitial, inmóvil, con la mirada perdida en el infinito azul de la atmósfera y pasando lentamente con los dedos las cuentas de ámbar de larguísimo rosario, una monja, o, por mejor decir, una Comendadora de Santiago, como de treinta años de edad, vestida con las ropas un poco seglares que estas señoras suelen usar en sus celdas.

Consiste entonces su traje en zapatos abotinados de cordobán negro, basquiña y jubón de anascote, negros también, y un gran pañuelo blanco, de hilo, sujeto con alfileres sobre los hombros, no en forma triangular, como en el siglo, sino reuniendo por delante los dos picos de un mismo lado y dejando colgar los otros dos por la espalda.

Quedaba, pues, descubierta la parte anterior del jubón de la religiosa, sobre cuyo lado izquierdo campeaba la cruz roja del Santo Apóstol. No llevaba el manto blanco ni la toca, y, gracias a esto último, lucía su negro y abundantísimo pelo, peinado todo hacia arriba y reunido atrás en aquella especie de lazo que las campesinas andaluzas llaman *castaña*.

No obstante las desventajas de tal vestimenta, aquella mujer resultaba todavía hermosísima, o, por mejor decir, su propia belleza tenía mucho que agradecer a semejante desaliño, que dejaba campear más libremente sus naturales gracias.

La Comendadora era alta, recia, esbelta y armónica, como aquella nobilísima cariátide que se admira a la entrada de las galerías de escultura del Vaticano. El ropaje de lana, pegado a su cuerpo, revelaba, más que cubría, la traza clásica y el correcto primor de sus espléndidas proporciones.

Sus manos, de blancura mate, afiladas, hoyosas, transparentes, se

Like a miniature adult he wore black silk stockings, buckled shoes, blue satin breeches, a waistcoat of the same material richly embroidered in other colors, and a long dress coat of black velvet.

At the time he was amusing himself by tearing the pages out of a beautiful book on heraldry and shredding them into tiny pieces with his emaciated fingers, accompanying the operation with an incoherent, sour, unbearable babble, the chief purport of which was: "Tomorrow I'm going to do this. Today I'm not going to do that. I want such-and-such. I don't want that other thing," as if his purpose were to challenge the intolerance and reproaches of the fearsome old lady.

The poor boy was a cause for terror, as well!

Lastly, in one corner of the salon (from which she could see the sky, the tops of a few trees, and the reddish turrets of the Alhambra, but where she herself could be seen only by the birds which fluttered over the course of the river Darro), seated on a stool, motionless, her gaze lost in the infinite blue of the atmosphere, her fingers slowly running over the amber beads of a very long rosary, there sat a nun, or, more precisely, a Comendadora of Saint James, about thirty years old, dressed in the somewhat secular attire which those ladies usually wear in their cells.

At the moment her garb consisted of high-fronted shoes of black Cordovan leather, an outer skirt and bodice of thin wool cloth, both of which were also black, and a large white linen kerchief attached with pins at her shoulders, not forming a triangle, as worn by laywomen, but with its two front corners joined on one side, while the other two hung down behind.

Thus the front of the nun's bodice, the left side of which displayed the red Cross of the holy Apostle, was uncovered. She wasn't wearing her white mantle or her wimple and therefore one could admire her very abundant dark hair, all of it combed back and gathered behind her head in that sort of knot which Andalusian rural women call a chestnut.

Despite the unbecomingness of such vestments, that woman still looked very beautiful, or, to phrase it better, her own beauty was greatly heightened by that casual attire, which allowed her natural charms to shine forth more freely.

The Comendadora was tall, sturdy, slender, and shapely, like that very noble caryatid which is admired at the entrance to the Vatican sculpture galleries. Her woolen clothing, close-fitting, revealed, more than it concealed, the classical outlines and correct elegance of her wonderful proportions.

Her hands, of a matt white, slender, dimpled, translucent, stood out

destacaban de un modo hechicero sobre la basquiña negra, recordando aquellas manos de mármol antiguo, labradas por el cincel griego, que se han encontrado en Pompeya antes o después que las estatuas a que pertenecían.

Para completar esta soberana figura, imaginaos un rostro moreno, algo descarnado (o más bien afinado por el buril del sentimiento), de forma oval como el de la Magdalena de Ticiano y bañado de una palidez profunda, que casi amarilleaba, y que hacían mucho más interesante (pues alejaban toda idea de insensibilidad) dos ojeras hondas, lívidas, llenas de misteriosas tristezas, especie de crepúsculo de los enlutados soles de sus ojos.

Aquellos ojos, casi siempre clavados en tierra, sólo se alzaban para mirar al cielo, como si no osaran fijarse en las cosas del mundo. Cuando los bajaba parecía que sus luengas pestañas eran las sombras de la noche eterna, cayendo sobre una vida malograda y sin objeto; cuando los alzaba podía creerse que el corazón se escapaba por ellos en una luminosa nube, para ir a fundirse en el seno del Criador; pero si por casualidad se posaban en cualquier criatura o cosa terrestre, entonces aquellos negrísimos ojos ardían, temblando y vagando despavoridos, cual si los inflamase la calentura o fueran a inundarse de llanto.

Imaginaos también una frente despejada y altiva, unas espesas cejas de sobrio y valiente rasgo, la más correcta y artística nariz y una boca divina, cariñosa, incitante, y formaréis idea de aquella encantadora mujer, que reunía a un mismo tiempo todos los hechizos de la belleza gentil y toda la mística hermosura de las heroínas cristianas.

II

¿Qué familia era ésta que acabamos de resucitar a la luz de aquel sol que se puso hace cien años?

Digámoslo rápidamente.

La señora mayor era la condesa viuda de Santos, la cual, en su matrimonio con el séptimo conde de este título, tuvo dos hijos —un varón y una hembra—, que se quedaron huérfanos de padre en muy temprana edad.

Pero tomemos las cosas de más lejos.

La casa de Santos había alcanzado gran riqueza y poderío en vida del suegro de la Condesa; mas como aquel señor sólo tuvo un hijo, y no existían ramas colaterales, comenzó a temer que pudiera extinguirse su raza, y dispuso en su testamento (al fundar nuevos vínculos con las mercedes que obtuvo de Felipe V durante la guerra de

enchantingly against her black skirt, recalling those ancient marble hands, worked by the Grecian chisel, which have been found in Pompeii before or after the statues to which they belonged.

To complete the description of this outstanding beauty, picture a swarthy face, somewhat emaciated (or, rather, refined by the burin of deep feelings), oval like that of Titian's Magdalen and bathed in a deep pallor that was nearly yellow, and made much more interesting (since they dispelled any idea of insensitivity) by two deep, livid eye-rings, full of mysterious sadness, a sort of twilight of the mournful suns of her eyes.

Those eyes, almost always fixed on the floor, were only raised to look at heaven, as if they didn't dare to gaze at the things of this world. When she lowered them, her long lashes seemed to be the shades of eternal night falling on a wasted, purposeless life; when she raised them, one could imagine that her heart was escaping through them in a glowing cloud, so it could immerse itself in the bosom of the Creator; but if by chance they lit on any living being or earthly thing, then those dark, dark eyes would burn, trembling and roving in alarm, as if inflamed with fever or about to be flooded with tears.

Picture, as well, a clear, arrogant brow, thick eyebrows of a sober, courageous form, the most well-shaped and artistic nose, and a divine, affectionate, alluring mouth, and you'll have an idea of that spellbinding woman who, at one and the same time, combined all the witchcraft of a noble beauty with all the mystical loveliness of Christian heroines.

II

What family was this which we have just restored to life in the light of that sun which set a hundred years ago?

Let me tell you briefly.

The older lady was the widowed Countess of Santos, who, while married to the seventh count of that title, bore two children, a son and a daughter, who lost their father when they were very young.

But let's look even farther back in time.

The house of Santos had acquired great wealth and power during the lifetime of the countess's father-in-law; but since that gentleman had only one son, and there were no collateral branches of the family, he began to fear that his line might be extinguished, and stipulated in his will (upon establishing new entailments with the favors he received from Philip V during the War of the Spanish Succession): "If

Sucesión): «*Si mi heredero llegare a tener más de un hijo, dividirá el caudal entre los dos mayores, a fin de que mi nombre se propague dignamente en dos ramas con la sangre de mis venas.*»

Ahora bien: aquella cláusula hubiera tenido que cumplirse en sus nietos, o sea en los dos hijos de la severa anciana que acabamos de conocer . . . Pero fue el caso que ésta, creyendo que el lustre de un apellido se conservaba mucho mejor en una sola y potente rama que en dos vástagos desmedrados, dispuso por sí y ante sí, a fin de conciliar sus ideas con la voluntad del fundador, que su hija renunciase, ya que no a la vida, a todos los bienes de la tierra, tomando el hábito de religiosa, por cuyo medio la casa entera de Santos quedaría siendo exclusivo patrimonio de su otro hijo, quien, por haber nacido primero y ser varón, constituía el orgullo y la delicia de su aristocrática madre.

Fue, pues, encerrada en el convento de Comendadoras de Santiago, cuando apenas tenía ocho años de edad, su infortunada hija, la segundona del conde de Santos, llamada entonces doña Isabel, para que se aclimatase desde luego en la vida monacal, que era su infalible destino.

Allí creció aquella niña, sin respirar más aire que el del claustro, ni ser consultada jamás acerca de sus ideas, hasta que, llegada a la estación de la vida en que todos los seres racionales trazan sobre el campo de la fantasía la senda de su porvenir, tomó el velo de esposa de Jesucristo, con la fría mansedumbre de quien no imagina siquiera el derecho ni la posibilidad de intervenir en sus propias acciones. Decimos más: como doña Isabel no podía comprender en aquel tiempo toda la significación de los votos que acababa de pronunciar (tan ignorante estaba todavía de lo que es el mundo y de lo que encierra el corazón humano), y, en cambio, podía discernir perfectamente (pues también ella pecaba de linajuda) las grandes ventajas que su profesión reportaría al esplendor de su nombre, resultó que se hizo monja con cierta ufanía, ya que no con franco y declarado regocijo.

Pero corrieron los años, y sor Isabel, que se había criado mustia, y endeble, y que al tiempo de su profesión era, si no una niña, una mujer tardía o retrasada, desplegó de pronto la lujosa naturaleza y peregrina hermosura que ya hemos admirado, y cuyos hechizos no valían nada en comparación de la espléndida primavera que floreció simultáneamente en su corazón y en su alma. Desde aquel día la joven Comendadora fue el asombro y el ídolo de la Comunidad y de cuantas personas entraban en aquel convento cuya regla es muy lata, como la de todos los de su Orden. Quién comparaba a sor Isabel con Rebeca, quién con Sara, quién con Ruth, quién con Judith . . . El que

my heir should have more than one child, he is to divide the family fortune between the two oldest, so that my name may be worthily continued in two lines that bear the blood of my veins."

Well, then: that clause would have had to affect his grandchildren—that is, the two children of the severe old lady we have just met . . . But it so happened that she, believing that the luster of a family name was preserved much more effectively in a single, strong line than in two punier offshoots, stipulated, on her own initiative, in order to harmonize her ideas with the will of the founder, that her daughter should renounce, not life, but all earthly goods, assuming a nun's habit, whereby the whole house of Santos would remain the exclusive patrimony of her other child, who, because he was the first born and a male, was the pride and joy of his aristocratic mother.

Thus the second child of the Count of Santos, then called Lady Isabel, was shut away in the convent of the nuns of Saint James when she was scarcely eight, so that she could become accustomed at once to the monastic life, which was her ineluctable destiny.

There that girl grew up, breathing no air other than that of the cloister, and never asked about what she thought of things, until, having reached the time of life when all rational beings trace the path of their future in their imagination, she took the veil of a bride of Christ, with the frigid gentleness of a person who cannot even imagine she has the right or even the possibility of having a say in her own course of action. But there's more: since at that time Lady Isabel was unable to understand the full meaning of the vows she had just taken (she was still so ignorant of what the world is and what the human heart contains), but on the other hand she could clearly discern (because she, too, was excessively proud of her lineage) the great advantages that her profession as a nun would bring to the splendor of her name, consequently she took the vows with a certain boastfulness, if not with sincere, confirmed joy.

But the years sped by, and Sister Isabel, who had grown up withered and feeble, and, when she took her vows, had been, if no longer a child, a late-blooming or backward woman, suddenly unfurled the blooming nature and strange beauty we have already admired, but the enchantments of which were as nothing compared to the splendid springtime that flourished simultaneously in her heart and in her soul. From then on, the young Comendadora was the awe and idol of her community and of everyone who set foot in that convent, the rule of which is very broadminded, like that of all the convents of her order. One person compared Sister Isabel to Rebecca, another to Sarah, an-

afinaba el órgano la llamaba *Santa Cecilia;* el despensero, *Santa Paula;* el sacristán, *Santa Mónica;* es decir, que le atribuían juntamente mucho parecido con santas solteras, viudas y casadas . . .

Sor Isabel registró más de una vez la Biblia y el *Flos Sanctorum* para leer la historia de aquellas heroínas, de aquellas reinas, de aquellas esposas, de aquellas madres de familia con quienes se veía comparada, y, por resultas de tales estudios, el engreimiento, la ambición, la curiosidad de mayor vida germinaron en su imaginación con tanto ímpetu, que su director espiritual se vio precisado a decirle muy severamente que «el rumbo que tomaban sus ideas y sus afectos era el más a propósito para ir a parar en la condenación eterna».

La reacción que se operó en sor Isabel al escuchar estas palabras fue instantánea, absoluta, definitiva. Desde aquel día nadie vio en la joven más que una altiva ricahembra, infatuada de su estirpe, y una virgen del Señor, devota, mística, fervorosa hasta el éxtasis y el delirio, la cual incurría en tales exageraciones de mortificación y entraba en escrúpulos tan sutiles, que la Superiora y su propia madre tuvieron que amonestarla muchas veces, y aun el mismo confesor se veía obligado a tranquilizarla, además de no tener de qué absolverla.

¿Qué era, en tanto, del corazón y del alma de la Comendadora, de aquel corazón y de aquella alma cuya súbita eflorescencia fue tan exuberante?

No se sabe a punto fijo.

Sólo consta que, pasados cinco años (durante los cuales su hermano se casó, y tuvo un hijo, y enviudó), sor Isabel, más hermosa que nunca, pero lánguida como una azucena que se agosta, fue trasladada del convento a su casa, por consejo de los médicos y merced al gran valimiento de su madre, a fin de que respirase allí los salutíferos aires de la Carrera de Darro, único remedio que se encontró para la misteriosa dolencia que aniquilaba su vida. —A esta dolencia le llamaron unos *excesivo celo religioso,* y otros *melancolía negra:* lo cierto es que no podían clasificarla entre las enfermedades físicas sino por sus resultados, que eran una extrema languidez y una continua propensión al llanto.

La traslación a su casa le volvió la salud y las fuerzas, ya que no la alegría; pero como por entonces ocurriera la muerte de su hermano Alfonso, de quien sólo quedó un niño de tres años, alcanzóse que la Comendadora continuase indefinidamente con su casa por clausura, a fin de que acompañara a su anciana madre y cuidase a su tierno sobrino, único y universal heredero del Condado de Santos.

Con lo cual sabemos ya también quién era el rapazuelo que estaba

other to Ruth, another to Judith . . . The organ tuner called her Saint Cecilia; the steward, Saint Paula; the sacristan, Saint Monica; that is, at the same time they found she greatly resembled saints who were single, widowed, and married . . .

More than once Sister Isabel combed through the Bible and *The Flower of Saints* to read the stories of those heroines, queens, wives, and mothers with whom she heard herself compared; as a result of that research, conceit, ambition, and curiosity about a fuller life took root in her imagination so forcefully that her spiritual director found himself compelled to tell her very severely that the turn her thoughts and emotions were taking was the one most apt to end up in eternal damnation.

The reaction that took place in Sister Isabel upon hearing those words was instantaneous, absolute, and permanent. From that day on, no one saw in the young woman anything more than a haughty noblewoman, enamored of her family line, and a virgin of the Lord, devout, mystical, and fervent to the point of ecstasy and delirium, who indulged in such excesses of self-mortification and was a prey to such subtle scruples that the mother superior and her own mother had to admonish her frequently, and even her confessor felt obliged to calm her, besides having nothing from which to absolve her.

Meanwhile, what was the state of the Comendadora's heart and soul, of that heart and that soul whose sudden blossoming was so luxuriant?

It isn't definitely known.

The only solid fact is that, after five years had passed (during which her brother married, had a son, and became a widower), Sister Isabel, more beautiful than ever, but languid as a fading Madonna lily, was transferred from her convent to her home, on medical advice and thanks to the good graces in which her mother stood, so that there she might breathe the healthful air of the Carrera del Darro, the sole remedy that was found for the mysterious ailment which was sapping her life. Some labeled that ailment "excessive religious zeal"; others, "black melancholy." The fact is that they couldn't classify it as a physical illness except by its symptoms, which were extreme languor and a constant propensity for weeping.

The move home restored her health and strength, if not her cheerfulness; but since at that time her brother Alfonso died, leaving only a three-year-old boy, permission was obtained for the Comendadora to continue indefinitely with her home as enclosure, so she could keep her elderly mother company and take care of her delicate nephew, the sole and universal heir to the title of count of Santos.

So that now we also know who the little boy was whom we found

rompiendo el libro de heráldica sobre la alfombra, y sólo nos resta decir, aunque esto se adivinará fácilmente, que aquel niño era el alma, la vida, el amor y el orgullo, a la par que el feroz tirano de su abuela y de su tía, las cuales veían en él, no sólo una persona determinada, sino la única esperanza de propagación de su estirpe.

III

Volvamos ahora a contemplar a nuestros tres personajes, ya que los conocemos interior y exteriormente.

El niño se levantó de pronto, tiró los restos del libro, y se marchó de la sala, cantando a voces, sin duda en busca de otro objeto que romper, y las dos señoras siguieron sentadas donde mismo las dejamos hace poco; sólo que la anciana volvió a su interrumpida lectura, y la Comendadora dejó de pasar las cuentas del rosario.

¿En qué pensaba la Comendadora?

¡Quién sabe! . . .

La primavera había principiado . . .

Algunos canarios y ruiseñores, enjaulados y colgados a la parte afuera de los balcones de aquel aposento, mantenían no sé qué diálogos con los pajarillos de ambos sexos que moraban libres y dichosos en las arboledas de la Alhambra, a los cuales referían tal vez aquellos míseros cautivos tristezas y aburrimientos propios de toda vida sin amor . . .

Las macetas de alelíes, mahonesas y jacintos que adornaban los balcones, empezaban a florecer, en señal de que la Naturaleza volvía a sentirse madre . . .

El aire, embalsamado y tibio, parecía convidar a los enamorados de las ciudades con la afable soledad de las campiñas o con el dulce misterio de los bosques, donde podrían mirarse libremente y referirse sus más ocultos pensamientos . . .

Sonaban, por lo demás, en la calle los pasos de gentes que iban y venían a merced de los varios afanes de la existencia; gentes que siempre son consideradas venturosas y muy dignas de envidia por aquellos que las vislumbran desde la picota de sus propios dolores . . .

A veces se oía alguna copla de fandango, con que aludía a sus domingueras aventuras tal o cual fámula de la vecindad, o con que el aprendiz del próximo taller mataba el tiempo, mientras llegaba la infalible *noche* y con ella la concertada *cita* . . .

Percibíanse, además, en filosófico concierto, los perpetuos arrullos del agua del río, el confuso rumor de la capital, el compasado golpe de

ripping up the book of heraldry on the carpet, and we have only to add (though it will be readily guessed) that that child was the soul, life, love, and pride, as well as the fierce tyrant, of his grandmother and aunt, who saw in him not only a specific individual, but also the only hope of continuation of their line.

III

At this point let us observe our three characters again, now that we know them inside and out.

The boy suddenly got up, tossed away the remains of the book, and left the room, singing out loud, no doubt in search of another object to destroy, while the two ladies remained seated exactly where we left them a while ago; except that the elderly one returned to her interrupted reading and the Comendadora ceased counting the beads of her rosary.

What was the Comendadora thinking about?

Who knows?

Springtime had begun . . .

Some canaries and nightingales, in cages hanging outside on the balconies of that room, were keeping up a sort of dialogue with the songbirds of both sexes that dwelt, free and happy, in the groves of the Alhambra; perhaps those wretched prisoners were telling them about the sadness and boredom attendant on all life without love . . .

The pots of wallflowers, stock, and hyacinths that adorned the balconies were beginning to bloom, as a sign that nature was feeling maternal once again . . .

The air, perfumed and tepid, seemed to invite urban lovers to the charming solitude of the countryside or to the sweet mystery of the woods, where they could gaze at each other freely and tell each other their most intimate thoughts . . .

In addition, there could be heard in the street the footsteps of people going to and fro as the various concerns of existence dictated; people who are always deemed fortunate and most enviable by those who glimpse them from the pillory of their own suffering . . .

At times there could be heard some fandango stanza, by which some housemaid or other in the neighborhood alluded to her Sunday adventures, or with which the apprentice in the nearby workshop killed time until the inevitable night arrived, bringing the date he had arranged . . .

Moreover, there could be heard, in philosophical concert, the perpetual lullaby of the river waters, the confused sounds of the capital,

una péndola que en el salón había, y el remoto clamor de unas campanas que lo mismo podían estar tocando a fiesta que a entierro, a bautizo de recién nacido que a profesión de otra Comendadora de Santiago . . .

Todo esto, y aquel sol que volvía en busca de nuestra aterida zona, y aquel pedazo de firmamento azul en que se perdían la vista y el espíritu, y aquellas torres de la Alhambra, llenas de románticos y voluptuosos recuerdos, y los árboles que florecían a su pie como cuando Granada era sarracena . . . ; todo, todo debía de pesar de un modo horrible sobre el alma de aquella mujer de treinta años, cuya vida anterior había sido igual a su vida presente, y cuya existencia futura no podía ser ya más de una lenta y continua repetición de tan melancólicos instantes . . .

. . . .

La vuelta del niño a la sala sacó a la Comendadora de su abstracción e hizo interrumpir otra vez a la condesa su lectura.

—¡Abuela! —gritó el rapaz con destemplado acento—. El italiano que está componiendo el escudo de piedra de la escalera acaba de decirle una cosa muy graciosa al viejo de Madrid que pinta los techos. ¡Yo la he oído, sin que ellos me vieran a mí, y como yo entiendo ya el español chapurrado que habla el escultor con el pintor, me he enterado perfectamente! ¡Si supieras lo que le ha dicho!

—Carlos . . . —respondió la anciana con la blandura equívoca de la cobardía—: os tengo recomendado que no os acerquéis nunca a esa clase de gentes. ¡Acordaos de que sois el conde de Santos!

—¡Pues quiero acercarme! —replicó el niño—. ¡A mí me gustan mucho los pintores y los escultores, y ahora mismo me voy otra vez con ellos! . . .

—Carlos . . . —murmuró dulcemente la Comendadora—. Estáis hablando con la madre de vuestro padre. Respetadla como él la respetaba y yo la respeto . . .

El niño se echó a reír, y prosiguió:

—Pues verás, tía, lo que decía el escultor . . . ¡Porque era de ti de quien hablaba! . . .

—¿De mí?

—¡Callad, Carlos! —exclamó la anciana severamente.

El niño siguió en el mismo tono y con el mismo diabólico gesto:

—El escultor le decía al pintor: «*Compañero, ¡qué hermosa debe de estar desnuda la Comendadora! ¡Será una estatua griega!*» ¿Qué es una estatua griega, tía Isabel?

Sor Isabel se puso lívida, clavó los ojos en el suelo y empezó a rezar.

the regular ticking of the clock in the room, and the far-off clangor of church bells, which might just as well be pealing for a festival as tolling for a funeral, calling to the baptism of a newborn babe or to the taking of vows by another Comendadora of Saint James . . .

All this, and that sun which was returning in quest of our frozen zone, and that segment of blue sky in which one's eyes and spirit got lost, and those towers of the Alhambra, full of romantic and voluptuous memories, and the trees that blossomed at its feet just as when Granada was Moorish . . . ; everything, everything must have weighed with terrible force on the soul of that woman of thirty, whose previous life had been just like her present life, and whose future existence could now only be a slow, continuous repetition of such melancholy moments . . .

. . . .

The child's return to the room brought the Comendadora out of her musing, and once again interrupted the countess's reading.

"Grandmother!" the boy shouted in an angry tone. "The Italian who's repairing the stone coat-of-arms on the staircase has just said something very funny to the old man from Madrid who's painting the ceilings. I heard it, without their seeing me, and since by now I understand the broken Spanish in which the sculptor talks to the painter, I got his full meaning! If you only knew what he said!"

"Carlos," the old lady replied with the ambiguous gentleness of cowardice, "I've suggested to you never to approach that class of people. Remember you're the count of Santos!"

"Well, I want to approach them!" the child retorted. "I like painters and sculptors a lot, and right this minute I'm going back to them! . . ."

"Carlos," the Comendadora murmured softly. "You're speaking to your father's mother. Respect her as he did and I do . . ."

The child burst out laughing, and continued:

"Well, aunt, you'll hear what the sculptor said . . . Because he was talking about *you!* . . ."

"About me?"

"Be still, Carlos!" the old lady exclaimed severely.

The child went on in the same tone and with the same diabolical look on his face:

"The sculptor said to the painter: 'Colleague, how beautiful the Comendadora must be when she's naked! She must be like a Greek statue!' What's a Greek statue, Aunt Isabel?"

Sister Isabel turned livid, fixed her eyes on the floor, and began to pray.

La condesa se levantó, cogió al conde por un brazo y le dijo con reprimida cólera:

—¡Los niños no oyen esas cosas ni las dicen! Ahora mismo se irá el escultor a la calle. En cuanto a vos, ya os dirá el padre capellán el pecado que habéis cometido y os impondrá la debida penitencia . . .

—¿A mí? —dijo Carlos—. ¿El señor cura? ¡Soy yo más valiente que él y lo echaré a la calle, mientras que el escultor se quedará en casa! ¡Tía! —continuó el niño, dirigiéndose a la Comendadora—, yo quiero verte desnuda . . .

—¡Jesús! —gritó la abuela, tapándose el rostro con las manos.

Sor Isabel no pestañeó siquiera.

—¡Sí, señora! ¡Quiero ver desnuda a mi tía! —repitió el niño, encarándose con la anciana.

—¡Insolente! —gritó ésta, levantando la mano sobre su nieto.

Ante aquel ademán, el niño se puso encarnado como la grana, y, pateando de furor, en actitud de arremeter contra la condesa, exclamó nuevamente con sordo acento:

—¡He dicho que quiero ver desnuda a mi tía! ¡Pégame, si eres capaz!

La Comendadora se levantó con aire desdeñoso, y se dirigió hacia la puerta, sin hacer caso alguno del niño.

Carlos dio un salto, se interpuso en su camino y repitió su tremenda frase con voz y gesto de verdadera locura.

Sor Isabel continuó marchando.

El niño forcejeó por detenerla, no pudo lograrlo y cayó al suelo, presa de violentísima convulsión.

La abuela dio un grito de muerte, que hizo volver la cabeza a la religiosa.

Ésta se detuvo espantada al ver a su sobrino en tierra, con los ojos en blanco, echando espumarajos por la boca y tartamudeando ferozmente:

—¡Ver desnuda a mi tía! . . .

—¡Satanás! . . . —balbuceó la Comendadora, mirando de hito en hito a su madre.

El niño se revolcó en el suelo como una serpiente, púsose morado, volvió a llamar a su tía y luego quedó inmóvil, agarrotado, sin respiración.

—¡El heredero de los Santos se muere! —gritó la abuela con indescriptible terror—. ¡Agua! ¡Agua! ¡Un médico!

Los criados acudieron, y trajeron agua y vinagre.

La condesa roció la cara del niño con una y otra cosa; dióle muchos

The countess arose, grasped the count by one arm, and said with repressed anger:

"Children neither hear such things nor repeat them! This very minute the sculptor will be thrown out. As for you, the chaplain will tell you what sin you've committed and will impose the proper penance on you . . ."

"On me?" Carlos said. "That priest? I'm braver than he is, and I'll throw *him* out, while the sculptor remains in the house! Aunt," the child went on, addressing the Comendadora, "I want to see you naked . . ."

"Jesus!" shouted his grandmother, covering her face with her hands. Sister Isabel didn't even bat an eyelash.

"Yes, ma'am! I want to see my aunt naked!" the child repeated, confronting the old lady.

"Insolent!" she shouted, raising her hand to her grandson.

At that gesture the boy turned beet-red and, stamping with fury, looking as if he'd attack the countess, he exclaimed once more in a muffled tone:

"I said I want to see my aunt naked! Hit me, if you think you can!"

The Comendadora arose with a scornful air and headed for the door, paying no attention to the child.

Carlos gave a leap, blocked her path, and repeated his terrible statement with the tone and facial expression of true madness.

Sister Isabel kept on walking.

The child struggled to detain her, was unable to do so, and fell to the floor in the throes of an extremely violent convulsion.

His grandmother gave a deadly scream, which made the nun look back.

She halted in alarm, seeing her nephew on the floor with his eyes turned up, foaming at the mouth, and stammering fiercely:

"See my aunt naked! . . ."

"Satan! . . ." the Comendadora stuttered, gazing fixedly at her mother.

The boy writhed on the floor like a snake, turning purple and once again calling his aunt; then he became motionless, stiff, not visibly breathing.

"The heir to the Santos title is dying!" his grandmother cried in indescribable terror. "Water! Water! A doctor!"

The servants came running, and brought water and vinegar.

The countess sprinkled the boy's face with both liquids, gave him

besos; llamóle *ángel;* lloró, rezó, hízole oler vinagre solo . . . Pero todo fue completamente inútil. El niño se estremecía a veces como los energúmenos, abría unos ojos extraviados y sin vista, que daban miedo, y volvía a quedarse inmóvil.

La Comendadora seguía parada en medio de la estancia en actitud de irse, pero con la cabeza vuelta atrás, mirando atentamente al hijo de su hermano.

Al fin pudo éste dejar escapar un soplo de aliento y algunas vagas palabras por entre sus dientes apretados y rechinantes . . .

Aquellas palabras fueron . . .

—Desnuda . . . mi tía . . .

La Comendadora levantó las manos al cielo y prosiguió su camino.

La abuela, temiendo que los criados comprendiesen lo que decía el niño, gritó con imperio:

—¡Fuera todo el mundo! Vos, Isabel, quedaos.

Los criados obedecieron llenos de asombro.

La Comendadora cayó de rodillas.

—¡Hijo mío! . . . ¡Carlos! . . . ¡Hermoso! —gimió la anciana, abrazando lo que parecía ya el cadáver de su nieto—. ¡Llora! . . . ¡Llora! . . . ¡No te enfades! . . . ¡Será lo que tú quieras!

—¡Desnuda! —dijo Carlos en un ronquido semejante al estertor del que agoniza.

—¡Señora! . . . —exclamó la abuela, mirando a su hija de un modo indefinible—, el heredero de los Santos se muere, y con él concluye nuestra casa.

La Comendadora tembló de pies a cabeza. Tan aristócrata como su madre y tan piadosa y casta como ella, comprendía toda la enormidad de la situación.

En esto, Carlos se recobró un poco, vio a las dos mujeres, trató de levantarse, dio un grito de furor y volvió a caer con otro ataque aún más terrible que el primero.

—¡Ver desnuda a mi tía! —había rugido antes de perder nuevamente el movimiento.

Y quedó con los puños crispados en ademán amenazador.

La anciana se santiguó; cogió el libro de oraciones y dirigiéndose hacia la puerta, dijo al paso a la Comendadora, después de alzar una mano al cielo con dolorosa solemnidad:

—Señora . . . , ¡Dios lo quiere!

Y salió, cerrando la puerta detrás de sí.

numerous kisses, called him "angel," wept, prayed, gave him unmixed vinegar to smell . . . But all was completely useless. The boy trembled at times like a lunatic, opened his straying, sightless eyes, which were frightening, and became motionless again.

The Comendadora was still at a halt in the middle of the room in a frozen walking pose, but looking back attentively at her brother's son.

Finally the boy was able to exhale and to utter a few vague words between his tightly closed, gnashing teeth . . .

Those words were . . .

"Naked . . . my aunt . . ."

The Comendadora raised her hands to heaven and continued walking.

The grandmother, fearing the servants might understand what the boy was saying, shouted imperiously:

"Everybody out! You, Isabel, stay."

Awe-stricken, the servants obeyed.

The Comendadora fell to her knees.

"My boy! . . . Carlos! . . . Beauty!" the old lady moaned, embracing what now seemed to be the corpse of her grandson. "Cry! . . . Cry! . . . Don't be angry! . . . You'll get whatever you want!"

"Naked!" said Carlos in a hoarse tone like a dying man's rattle.

"Madam! . . ." his grandmother exclaimed, looking at her daughter in an indefinable way. "The Santos family heir is dying, and with him our house comes to an end."

The Comendadora trembled from head to foot. Just as aristocratic as her mother, and just as pious and chaste as she, she understood the full enormity of the situation.

Now Carlos recovered somewhat, saw the two women, tried to get up, gave a cry of fury, and fell down again in another fit even more terrible than the first.

"See my aunt naked!" he had bellowed before becoming motionless again.

And he remained with clenched fists in a threatening gesture.

The old lady crossed herself; she picked up the prayer book and, heading for the door, said to the Comendadora as she went by, after raising one hand to heaven with sorrowful solemnity:

"Madam . . . God so wishes!"

And she went out, shutting the door behind her.

IV

Media hora después, el conde de Santos entró en el cuarto de su abuela, hipando, riendo y comiéndose un dulce —que todavía mojaban algunas gotas del pasado llanto—, y sin mirar a la anciana, pero dándole con el codo, díjole en son ronco y salvaje:

—¡Vaya si está gorda . . . mi tía!

La condesa, que rezaba arrodillada en un antiguo reclinatorio, dejó caer la frente sobre el libro de oraciones, y no contestó ni una palabra.

El niño se marchó en busca del escultor, y lo encontró rodeado de algunos Familiares del Santo Oficio, que le mostraban una orden para que los siguiese a las cárceles de la Inquisición, «*como pagano y blasfemo,* según denuncia hecha por la señora condesa de Santos».

Carlos, a pesar de toda su audacia, se sobrecogió a la vista de los esbirros del formidable Tribunal, y no dijo ni intentó cosa alguna.

V

Al oscurecer se dirigió la condesa al cuarto de su hija, antes de que encendiesen luces, pues no quería verla, aunque deseaba consolarla, y se encontró con la siguiente carta, que le entregó la camarera de sor Isabel:

«Mi muy amada madre y señora:

Perdonadme el primer paso que doy en mi vida sin tomar antes vuestra venia; pero el corazón me dice que no lo desaprobaréis.

Regreso al convento, de donde nunca debí salir y de donde no volveré a salir jamás. Me voy sin despedirme de vos, por ahorraros nuevos sufrimientos.

Dios os tenga en su santa guarda y sea misericordioso con vuestra amantísima hija

Sor Isabel de los Ángeles.»

No había acabado la anciana de leer aquellos tristísimos renglones, cuando oyó rodar un carruaje en el patio de la casa y alejarse luego hacia la plaza Nueva . . .

Era la carroza en que se marchaba la Comendadora.

IV

A half-hour later, the Count of Santos entered his grandmother's room hiccupping, laughing, and eating a candy—which was still wet with a few drops of his earlier tears—and without looking at the old lady, but nudging her with his elbow, he said in a hoarse, savage tone:

"I'll say she's fat . . . my aunt!"

The countess, who had been praying while kneeling on an antique prie-dieu, let her forehead fall onto her prayer book and spoke not a word in reply.

The boy went off in search of the sculptor and found him surrounded by officers of the Inquisition who were showing him an order to follow them to the dungeons of the Holy Office "as being a pagan and a blasphemer, according to the complaint brought by Her Ladyship the Countess of Santos."

Despite all his boldness, Carlos was gripped with fear at the sight of the bailiffs of the formidable tribunal, and made no attempt to say or do anything.

V

At nightfall the countess went to her daughter's room before the candles were lit, because she didn't want to see her though she wished to comfort her; she found the following letter, which Sister Isabel's maid handed her:

"My dearly beloved mother and mistress:

"Forgive me for this first step I've taken in my life without first asking your permission; but my heart tells me you won't disapprove.

"I'm returning to the convent, which I should never have left and which I shall never leave again. I'm going without saying good-bye to you, in order to spare you additional suffering.

"May God keep you in his holy protection, and may he be merciful to your most loving daughter,

"Sister Isabel of the Angels."

The old lady had not yet finished reading those very sad lines when she heard the wheels of a carriage in the patio of the house, which then departed for the Plaza Nueva . . .

It was the coach in which the Comendadora was leaving.

VI

Cuatro años después, las campanas del convento de Santiago doblaron por el alma de sor Isabel de los Ángeles, mientras que su cuerpo era restituido a la madre tierra.

La condesa murió también al poco tiempo.

El conde Carlos pereció sin descendencia, al cabo de quince o veinte años, en la conquista de Menorca, extinguiéndose con él la noble estirpe de los condes de Santos.

1868.

VI

Four years later, the bells of the convent of Saint James tolled for the soul of Sister Isabel of the Angels, while her body was returned to mother earth.

The countess died, too, shortly afterward.

Count Carlos passed away without issue, fifteen or twenty years later, during the conquest of Menorca,[1] and with him the noble line of the counts of Santos died out.

1868.

---

1. Menorca (Minorca) was conquered in 1782 by Spain, which held it until 1798, when it went back to England until 1802.

Emilia Pardo Bazán

Afra

La primera vez que asistí al teatro de Marineda —cuando me destinaron con mi regimiento a la guarnición de esta bonita capital de provincia— recuerdo que asesté los gemelos a la triple hilera de palcos, para enterarme bien del mujerío y las esperanzas que en él podía cifrar un muchacho de veinticinco años no cabales. Gozan las marinedinas fama de hermosas, y vi que no usurpada. Observé también que su belleza consiste principalmente en el color. Blancas (por obra de naturaleza, no del perfumista), de bermejos labios, de floridas mejillas y mórbidas carnes, las marinedinas me parecieron una guirnalda de rosas tendida sobre un barandal de terciopelo oscuro. De pronto, en el cristal de los anteojos que yo paseaba lentamente por la susodicha guirnalda, se encuadró un rostro que me fijó los gemelos en la dirección que entonces tenían. Y no es que aquel rostro sobrepujase en hermosura a los demás, sino que se diferenciaba de todos por la expresión y el carácter.

En vez de una fresca encarnadura y un plácido y picaresco gesto, vi un rostro descolorido, de líneas enérgicas, de ojos verdes, coronados por cejas negrísimas, casi juntas, que las prestaban una severidad singular; de nariz delicada y bien diseñada, pero de alas movibles, reveladoras de la pasión vehemente; una cara de corte severo, casi viril, que coronaba un casco de trenzas de un negro de tinta; pesada cabellera que debía de absorber los jugos vitales y causar daño a su poseedora . . . Aquella fisonomía, sin dejar de atraer, alarmaba, pues era de las que dicen a las claras desde el primer momento a quien las contempla: «Soy una voluntad. Puedo torcerme, pero no quebrantarme. Debajo del elegante maniquí femenino escondo el acerado resorte de un alma.»

He dicho que mis gemelos se detuvieron, posándose ávidamente en la señorita pálida del pelo abundoso. Aprovechando los

EMILIA PARDO BAZÁN

Afra

The first time I attended the theater in Marineda—when my regiment and I were assigned to garrison that beautiful provincial capital—I recall that I trained my opera glasses on the triple row of boxes to get a good look at the female population and the hopes that could be read there by a lad of not quite twenty-five. The women of Marineda enjoy the reputation of being beautiful, and I saw that it wasn't a false one. I also observed that their beauty consists mainly in their coloring. White-skinned (by nature, not by cosmetic art), with scarlet lips, blushing cheeks, and delicate complexion, the ladies of Marineda looked to me like a garland of roses laid upon a railing of dark velvet. Suddenly, in the glass of the binoculars I was slowly aiming at the aforesaid garland, there was framed a face that made me keep my opera glasses pointing right where they were. It's not that that face excelled the others in beauty, but it differed from all the rest in its expressiveness and character.

Instead of a fresh complexion and a placid, mischievous expression, I saw a face drained of color, with energetic lines; with green eyes crowned by very dark eyebrows which almost met, giving them an unusual severity; with a nose that was delicate and well-formed, but had twitching wings indicative of vehement passion; a face of an austere shape, almost masculine, crowned by a helmet of inky-black tresses; a heavy head of hair which must surely absorb its possessor's vital fluids and do her harm . . . That face, while still alluring, was frightening, because it was one of those which announce clearly to the observer from the very first moment: "I represent willpower. I may bend, but never break. Beneath this elegant feminine mannequin I conceal the steel spring of a soul."

I've mentioned that my opera glasses had halted in their rounds, avidly fixed on the pale young lady with the plentiful hair. Taking ad-

91

movimientos que hacía para conversar con unas señoras que la acompañaban, detallé su perfil, su acentuada barbilla, su cuello delgado y largo, que parecía doblarse al peso del voluminoso rodete, su oreja menuda y apretada, como para no perder sonido. Cuando hube permanecido así un buen rato, llamando sin duda la atención por mi insistencia en considerar a aquella mujer, sentí que me daban un golpecito en el hombro, y oí que me decía mi compañero de armas Alberto Castro:

—¡Cuidadito!

—Cuidadito, ¿por qué? —respondí, bajando los anteojos.

—Porque te veo en peligro de enamorarte de Afra Reyes, y si está de Dios que ha de suceder, al menos no será sin que yo te avise y te entere de su historia. Es un servicio que los hijos de Marineda debemos a los forasteros.

—¿Pero tiene historia? —murmuré, haciendo un movimiento de repugnancia; porque, aun sin amar a una mujer, me gusta su pureza, como agrada el aseo de casas donde no pensamos vivir nunca.

—En el sentido que se suele dar a la palabra historia, Afra no la tiene . . . Al contrario, es de las muchachas más formales y menos coquetas que se encuentran por ahí. Nadie se puede alabar de que Afra le devuelva una miradita, o le diga una palabra de esas que dan ánimos. Y si no, haz la prueba: dedícate a ella; mírala más; ni siquiera se dignará volver la cabeza. Te aseguro que he visto a muchos que anduvieron locos y no pudieron conseguir ni una ojeada de Afra Reyes.

—Pues entonces . . . ¿qué? ¿Tiene algo . . . en secreto? ¿Algo que manche su honra?

—Su honra, o si se quiere, su pureza . . . repito que ni tiene ni tuvo. Afra, en cuanto a eso . . . como el cristal. Lo que hay te lo diré . . . pero no aquí; cuando se acabe el teatro saldremos juntos, y allá por el Espolón, donde nadie se entere . . . Porque se trata de cosas graves . . . de mayor cuantía.

Esperé con la menor impaciencia posible a que terminasen de cantar «La Bruja», y así que cayó el telón, Alberto y yo nos dirigimos de bracero hacia los muelles. La soledad era completa, a pesar de que la noche tibia convidaba a pasear, y la luna plateaba las aguas de la bahía, tranquila a la sazón como una balsa de aceite, y misteriosamente blanca a lo lejos.

vantage of the movements she made in order to converse with some ladies who were with her, I observed in detail her profile; her prominent chin; her long, slender neck, which seemed to bend beneath the weight of the huge bun of hair; and her small, tight ears, which surely never missed a sound. After I had continued doing this for some time, no doubt attracting attention by my persistence in studying that woman, I felt a tap on my shoulder and I heard my comrade-in-arms Alberto Castro saying to me:

"Watch out!"

"Why should I watch out?" I replied, lowering the glasses.

"Because I can see you're in danger of falling in love with Afra Reyes, and if it's God's will that that happens, at least it won't be without my warning you and informing you of her past. It's a favor that we sons of Marineda owe to strangers."

"So she has a past?" I murmured, making a gesture of repugnance; because, even if I don't love a woman, I like her to be pure, just as we like tidiness in a house we never expect to live in.

"In the usual sense of the word 'past,' Afra doesn't have one . . . On the contrary, she's one of the most serious and least coquettish girls to be found in these parts. No man can boast of Afra's having returned a loving glance to him, or having given him an encouraging word. If you don't believe it, try it yourself: devote yourself to her, look at her harder; she won't even deign to turn her head in your direction. I assure you I've seen many a man go crazy over her and not be able to get even a glance from Miss Afra Reyes."

"Then . . . what is it? Does she have some . . . secret? Something that stains her honor?"

"As for her honor or, if you prefer, her purity . . . I repeat, there's nothing, nor has there ever been. In that regard, Afra is . . . clean as fresh snow. I'll tell you what *is* involved . . . but not here; when the performance is over, we'll leave together, and yonder, along the Sea Wall, where no one can hear . . . Because it's a matter of importance . . . something really serious."

With the least impatience I could manage I waited for the singers to finish *La Bruja*,[1] and the moment the curtain fell, Alberto and I, arm in arm, made our way to the wharves. We were completely alone, even though the warm night invited strolling, and the moon was silvering the waters of the bay, which was then as placid as a millpond, and mysteriously white in the distance.

---

1. No doubt the 1887 zarzuela of that name (*The Witch*) by Ruperto Chapí (1851–1909).

—No creas —dijo Alberto— que te he traído aquí sólo para que no me oyese nadie contarte la historia de Afra. También es que me pareció bonito referirla en el mismo escenario del drama que esta historia encierra. ¿Ves este mar tan apacible, tan dormido, que produce ese rumor blando y sedoso contra la pared del malecón? ¡Pues sólo este mar . . . , y Dios, que lo ha hecho, pueden alabarse de conocer la verdad entera respecto a la mujer que te ha llamado la atención en el teatro! Los demás la juzgamos por meras conjeturas . . . , ¡y tal vez calumniamos al conjeturar! Pero hay tan fatales coincidencias; hay apariencias tan acusadoras en el mundo . . . , que no podría disiparlas sino la voz del mismo Dios, que ve los corazones y sabe distinguir al inocente del culpado.

«Afra Reyes es hija de un acaudalado comerciante: se educó algún tiempo en un colegio inglés, pero su padre tuvo quiebras, y por disminuir gastos recogió a la chica, interrumpiendo su educación. Con todo, el barniz de Inglaterra se le conocía: traía ciertos gustos de independencia y mucha afición a los ejercicios corporales. Cuando llegó la época de los baños no se habló en el pueblo sino de su destreza y vigor para nadar; una cosa sorprendente.

»Afra era amiga íntima, inseparable, de otra señorita de aquí, Flora Castillo; la intimidad de las dos muchachas continuaba la de sus familias. Se pasaban el día juntas; no salía la una si no la acompañaba la otra; vestían igual y se enseñaban, riendo, las cartas amorosas que las escribían. No tenían novio, ni siquiera demostraban predilección por nadie. Vino del Departamento cierto marino muy simpático, de hermosa presencia, primo de Flora, y empezó a decirse que el marino hacía la corte a Afra, y que Afra le correspondía con entusiasmo. Y lo notamos todos: los ojos de Afra no se apartaban del galán, y al hablarle, la emoción profunda se conocía hasta en el anhelo de la respiración y en lo velado de la voz. Cuando a los pocos meses se supo que el consabido marino realmente venía a casarse con Flora, se armó un caramillo de murmuraciones y chismes y se presumió que las dos amigas reñirían para siempre. No fue así; aunque desmejorada y triste, Afra parecía resignada, y acompañaba a Flora de tienda en tienda a escoger ropas y galas para la boda. Esto sucedía en agosto.

»En septiembre, poco antes de la fecha señalada para el enlace, las dos amigas fueron, como de costumbre, a bañarse juntas allí . . . ¿no ves?, en la playita de San Wintila, donde suele haber mar brava. Generalmente las acompañaba el novio, pero aquel día sin duda tenía que hacer, pues no las acompañó.

"Don't think," Alberto said, "that I've brought you here merely so no one could hear me telling you Afra's story. Another reason is that I found it amusing to tell it in the very locale of the drama that story contains. Do you see this ocean that's so peaceful, so dormant, producing that soft, silky sound against the wall of the jetty? Well, only this ocean . . . and God, who created it . . . can boast of knowing the full truth about the woman who attracted your attention in the theater! All the rest of us judge her by mere conjectures . . . , and perhaps we slander her by conjecturing! But there are such fateful coincidences, such accusatory appearances in the world . . . that they could only be dispelled by the voice of God himself, who sees our hearts and can tell the innocent from the guilty.

"Afra Reyes is the daughter of a wealthy merchant: for some time she was educated at an English boarding school, but her father went bankrupt and to reduce his expenses he called the girl back, interrupting her education. Nevertheless, she had acquired an English varnish: she brought back a certain taste for independence and a great love of physical sports. When sea-bathing season came, the only talk in town was of her skill and stamina in swimming: a surprising thing.

"Afra was an intimate, inseparable friend of another local young lady, Flora Castillo; the closeness between the two girls was an extension of that between their families. They'd spend the day together; neither one went out without the other one coming along; they dressed alike and laughingly showed each other the love letters they received. They didn't have sweethearts, or even show any predilection for anybody. There came here from headquarters a certain very likable sailor, of a fine appearance, a cousin of Flora's, and people started to say that the sailor was courting Afra and that Afra was enthusiastic about him. And we all observed: Afra couldn't take her eyes off her suitor, and when she spoke with him, her deep emotion could be noted even in her quick breathing and the clouding of her voice. When we learned a few months later that this sailor had really come here to marry Flora, a hubbub of gossip and whispering was stirred up, and we assumed that the two friends would have a permanent quarrel. Things weren't that way; though peaked and sad, Afra seemed resigned, and accompanied Flora from shop to shop to pick out clothing and finery for the wedding. This was in August.

"In September, shortly before the day set for the marriage, the two friends went, as usual, to bathe together over there—don't you see it?—on the little beach of Saint Wintila, where the sea is generally rough. Usually Flora's fiancé accompanied them, but that day he no doubt had things to do, since he didn't go along.

»Amagaba tormenta; la mar estaba picadísima; las gaviotas chillaban lúgubremente, y la criada que custodiaba las ropas y ayudaba a vestirse a las señoritas, refirió después que Flora, la rubia y tímida Flora, sintió miedo al ver el aspecto amenazador de las grandes olas verdes que rompían contra el arenal. Pero Afra, intrépida, ceñido ya su traje marinero, de sarga azul oscura, animó con chanzas a su amiga. Metiéronse mar adentro cogidas de la mano, y pronto se las vio nadar, agarradas también, envueltas en la espuma del oleaje.

»Poco más de un cuarto de hora después salió a la playa Afra sola, desgreñada, ronca, lívida, gritando, pidiendo socorro, sollozando que a Flora la había arrastrado el mar . . .

»Y tan de verdad la había arrastrado que de la linda rubia sólo reapareció, al otro día, un cadáver desfigurado, herido en la frente . . . El relato que de la desgracia hizo Afra entre gemidos y desmayos, fue que Flora, rendida de nadar y sin fuerzas, gritó ”me ahogo”; que ella, Afra, al oírlo, se lanzó a sostenerla y salvarla; que Flora, al forcejear para no irse al fondo, se llevaba a Afra al abismo; pero que, aun así, hubiesen logrado quizá salir a tierra, si la fatalidad no las empuja hacia un transatlántico fondeado en bahía desde por la mañana. Al chocar con la quilla, Flora se hizo la herida horrible, y Afra recibió también los arañazos y magulladuras que se notaban en sus manos y rostro . . .

»¿Que si creo que Afra . . .?

»Sólo añadiré que al marino, novio de Flora, no volvió a vérsele por aquí; y Afra, desde entonces, no ha sonreído nunca . . .

»Por lo demás, acuérdate de lo que dice la Sabiduría: el corazón del hombre . . . selva oscura. ¡Figúrate el de la mujer!»

La Mayorazga de Bouzas

No pecaré de tan minuciosa y diligente que fije con exactitud el punto donde pasaron estos sucesos. Baste a los aficionados a la topografía novelesca saber que Bouzas lo mismo puede situarse en los límites de la pintoresca región berciana, que hacia las profundidades y quebraduras del Barco de Valdeorras, enclavadas entre la sierra de la Encina y la sierra del Ege. Bouzas, moralmente, pertenece a la Galicia primitiva, la bella, la que hace veinte años estaba todavía por descubrir.

"A storm was brewing; the sea was extremely choppy; the gulls were screeching funereally, and the maid who kept an eye on the young ladies' clothes and helped them dress, later reported that Flora, blonde, timid Flora, was afraid when she saw the threatening aspect of the great green waves breaking on the sand. But fearless Afra, already wearing her bathing suit of dark blue serge, encouraged her friend with jokes. They entered the water hand in hand, and were soon seen swimming, still holding on to each other, enveloped in the froth of the surf.

"A little over a quarter of an hour later, Afra came out onto the beach alone, disheveled, hoarse, livid, shouting, asking for help, reporting with sobs that Flora had been swept away . . .

"And so true was it that she had been swept away, that all that reappeared of the beautiful blonde girl, the next day, was a shapeless corpse with a wound on the forehead . . . The story Afra told about the mishap, amid groans and fainting spells, was that Flora, exhausted with swimming and left with no strength, shouted 'I'm drowning'; that Afra, hearing this, hastened to support her and save her; that Flora, struggling not to go under, was dragging Afra into the depths; but that, even so, they might have managed to reach land if fate hadn't propelled them against a liner that had been anchored in the bay since that morning. On colliding with the keel, Flora received that horrible wound, and Afra got the scratches and bruises that could be seen on her hands and face . . ."

"So I'm to believe that Afra . . . ?"

"I'll only add that the sailor, Flora's fiancé, was never seen in these parts again; and Afra has never smiled since then . . .

"For the rest, remember what the Book of Wisdom says: 'The heart of man . . . a dark forest.' Just imagine what a woman's heart is like!"

The Heiress of Bouzas

I won't be so finically detailed and thorough as to give the exact date when these events occurred. Let it suffice for lovers of fictional geography to know that Bouzas can just as well be located on the border with the picturesque region of El Bierzo[1] as around the low-lying, broken terrain of the Barco de Valdeorras, enclosed between the mountain ranges of La Encina and El Ege. In spirit Bouzas is part of that beautiful primitive Galicia which twenty years ago was as yet undiscovered.

---

1. An area in the province of León, adjoining Galicia.

¿Quién no ha visto allí a la Mayorazga? ¿Quién no la conoce desde que era así de chiquita, y empericotada sobre el carro de maíz regresaba a su Pazo solariego en las calurosas tardes del verano? Ya más crecida, solía corretear, cabalgando un rocín en pelo, sin otros arreos que la cabezada de cuerda. Parecía de una pieza con el jaco: para montar se agarraba a las toscas crines o apoyaba la mano derecha en el anca, y de un salto ¡pim! arriba. Antes había cortado con su navajilla la vara de avellano o taray, y blandiéndola a las inquietas orejas del *facatrús,* iba como el viento por los despeñaderos que guarnecen la margen del río Sil.

Cuando la Mayorazga fue mujer hecha y derecha, su padre hizo el viaje a la clásica feria de Monterroso, que convoca a todos los *sportsmen* rurales, y ferió para la muchacha una yegua muy cuca, de cuatro sobre la marca, vivaracha, torda, recastada de andaluza —como que era prole del semental del Gobierno. Completaba el regalo rico albardón y bocado de plata; pero la Mayorazga, dejándose de chiquitas, encajó a su montura un galápago (pues de sillas inglesas no hay noticias en Bouzas), y sin necesidad de picador que la enseñase, ni de corneta que la sujetase al muslo, rigió su jaca con destreza y gallardía de centauresa fabulosa.

Sospecho que si llegase a Bouzas impensadamente algún honrado burgués madrileño, y viese a aquella mocetona sola y a caballo por breñas y bosques, diría con sentenciosa gravedad que D. Remigio Padornín de las Bouzas criaba a su hija única hecha un marimacho. Y quisiera yo ver el gesto de una institutriz sajona ante las inconveniencias que la Mayorazga se permitía. Cuando la molestaba la sed, apeábase tranquilamente a la puerta de una taberna del camino real, y la servían un tanque de vino puro. A veces se divertía en probar fuerzas con los gañanes y mozos de labranza, y a alguno dobló el pulso o tumbó por tierra. No era desusado que ayudase a cargar el carro de tojo, ni que arase con la mejor yunta de bueyes de su establo. En las siegas, deshojas, romerías y fiestas patronales, bailaba como una peonza con sus propios jornaleros y colonos, sacando a los que prefería, según costumbre de las reinas, y prefiriendo a los mejor formados y más ágiles.

Who has never seen the Heiress there? Who hasn't been acquainted with her since she was only that high, when, perched way up on the corn cart, she used to return to her ancestral country house during the hot summer afternoons? When bigger, she was accustomed to dash about on an unsaddled workhorse that had no other harness than a rope halter. She seemed to be of one piece with her steed: to mount him she'd grasp his coarse mane or rest her right hand on his haunch and give a single leap up. Previously she would have cut a hazel or tamarisk switch with her pocketknife; brandishing it near the restless ears of her workhorse, she'd fly like the wind over the cliffs that line the banks of the river Sil.[2]

When the Heiress was a full-grown woman, her father made the trip to the classic Monterroso[3] fair, where all the rural sportsmen gather, and bought the girl a very appealing mare, four fingers taller than standard height, vivacious, dapple gray, crossbred with an Andalusian—seeing that she was a product of the government stud farm. The gift was complemented by an expensive big saddle and a silver bit; but the Heiress, not mincing in her ways, fitted out her mount with a local light saddle (since no one has ever heard about English hunting saddles in Bouzas), and with no need for a horse trainer to teach her, or anything to hold down her thighs,[4] she governed her steed with the skill and elegance of a mythical Centauress.

I suspect that if some honorable middle-class man from Madrid had arrived in Bouzas unexpectedly and had seen that wild girl riding alone through heaths and woods, he'd have stated with sententious gravity that Don Remigio Padornín of Las Bouzas was raising his only daughter like a tomboy. And I'd have liked to see the expression on the face of a German governess at the sight of the improprieties in which the Heiress indulged. When bothered by thirst, she'd dismount calmly at the door of a tavern on the highway and ask for a glass of unmixed wine. Sometimes she amused herself by testing her strength against the farmhands and plowmen, and some of them she beat at arm wrestling or even wrestled to the ground. It wasn't unusual for her to help load the furze wagon, or to plow with the best yoke of oxen in her stable. At reaping time, at corn shuckings, pilgrimages, and saint's-day celebrations, she'd spin like a top, dancing with her own day laborers and tenant farmers, inviting the ones she preferred, the way queens do, and preferring the best-built and most agile ones.

---

2. A tributary of the Miño, the Sil is an important river of the province Lugo (capital city: Lugo) of the region of Galicia.   3. An actual town in Lugo.   4. The mysterious *corneta* is regretfully omitted in the translation.

No obstante, primero se verían manchas en el cielo que sombras en la ruda virtud de la Mayorazga. No tenía otro código de moral sino el Catecismo, aprendido en la niñez; pero le bastaba para regular el uso de su salvaje libertad. Católica a macha-martillo, oía su misa diaria en verano como en invierno, guiaba por las tardes el rosario, daba cuanta limosna podía. Su democrática familiaridad con los labriegos procedía de un instinto de régimen patriarcal, en que iba envuelta la idea de pertenecer a otra raza superior, y precisamente en la convicción de que aquellas gentes *no eran como ella,* consistía el toque de la llaneza con que las trataba, hasta el extremo de sentarse a su mesa un día sí y otro también, dando ejemplo de frugalidad, viviendo de caldo de pote y pan de maíz o centeno.

Al padre se le caía la baba con aquella hija activa y resuelta. Él era hombre bonachón y sedentario, que entró a heredar el vínculo de Bouzas por la trágica muerte de su hermano mayor, el cual, en la primera guerra civil, había levantado una partidilla, vagando por el contorno bajo el alias guerrero de *Señorito de Padornín,* hasta que un día le pilló la tropa y le arrojó al río, después de envainarle tres bayonetas en el cuerpo. D. Remigio, el segundón, hizo como el gato escaldado: nunca quiso abrir un periódico, opinar sobre nada, ni siquiera mezclarse en elecciones. Pasó la vida descuidada y apacible, jugando al tute con el veterinario y el cura.

Frisaría la Mayorazga en los veintidós, cuando su padre notó que se desmejoraba, que tenía obscuras las ojeras y mazados los párpados, que salía menos con la yegua y que se quedaba pensativa sin causa alguna. —Hay que casar a la rapaza— discurrió sabiamente el viejo; y acordándose de cierto hidalgo, antaño muy amigo suyo, Balboa de Fonsagrada, favorecido por la Providencia con numerosa y masculina prole, le dirigió una misiva, proponiéndole un enlace. La respuesta fue que no tardaría en presentarse en las Bouzas el segundón de Balboa, recién licenciado en la Facultad de Derecho de Santiago, porque el mayor no podía abandonar la casa y el más joven estaba desposado ya. Y en efecto; de allí a tres semanas —el tiempo que se tardó en hacerle seis mudas de ropa blanca y marcarle doce pañuelos— llegó Camilo Balboa, lindo mozo, afinado por la vida universitaria, algo anemiado por la mala alimentación de las casas de hués-

Nevertheless, you'd see stains in the sky before you'd find fault with the Heiress's roughshod virtue. Her only code of morals was her Catechism, which she had learned as a child, but that was sufficient to regulate the use she made of her wild freedom. A Catholic to the bone, she attended mass daily in summer as in winter, she'd say her rosary in the evening, and give all the alms she could. Her democratic familiarity with the farmers came from an instinctive feeling for the patriarchal system, which included the notion that she belonged to another, higher caste; and it was precisely her conviction that those people "weren't like her" which generated the easygoing way in which she dealt with them, to the point of sitting down at their table, not every other day but every day, furnishing an example of frugality, living on stew and corn bread or rye bread.

Her father doted on that active and determined daughter. He was a good-natured, sedentary man who inherited the entailed property of Bouzas at the tragic death of his elder brother, who in the first civil war[5] had raised a group of partisans and had roamed through the vicinity under the *nom de guerre* "Young Lord of Padornín" until one day he was caught by government troops and thrown into the river, after three bayonets had been sheathed in his body. Don Remigio, the second-born, behaved in accordance with the proverb "Once burnt, twice shy": he never wanted to open a newspaper, profess any opinions, or even take part in elections. He spent his life carefree and peaceable, playing cards with the veterinarian and the priest.

The Heiress was about twenty-two when her father noticed a decline in her health; she had dark rings around her eyes and bruised-looking eyelids, she went out with her mare less often, and would become pensive for no reason. "The girl's got to be married," the old man reasoned wisely; and remembering a certain nobleman who had once been a good friend of his, Balboa of Fonsagrada,[6] who had been favored by Providence with numerous male offspring, he sent him a letter proposing a match. The answer was that Balboa's second son would very shortly show up at Las Bouzas; he had recently received his bachelor's degree in law at Santiago de Compostela; the eldest son couldn't leave the household and the youngest was already engaged. And indeed, three weeks later, the time it took to acquire six changes of linen and to mark a dozen handkerchiefs, Camilo Balboa arrived, a handsome young man refined by university life, but somewhat en-

5. The first Carlist War, 1833–1839, waged by the pretender to the throne against his niece, Isabel II, and her regent. The Carlist War in which the heroine later participates is the third, 1872–1876.   6. Another town in Lugo.

pedes y las travesuras de estudiante. A las dos horas de haberse apeado de un flaco jamelgo el señorito de Balboa, la boda quedó tratada.

Físicamente los novios ofrecían extraño contraste, cual si la naturaleza al formarlos hubiese trastocado las cualidades propias de cada sexo. La Mayorazga, fornida, alta de pechos y de ademán brioso, con carrillos de manzana sanjuanera, dedada de bozo en el labio superior, dientes recios, manos duras, complexión sanguínea y expresión franca y enérgica: Balboa, delgado, pálido, rubio, fino de facciones, bromista, insinuante, nerviosillo, necesitado al parecer de mimo y protección. ¿Fue esta misma disparidad la que encendió en el pecho de la Mayorazga tan violento amor, que si la ceremonia nupcial tarda un poco en realizarse, la novia, de fijo, enferma gravemente? ¿O fue sólo que la fruta estaba madura, que Camilo Balboa llegó a tiempo? El caso es que no se ha visto tan rendida mujer desde que hay en el mundo valle de Bouzas.

No enfrió esta ternura la vida conyugal; solamente la encauzó, haciéndola serena y firme. La Mayorazga rabiaba por un muñeco, y como el muñeco nunca acababa de venir, la doble corriente de amor confluía en el esposo. Para él los cuidados y monadas, las golosinas y refinamientos, los buenos puros, el café, el coñac traído de la isla de Cuba por los capitanes de barco, la ropa cara, encargada a Lugo. Hecha a vivir con una taza de caldo de legumbres, la Mayorazga andaba pidiendo recetas de dulce a las monjas; capaz de dormir sobre una piedra, compraba pluma de la mejor, y cada mes mullía los colchones y las almohadas del tálamo. Al ver que Camilo se robustecía y engruesaba y echaba una hermosa barba castaño oscuro, la Mayorazga sonreía, calculando allá en sus adentros: «Para el tiempo de la vendimia tenemos muñequiño.»

Más el tiempo de la vendimia pasó, y el de la sementera también, y aquel en que florecen los manzanos, y el muñeco no quiso bajar a la tierra a sufrir desazones. En cambio, D. Remigio se empeñó en probar mejor vida, y ayudado de un cólico miserere, sin que bastase a su remedio una bala de grueso calibre que le hicieron tragar a fin de que le devanase la enredada madeja de los intestinos, dejó este valle de lágrimas, y a su hija dueña de las Bouzas.

No cogió de nuevas a la Mayorazga el verse al frente de la hacienda, dirigiendo faenas agrícolas, cobranza de rentas y tráfago de la casa. Hacía tiempo que todo corría a su cargo; el padre no se metía en nada; el marido, indolente para los negocios prácticos, no la ayudaba mucho: en cambio tenía cierto *factotum*, adicto como un perro y ex-

feebled by the bad food served in boardinghouses and by student escapades. Two hours after young Balboa had dismounted from his skinny nag, the marriage was arranged.

Physically the young couple were oddly dissimilar, as if in forming them nature had interchanged the traits peculiar to each sex. The Heiress was buxom, big-bosomed, and energetic in her ways, with cheeks like San Juan apples, a finger's breadth of down on her upper lip, strong teeth, hard hands, a ruddy complexion, and a frank, vigorous expression; Balboa was thin, pale, blonde, fine-featured, a wag, insinuating, rather nervous, seemingly needful of pampering and protection. Was it this very disparity which kindled such violent love in the Heiress's breast that if the wedding ceremony were to be delayed slightly, the bride would certainly fall seriously ill? Or was it merely that the fruit was ripe and Camilo Balboa had come just in time? At any rate, no woman so submissive has ever been seen since the valley of Bouzas has existed in the world.

Married life did not cool this tenderness; it merely channeled it, making it serene and firm. The Heiress was wild to have a baby, and since the baby never arrived, the double stream of her love converged on her husband. For him were her cares and caresses, the best tidbits and elegancies, the good cigars, the coffee, the cognac brought from the isle of Cuba by the ship captains, the expensive clothing ordered in Lugo. Accustomed to live on a cup of vegetable broth, the Heiress went around asking the nuns for recipes for sweets; able to sleep on a rock, she bought the best feathers, and every month she fluffed up the mattresses and pillows of the bridal chamber. On seeing Camilo grow sturdier and plumper, and sprout a handsome dark-brown beard, the Heiress smiled, reckoning to herself: "Around grape-picking time we'll have a little one."

But grape-picking time passed, as did that of grain-sowing, and that of apple blossoms, but the baby refused to come down from heaven to suffer displeasure on earth. Instead of that, Don Remigio took it into his head to sample a better life, and with the aid of an inflammation of the bowels (a large-caliber bullet he was made to swallow to untangle the twisted skein of his guts was unable to cure him) he left this vale of tears, and his daughter became the owner of Las Bouzas.

The Heiress wasn't caught off guard when she found herself in charge of the estate, directing the agricultural chores, collecting the rents, and running the household. For some time all this had been in her hands; her father hadn't meddled in anything; her husband, lazy when it came to practical matters, didn't help her much; but, as a compensation, she had

acto como una máquina, en su hermano de leche Amaro, que desempeñaba en las Bouzas uno de esos oficios indefinibles, mixtos de mayordomo y aperador. A pesar de haber mamado una leche misma, en nada se parecían Amaro y la señorita de Bouzas; pues el labriego era desmedrado, flacucho y torvo, acrecentando sus malas trazas el áspero cabello que llevaba en fleco sobre la frente y en greñas a los lados, cual los villanos feudales. A despecho de las intimidades de la niñez, Amaro trataba a la Mayorazga con el respeto más profundo, llamándola siempre *señora mi ama.*

Poco después de morir Don Remigio, los acontecimientos revolucionarios se encresparon de mala manera, y hasta el valle de Bouzas llegó el oleaje, traduciéndose en agitación carlista. Como si el espectro del tío cosido a bayonetazos se la hubiese aparecido al anochecer entre las nieblas del Sil demandando venganza, la Mayorazga sintió hervir en las venas su sangre facciosa, y se dio a conspirar con un celo y brío del todo vendeanos. Otra vez se la encontró por andurriales y montes, al rápido trote de su yegua, luciendo en el pecho un alfiler que por el reverso tenía el retrato de D. Carlos y por el anverso el de Pío IX. Hubo aquello de coser cintos y mochilas, armar cartucheras, recortar corazones de franela colorada para hacer *detentes,* limpiar fusiles de chispa comidos por el orín, pasarse la tarde en la herrería viendo remendar una tercerola, requisar cuanto jamelgo se encontraba a mano, bordar secretamente el estandarte.

Al principio, Camilo Balboa no quiso asociarse a los trajines en que andaba su mujer, y echándoselas de escéptico, de tibio, de alfonsino prudente, prodigó consejos de retraimiento o lo metió todo a broma, con guasa de estudiante, sentado a la mesa del café, entre el dominó y la copita de coñac. De la noche a la mañana, sin transición, se encendió en entusiasmo, y comenzó a rivalizar con la Mayorazga, reclamando su parte de trabajo, ofreciéndose a recorrer el valle mientras ella, escoltada por Amaro, trepaba a los picos de la sierra. Hízose así, y Camilo tomó tan a pechos el oficio de conspirador, que faltaba de casa días enteros, y por las mañanas solía pedir a la Mayorazga «cuartos para pólvora . . . cuartos para unas escopetas que descubrí en tal o cual sitio». Volvía con la bolsa huera, afirmando que el armamento quedaba *segurito,* muy preparado para la hora solemne.

a certain factotum, devoted as a dog and precise as a machine, in the son of her wet nurse, Amaro, who held down one of those indefinable positions at Las Bouzas, something between a steward and a supervisor of field work. Though they had been nourished by the same milk, Amaro and the young mistress of Bouzas were not at all alike; the farmhand was puny, skinny, and grim, his bad appearance enhanced by the coarse hair he wore in bangs over his forehead and in large shocks at the sides, like feudal serfs. Despite their closeness as children, Amaro treated the Heiress with the greatest respect, always calling her "my lady mistress."

Shortly after Don Remigio died, revolutionary activity heated up violently, and the surge of events even reached the valley of Bouzas, in the guise of Carlist agitation. As if the ghost of her bayoneted uncle had appeared to her at nightfall in the mists from the Sil, demanding vengeance, the Heiress felt her partisan blood boiling in her veins, and began to conspire with a zeal and zest that were altogether like those of Vendée.[7] Once again she was to be found in out-of-the-way places and wooded hills, her mare at a quick trot; on her bosom she wore a brooch with a portrait of the pretender Don Carlos on the reverse and that of Pope Pius IX on the obverse. She was involved in sewing swordbelts and rucksacks, loading cartridge belts, cutting out red flannel hearts to make talismans of invulnerability, cleaning rust-eaten flintlock rifles, spending the afternoon in a smithy watching a musket being repaired, requisitioning every available nag, and clandestinely embroidering the battle standard.

At the outset, Camilo Balboa refused to take part in his wife's labors; claiming to be a skeptic, lukewarm, a prudent adherent of King Alfonso XII, he lavished advice, urging her to remain reserved; or else he'd turn it all into a joke, with a student's type of wit, as he sat at the café table, between his dominoes and his little glass of cognac. Overnight, without a transition, he was inflamed by enthusiasm and began to rival the Heiress, demanding a share in the work, and offering to comb the valley while she, escorted by Amaro, climbed the mountain peaks. That arrangement was made, and Camilo took his duties as a conspirator so much to heart that he was sometimes away from home all day long; in the morning he would ask the Heiress for "money for gunpowder . . . money for some rifles I've discovered in such-and-such a place." He'd return with his purse empty, assuring her that the arms were safe and sound, all ready for the hour of need.

---

7. A region of western France that violently opposed the French Revolution of 1789 ff.

Cierta tarde, después de una comida geronimil, pues la Mayorazga, por más ocupada que anduviese, no desatendía el estómago de su marido —¡no faltaría otra cosa!— Camilo se puso la zamarra de terciopelo, mandó ensillar su potro montañés, peludo y vivo como un caballo de las estepas, y se despidió, diciendo a medias palabras:

—Voime donde los Resendes . . . Si no despachamos pronto, puede dar que me quede a dormir allí . . . No asustarse si no vuelvo. De aquí al Pazo de Resende aún hay una buena tiradita.

El Pazo de Resende, madriguera de hidalgos cazadores, estaba convertido en una especie de arsenal o maestranza, en que se fabricaban municiones, se *desenferruxaban* armas blancas y de fuego, y hasta se habilitaban viejos albardones, disfrazándolos de silla de montar. La Mayorazga se hizo cargo del importante objeto de la expedición; con todo, una sombra veló sus pupilas, por ser la primera vez que Camilo dormiría fuera del lecho conyugal desde la boda. Se cercioró de que su marido iba bien abrigado, llevaba las pistolas en el arzón y al cinto un revólver —«por lo que puede saltar»— y bajó a despedirle en la portalada misma. Después llamó a Amaro y le mandó arrear las bestias, porque aquella tarde «cumplía» ver al cura de Burón, uno de los organizadores del futuro ejército real.

Sin necesidad de blandir el látigo, hizo la Mayorazga tomar a su yegua animado trote, mientras el rocín de Amaro, rijoso y emberrenchinado como una fiera, galopaba delante, a trancos desiguales y furibundos. Ama y escudero callaban; él taciturno y zaino más que de costumbre; ella, un poco melancólica, pensando en la noche de soledad. Iban descendiendo un sendero pedregoso, a trechos encharcado por las extravasaciones del Sil —sendero que después, torciendo entre heredades, se dirige como una flecha a la rectoral de Burón—, cuando el rocín de Amaro, enderezando las orejas, pegó tal huida, que a poco da con su jinete en el río, y por cima de un grupo de salces, la Mayorazga vio asomar los tricornios de la Guardia civil.

Nada tenía de alarmante el encuentro, pues todos los guardias de las cercanías eran amigos de la casa de Bouzas, donde hallaban prevenido el jarro de mosto, la cazuela de bacalao con patatas, en caso de necesidad la cama limpia, y siempre la buena acogida y el trato humano; así fue que, al avistar a la Mayorazga, el sargento que mandaba el pelotón se descubrió atentamente murmurando:

—Felices tardes nos dé Dios, señorita. —Pero ella, con repentina inspiración, le aisló y acorraló en el recodo del sendero, y muy bajito y con llaneza imperiosa, preguntóle:

One afternoon, after a lordly meal (because, no matter how busy she was, the Heiress never neglected her husband's stomach—far from it!), Camilo put on his velvet overcoat, ordered his highland colt to be saddled (it was as shaggy and lively as a horse of the steppes), and took his leave, saying reticently:

"I'm off to the Resende place . . . If we don't finish our business quickly, I may have to sleep over . . . Don't be frightened if I'm not back. From here to the Resende manor is a long stretch."

The Resende manor, a den of nobly born huntsmen, had been converted into a sort of arsenal or workshop in which munitions were manufactured, and swords and firearms were cleaned of rust; they even remodeled old military saddles, disguising them as ordinary riding saddles. The Heiress was aware of how important this excursion was, but nevertheless her eyes were clouded, because this was the first time since they were married that Camilo would be sleeping anywhere but in their bed. She made sure her husband was wearing warm clothes and carrying his pistols on the saddletree and a revolver in his belt, "for any emergency," and went down all the way to the main entrance to see him off. Then she called Amaro and ordered him to prepare their horses, because that afternoon it was her duty to visit the priest of Burón, one of the organizers of what would become the royal army.

Without any need to brandish her riding whip, the Heiress made her mare break into a lively trot, while Amaro's workhorse, quarrelsome and hotheaded as a wild animal, galloped up ahead with uneven, furious strides. Both mistress and squire were silent, he more taciturn and secretive than usual, she a little melancholy, thinking about the night she was to spend alone. They were descending a stony path, which in places was full of puddles from river Sil overflow—a path which, after that, winding between estates, leads directly to the rectory at Burón—when Amaro's workhorse, pricking up its ears, broke into such a wild flight that it nearly landed in the river along with its rider, and above a stand of willows the Heiress caught sight of the tricorne hats of the Civil Guard, the national constabulary.

The encounter had nothing alarming in it, since all the constables in the neighborhood were friends of the house of Bouzas, where they found waiting for them a pitcher of partly fermented wine, a casserole of cod and potatoes, a clean bed when necessary, and always a warm welcome and humane treatment; and so, on sighting the Heiress, the sergeant in charge of the platoon doffed his hat respectfully, murmuring:

"May God give us a good afternoon, ma'am." But she, suddenly inspired, drew him aside and cornered him at a bend in the path, and very quietly and with an imperious frankness, asked him:

—¿A dónde van, Piñeiro, diga?

—Señorita, no me descubra, por el alma de su papá que esté en gloria . . . A Resende, señorita, a Resende . . . Dicen que hay fábrica de armas y facciosos escondidos, y el diablo y su madre . . . A veces un hombre obra contra su propio corazón, señorita, por acatar aquello que uno no tiene más remedio que acatar . . . La Virgen quiera que no haya nada . . .

—No habrá nada, Piñeiro . . . Mentiras que se inventan . . . Ande ya, y Dios se lo pague.

—Señorita, no me descu . . .

—Ni la tierra lo sabrá. Abur, memorias a la parienta, Piñeiro.

Aún se veía brillar entre los salces el hule de los capotes, y ya la Mayorazga llamaba apresuradamente:

—¿Amaro?

—Señora mi ama.

—Ven, hombre.

—No puedo allegarme . . . Si llego el caballo a la yegua, tenemos música.

—Pues bájate, papamoscas.

Dejando su jaco atado a un tronco, Amaro se acercó.

—Montas otra vez . . . Corres más que el aire . . . Rodea, que no te vean los civiles . . . A Resende, a avisar al señorito que allá va la Guardia para registrar el Pazo. Que entierren las armas, que escondan la pólvora y los cartuchos . . . Mi marido que ataje por la Illosa y que se venga a casa enseguida. ¿Aún no montaste?

Inmóvil, arrugando el entrecejo, rascándose la oreja por junto a la sien, clavando en tierra la vista, Amaro no daba más señales de menearse que si fuese hecho de piedra.

—A ver . . . contesta . . . ¿Qué embuchado traes, Amaro? ¿Tu hablas o no hablas, o me largo yo a Resende en persona?

Amaro no alzó los ojos, ni hizo más movimiento que subir la mano de la sien a la frente, revolviendo las guedejas. Pero entreabrió los labios y, dando primero un suspiro, tartamudeó con oscura voz y pronunciación dificultosa:

—Si es por avisar a los señoritos de Resende, un suponer, bueno; voy, que pronto se llega . . . Si es por el señorito de casa, un suponer, señora mi ama, será excusado . . . El señorito no *va* en Resende.

—¿Que no está en Resende mi marido?

—No señora ama, con perdón. En Resende, no, señora.

"Where are you all off to, Piñeiro, tell me?"

"Ma'am, on the soul of your father in heaven, don't give me away . . . To Resende, ma'am, to Resende . . . They say there's a munitions factory there, and hidden partisans, and the devil and his mother . . . At times a man acts against his own wishes, ma'am, because he's obeying orders he can't help obeying . . . I pray to the Virgin that there's nothing there . . ."

"There won't be anything, Piñeiro . . . Lies that people make up . . . Go now, and may God reward you."

"Ma'am, please don't give . . ."

"Not a soul will know. Good-bye, remember me to your wife, Piñeiro!"

Their oilskin capes could still be seen gleaming among the willows when the Heiress called hastily:

"Amaro?"

"My lady mistress?"

"Come here, man."

"I can't come too close . . . If I bring my stallion next to your mare, there'll be the devil to pay."

"Then dismount, numbskull."

Leaving his horse tied to a tree, Amaro approached.

"Get back on your horse . . . Fly like the wind . . . Take a roundabout way so the constables don't see you . . . At Resende, warn the master that the Guard is on the way to search the manor. They must bury the weapons and hide the powder and the cartridges . . . My husband must take the shortcut through La Illosa and return home at once. Why are you still standing there?"

Motionless, wrinkling his brow, scratching his ear next to the temple, his eyes glued to the ground, Amaro gave no more signs of stirring than if he were made of stone.

"Come on . . . answer me . . . What's eating you, Amaro? Are you going to talk or not, or do I have to dash off to Resende myself?"

Amaro didn't lift up his eyes or make any other movement except to raise his hand from his temple to his forehead, twisting his locks. But he opened his mouth slightly and, first uttering a sigh, he stammered in a muffled voice and with difficult enunciation:

"If it's to warn the masters at Resende, that's one thing, fine; I'll go, because it doesn't take long to get there . . . But if it's for the young master, my lady mistress, it'll be pointless . . . The young master doesn't go to Resende."

"You mean, my husband isn't in Resende?"

"No, lady mistress, forgive me. Not in Resende, ma'am."

—¿Pues dónde está?

—Estar . . . Estar, estará donde va cuantos días Dios echa al mundo.

La Mayorazga se tambaleó en su galápago, soltando las riendas de la yegua, que resopló sorprendida y deseosa de correr.

—¿A dónde va todos los días?

—Todos los días.

—Pero, ¿a dónde? ¿A dónde? Si no lo vomitas pronto, más te valiera no haber nacido.

—Señora ama . . . —Amaro hablaba precipitadamente, a borbotones, como sale el agua de una botella puesta boca abajo—. Señora ama . . . el señorito . . . En los Carballos . . . quiere decir . . . hay una costurera bonita que iba a coser al Pazo de Resende . . . ya no va nunca . . . el señorito le da dinero . . . son ella y una tía carnal, que viven juntas . . . andan ella y el señorito por el monte a las veces . . . en la feria de la Illosa, el señorito le mercó unos aretes de oro . . . la trae muy maja . . . La llaman *la flor de la maravilla,* porque cuando se pone a morir, y cuando aparece sana y buena, cantando y bailando . . . Estará loca, un suponer . . .

Oía la Mayorazga sin pestañear. La palidez daba a su cutis moreno tonos arcillosos. Maquinalmente recogió las riendas y halagó el cuello de la jaca, mientras se mordía el labio inferior, como las personas que aguantan y reprimen algún dolor muy vivo. Por último, articuló sorda y tranquilamente:

—Amaro, no mientas.

—Tan cierto como que nos hemos de morir. Aún permita Dios que venga un rayo y me parta si cuento una cosa por otra.

—Bueno, basta. El señorito avisó que hoy dormiría en Resende. ¿Se quedará de noche con . . . esa?

Amaro dijo *que sí,* con una mirada oblicua, y la Mayorazga meditó contados instantes. Su natural resuelto abrevió aquel momento de indecisión y lucha.

—Oye. Tú te largas a Resende a avisar, volando; has de llegar con tiempo para que escondan las armas. Del señorito no dices allí . . . ni esto. Vuelves, y me encuentras, una hora antes de romper el día, junto al soto de los Carballos, como se va a la fuente del Raposo. Anda ya.

Amaro silbó a su jaco, sacó del bolsillo la navaja de picar tagarninas, y, azuzándole suavemente con ella, salió a galope. Mucho antes que los civiles llegó a Resende, y el sargento Piñeiro tuvo el gusto de no

"Then where is he?"

"He's . . . he's . . . he must be where he goes every day that God grants the world."

The Heiress reeled on her light saddle, dropping the reins of her mare, which snorted in surprise, eager to run.

"Where he goes every day?"

"Every day."

"But where? Where? If you don't spit it out right away, you'll be sorry you were ever born!"

"Lady mistress. . . ." Amaro spoke hurriedly, in spurts, like water pouring out of a bottle held upside down. "Lady mistress . . . the young master . . . At Los Carballos . . . that is . . . there's a pretty seamstress who used to go and do sewing at the Resende manor . . . she never goes there any more . . . the young master gives her money . . . she and an aunt of hers live together . . . she and the young master go into the woods sometimes . . . at the fair of La Illosa, the young master bought her a pair of golden earrings . . . he dresses her up real fine . . . They call her 'the morning glory' because when she dresses up to kill, and when she shows up healthy and pretty, singing and dancing . . . She's probably crazy, I imagine . . ."

The Heiress listened unblinkingly. Her pallor gave her dark skin clayey tones. Mechanically she picked up the reins and caressed her mare's neck, while she bit her lower lip like someone undergoing and repressing some very acute pain. Finally, she brought out these muffled, calm words:

"Amaro, don't lie."

"It's as true as that we all must die. In fact, may God send a lightning bolt to tear me apart if I'm saying anything untrue!"

"Fine, enough. The young master informed me he'd sleep at Resende tonight. Will he spend the night with . . . her?"

Amaro said yes with a sidelong glance, and the Heiress pondered for a very few minutes. Her innate resolve shortened that moment of indecision and struggle.

"Listen. Race off to Resende to warn them; you've got to get there fast so they have time to hide the weapons. Don't say a single thing there about the young master. Come back and meet me one hour before daybreak next to the grove at Los Carballos, on the way to the spring of El Raposo. Go!"

Amaro whistled to his horse, took from his pocket the knife with which he shredded his cheap tobacco, and, gently setting the horse in motion with it, galloped away. He reached Resende long before the

hallar otras armas en el Pazo sino un asador en la cocina y las escopetas de caza de los señoritos, en la sala, arrimadas a un rincón.

Aún no se oían en el bosque esos primeros susurros de follaje y píos de pájaros que anuncian la proximidad del amanecer, cuando Amaro se unía en los Carballos con su ama, ocultándose al punto los dos tras un grupo de robles, a cuyos troncos ataron las cabalgaduras.

En silencio esperarían cosa de hora y media. La luz blanquecina del alba se derramaba por el paisaje, y el sol empezaba a desgarrar el toldo de niebla del río, cuando dos figuras humanas, un nombre joven y apuesto y una mocita esbelta, reidora, fresca como la madrugada y soñolienta todavía, se despidieron tiernamente a poca distancia del robledal. El hombre, que llevaba del diestro un caballo, lo montó y salió al trote largo, como quien tiene prisa. La muchacha, después de seguirle con los ojos, se desperezó y se tocó un pañuelo azul, pues estaba en cabello, con dos largas trenzas colgantes. Por aquellas trenzas la agarró Amaro, tapándola la boca con el pañuelo mismo, mientras decía en voz amenazadora:

—Si chistas, te mato. Aquí llegó la hora de tu muerte. Ala, anda para avante.

Subieron algún tiempo monte arriba; la Mayorazga delante, detrás Amaro, sofocando los chillidos de la muchacha, llevándola en vilo y sujetándola los brazos. A la verdad, la costurerita hacía débil, aunque rabiosa resistencia; su cuerpecillo gentil, pero endeble, no le pesaba nada a Amaro, y únicamente la apretaba las quijadas para que no mordiese y las muñecas para que no arañase. Iba lívida como una difunta, y así que se vio bastante lejos de su casa, entre las carrascas del monte, paró de retorcerse y empezó a implorar misericordia.

Habrían andado cosa de un cuarto de legua, y se encontraban en una loma desierta y bravía, limitada por negros peñascales, a cuyos pies rodaba mudamente el Sil. Entonces la Mayorazga se volvió, se detuvo y contempló a su rival un instante. La costurera tenía una de esas caritas finas y menudas que los aldeanos llaman *caras de Virgen*, y parecen modeladas en cera, a la sazón mucho más, a causa de su extrema palidez. No obstante, al caer sobre ella la mirada de la ofendida esposa, los nervios de la muchacha se crisparon y sus pupilas destellaron una chispa de odio triunfante, como si dijesen: —«Puedes matarme, pero hace media hora tu marido descansaba en mis brazos.»— Con aquella chispa sombría se confundió un reflejo de oro, un fulgor que el sol naciente arrancó de la oreja menudita y nacarada: eran los pendientes, obsequio de Camilo Balboa. La Mayorazga preguntó en voz ronca y grave:

constables did, and Sergeant Piñeiro had the pleasure of finding no weapons in the manor other than a spit in the kitchen and the masters' hunting rifles leaning against a corner of the parlor.

Those first whispers of leaves and chirping of birds which announce the coming of dawn were not yet heard in the woods when Amaro rejoined his mistress at Los Carballos; the two immediately hid behind a stand of oaks, to the trunks of which they tied their mounts.

They waited for about an hour and a half in silence. The whitish light of dawn was pouring over the landscape, and the sun was beginning to tear apart the canopy of river mist when two human figures, a young, well-dressed man and a slender, laughing young woman, as fresh as the morn and still sleepy, took tender leave of each other not far from the oak grove. The man, who was leading a horse by its bridle, mounted it and trotted away quickly, like someone in a hurry. The girl, after watching him go, stretched and put on a blue kerchief, for her head had been bare, with two long braids hanging down. It was by those braids that Amaro seized her, covering her mouth with that same kerchief, as he said in threatening tones:

"Make a peep and I'll kill you. The hour of your death has come. Go on, move ahead!"

They walked uphill for some time, the Heiress in front and Amaro behind, stifling the girl's screams, lifting her bodily and holding her arms tight against her. To tell the truth, the seamstress offered weak, though furious resistance; her little body, pretty but slight, didn't weigh Amaro down at all; he merely held her jaws shut so she wouldn't bite him and grasped her wrists so she wouldn't scratch him. She was as livid as a dead woman; when she found herself quite far from home, amid the holm oaks of the mountainside, she stopped writhing and began begging for mercy.

They had gone about a quarter of a league and they were now on a wild, deserted hill, hemmed in by black crags, the feet of which the Sil circled silently. Then the Heiress turned around, stopped, and studied her rival for an instant. The seamstress had one of those small, delicate faces which villagers call "Virgin's faces," and which seem to be modeled in wax: at that moment, much more so, because of her extreme pallor. Nevertheless, when the gaze of the wronged wife fell upon her, the girl's nerves were on edge, and her eyes darted a flash of triumphant hatred, as if saying: "You may kill me, but half an hour ago your husband was resting in my arms." That dark flash was mingled with a golden reflection, a gleam which the rising sun snatched from her small, pearly ears: it was the earrings, a gift from Camilo Balboa. In hoarse, deep tones the Heiress asked:

—¿Fue mi marido quien te regaló esos aretes?

—Sí —respondieron los ojos de víbora.

—Pues yo te corto las orejas —sentenció la Mayorazga, extendiendo la mano.

Y Amaro, que no era manco ni sordo, sacó su navajilla corta, la abrió con los dientes, la esgrimió . . . Oyóse un aullido largo, pavoroso, de agonía, luego otro, y sordos gemidos.

—¿La tiro al Sil? —preguntó el hermano de leche, levantando en brazos a la víctima, desmayada y cubierta de sangre.

—No. Déjala ahí ya. Vamos pronto a donde quedaron las caballerías.

—Si mi potro acierta a soltarse y se arrima a la yegua . . . la hicimos, señora ama.

Y bajaron por el monte, sin volver la vista atrás.

❊　　❊　　❊　　❊　　❊

De la costurera bonita se sabe que no apareció en público sin llevar el pañuelo muy llegado a la cara. De la Mayorazga, que al otro año tuvo muñeco. De Camilo Balboa, que no le jugó más picardías a su mujer, o si se las jugó supo disimularlas hábilmente. Y de la partida aquella que se preparaba en Resende, que sus hazañas no pasaron a la historia.

La Santa de Karnar

I

De niña —me dijo la anciana señora— era yo muy poquita cosa, muy delicada, delgada, tan paliducha y tan consumida, que daba pena mirarme. Como esas plantas que vegetan ahiladas y raquíticas, faltas de sol o de aire, o de las dos cosas a la vez, me consumía en la húmeda atmósfera de Compostela, sin que sirviesen para mejorar mi estado las recetas y potingues de los dos o tres facultativos que visitaban nuestra casa por amistad y costumbre, más que por ejercicio de la profesión. Era uno de ellos —ya ve usted si soy vieja—, nada menos que el famosísimo Lazcano, de reputación europea, en opinión de sus conciudadanos los santiagueses; cirujano ilustre, de quien se contaba, entre otras rarezas, que sabía resolver los alumbramientos difíciles con un puntapié en los riñones, y que se hizo más célebre todavía que por estas cosas, por haber persistido en el uso de la coleta, cuando ya no la gastaba alma viviente.

Aquel buen señor me había tomado cierto cariño, como de abuelo;

"Was it my husband who gave you those earrings?"

"Yes," the snakelike eyes replied.

"Then I'll cut off your ears," was the Heiress's sentence, as she reached out her hand.

And Amaro, who was neither crippled nor deaf, took out his short pocketknife, opened it with his teeth, and wielded it . . . A long, frightening shriek, a shriek of agony, was heard, then another, and muffled groans.

"Shall I throw her in the Sil?" the wet nurse's son asked, lifting up the victim, who had fainted and was covered with blood.

"No. Leave her here now. Let's go right away to where we left our horses."

"If my colt has managed to get loose and get near the mare . . . we've had it, lady mistress."

And they walked down the hill, without looking back.

✿   ✿   ✿   ✿   ✿

With regard to the pretty seamstress, it's known that she didn't appear in public without wearing her kerchief very tight around her face. As for the Heiress, the next year she had a baby. As for Camilo Balboa, he played no more tricks on his wife, or, if he did, he was able to keep them a secret skillfully. And as for that partisan group being organized in Resende, its exploits were never recorded in a history book.

The Holy Woman of Karnar

I

As a girl [the elderly lady told me], I was just a bit of a thing, very frail, thin, and so pale and emaciated that it was painful to look at me. Like those plants which remain drooping and stunted for want of sunshine or air, or of both at once, I was wasting away in the damp atmosphere of Compostela, and my condition was in no way improved by the prescriptions and concoctions of the two or three physicians who visited our house more out of friendship and habit than on a professional basis. One of them—this will show you how old I am—was none other than the very famous Lazcano, who was known all over Europe, as his fellow citizens in Santiago imagined: a celebrated surgeon of whom it was reported, among other oddities, that he was able to carry out difficult deliveries by kicking the mother in the kidneys, though he made himself more famous yet by persisting in wearing a pigtail when not a living soul was doing so any more.

That kind gentleman had taken a certain grandfatherly liking to me;

decía que yo era muy lista, y que hasta sería bonita cuando me ro-
busteciese y echase —son sus palabras— «la morriña fuera»; me
pronosticaba larga vida y magnífica salud, y a los afanosos interroga-
torios de mamá respecto a mis males, respondía con un temblorcillo
de cabeza y un capirotazo a los polvos de rapé detenidos en la cho-
rrera rizada: «No hay que apurarse. La naturaleza que trabaja,
señora.»

¡Ay si trabajaba! Trabajaba furiosamente la maldita. Lloreras, pasión
de ánimo, ataques de nervios (entonces aún no se llamaban así),
jaquecas atarazadoras, y, por último, un desgano tan completo, que no
podía atravesar bocado, y me quedaba como un hilo, postrada de puro
débil, primero resistiéndome a jugar con las niñas de mi edad, luego
a moverme hasta dentro de casa, y, por último, a levantarme de la
cama, donde ya me sujetaba la tenaz calentura. Frisaría yo en los doce
años.

Mi madre, al cabo, se alarmó seriamente. La cosa iba de veras, tan
de veras, que dos médicos (ninguno de ellos era el de la coleta), después de examinarme con detención, arrugaban la frente, fruncían la
boca y celebraban misteriosa conferencia, de la cual —lo supe mucho
después— salía yo en toda regla desahuciada. Oíanse, en la salita con-
tigua a mi alcoba, el hipo y los sollozos de mamá, la aflicción de mi
hermana mayor, los cuchicheos del servicio, las entradas y salidas de
amigos oficiosos, todo lo que entreoye desde la cama un enfermo
grave; y a poco me resonaban en el cerebro las conocidas pisadas de
Lazcano, que medía el paso igual que un recluta, y entraba man-
dando, en tono gruñón, que se abriesen las ventanas, y no estuviese la
chiquilla «a oscuras como en un duelo». Habiéndome tomado el
pulso, mandado sacar la lengua, apoyado la mano en la frente para
graduar el calor, y preguntado a mi enfermera ciertos detalles y síntomas, el viejo sonrió, se encogió de hombros, y dijo, amenazándome
con la mano derecha:

—Lo que necesita la rapaza es una docena de azotes . . . , y aldea,
y leche de vaca . . . y se acabó.

—¡Aldea en el mes de Enero! —clamó espantada mi hermana—.
¡Jesús, en tiempo de lobos!

—Pregúntele usted a los árboles si en invierno se encierran en las
casas para volver al campo en primavera. Pues madamiselita, fuera el
alma, árboles somos. Aldea, aldea, y no me repliquen.

A pesar de la resistencia de mi hermanita (que tenía en Santiago sus
galancetes, y por eso se horrorizaba tanto de los lobos), mamá se
agarró a la esperanza que la daba Lazcano, y resolvió la jornada in-

he said I was very clever, and that I'd even be pretty once I fattened up and—these are his very words—"got rid of my blues"; he forecast a long life and wonderful health for me, and to my mother's anxious inquiries about my ailments he'd reply, his head trembling slightly as he knocked off the bits of snuff clinging to his pleated jabot: "No need for alarm. It's nature at work, madam."

Oh, was it at work! The damned thing was working like crazy. Crying jags, fits of temper, nervous attacks (they weren't called that at the time), splitting headaches, and, lastly, such a total lack of appetite that I couldn't swallow a mouthful and I was as thin as a rail, prostrate out of sheer weakness; first I refused to play with girls of my own age, then I refused to move about even inside the house, and finally I refused to get out of bed, where I was pinned down by a persistent fever. I must have been about twelve.

Finally my mother got seriously worried. The situation was grave, so grave that two doctors (neither of whom was the man with the pigtail), after examining me thoroughly, frowned, pursed their lips, and went into a secret conference; as I learned much later, they had given up all hopes for me. In the little room adjoining my bedroom could be heard my mother's hiccups and sobs, my older sister's laments, the servants' whispers, the comings and goings of solicitous friends, everything that a seriously ill person overhears from his bed; and soon afterward there resounded in my brain the familiar footsteps of Lazcano, who was measuring his paces like a recruit and who came in, giving orders in a grumbling tone for the windows to be opened, so the girl wouldn't be "in the dark, as at a funeral." After taking my pulse, asking me to stick out my tongue, resting his hand on my forehead to gauge my temperature, and asking my nurse for certain details and symptoms, the old fellow smiled, shrugged his shoulders, and said, threatening me with his right hand:

"What this girl needs is a dozen lashes . . . and the country, and cow's milk . . . and that's that."

"The country in January!" my sister cried in fright. "My God, when the wolves come out!"

"Ask the trees whether they shut themselves up in houses during the winter and only return to the fields in spring. Well, my little lady, apart from our souls, we're trees. The country, the country, and no back talk!"

Despite my dear sister's resistance (she had wooers in Santiago; hence her enormous fear of wolves), my mother clutched at the hope that Lazcano held out to her, and decided on the trip at once. As it

mediatamente. Por casualidad, nuestras rentitas de la montaña andaban a tres menos cuartillo: el mayordomo, prevalido de que éramos
mujeres, y seguro de que no aportaríamos nunca por lugar tan salvaje,
hacía de nuestro modesto patrimonio mangas y capirotes, envián-
donos cada año más mermado su producto. El viaje, al mismo tiempo
que salud, podía rendir utilidad.

El día señalado me bajaron hasta el portal en una silla; vi engan-
chado ya el coche de colleras que nos llevaría donde alcanzase el
camino real; allí nos aguardarían mayordomo y caseros con cabalgaduras, para internarnos en la montaña. Yo iba medio muerta; dor-
mité las primeras horas, y apenas entreabrí los ojos al oír las exclama-
ciones de terror que arrancó a mi madre y a mi hermana la cabeza de
un faccioso, clavada en alto poste a orillas de la carretera. Cuando encontramos a nuestros montañeses, faltaban dos horas para la del
anochecer, que en aquella estación del año es a las cinco de la tarde;
y los aldeanos, no sé si por inocentada o por malicia, porfiaron en que
nos diésemos toda la prisa posible a descargar el equipaje y montar,
porque se echaba encima la noche, la casa estaba lejos, y andaban por
el monte a bandadas los lobos y a docenas los salteadores. Mi hermana
y mi madre, casi llorando de miedo, se encaramaron como Dios las dio
a entender sobre el aparejo de los jacos; a mí me envolvieron en una
manta, y robusto mocetón, que montaba una mula burreña mansa y
oronda, me colocó delante, como un fardo: en tal disposición em-
prendimos la caminata. Por supuesto que no divisamos ni la sombra
de un ladrón, ni el hocico de un lobo; en cambio, las pobres señoras
pensaron cien veces apearse por el rabo o las orejas, según caían las
cuestas arriba o abajo de la endiablada trocha; y al verse, por último,
en la cocina del viejo caserón, frente al humeante fuego de *queiroas* y
rama de roble casi verde, oyendo hervir en la panza del pote el caldo
de berzas con harina, les pareció que estaban en la gloria, en el cielo
mismo.

Yo no les quiero decir a ustedes las privaciones que allí pasamos.
La casa solariega de los Aldeiros, mis antepasados, encontrábase en
tal estado de vetustez, que por las rendijas del techo entraban los pájaros y veíamos amanecer perfectamente; vidrios, ni uno para señal;
el piso cimbreaba, y los tablones bailaban la polka; el frío era tan
crudo, que sólo podíamos vivir arrimadas a la piedra del lar, acurru-
cadas en los bancos de ennegrecido roble, y extendiendo las
amoratadas manos hacia la llama viva. Ahora, que tengo años, y he
visto tantas cosas en el mundo, comprendo que a aquel cuadro de la
cocina montañesa no le faltaba su gracia, y que un pintor o poeta

happened, our income from our mountain property amounted to three times nothing: our steward, taking advantage of our being women, and confident that we would never show up at such a wild place, was managing our modest holdings miserably, and was sending us less income from it every year. Not only could the journey bring me health, it could also be useful for us all.

On the appointed day I was carried down to the doorway in a chair; I saw that the coach and pair that was to take us up to the highway was already hitched up; at the highway we'd be met by our steward and the estate keepers with horses, to bring us into the mountains. I was half dead; I dozed for the first few hours, and I barely opened my eyes when I heard the screams of terror elicited from my mother and sister by the head of a rebel nailed to a tall post alongside the road. When we met our mountaineers, it was only two hours till nightfall, which at that time of the year is at five in the afternoon; and the country folk, whether as a practical joke or out of malevolence, insisted on our making all possible haste to unload our luggage and mount, because night was closing in, the house was far away, and the wolves were roaming the woods in packs and the highwaymen by the dozen. My sister and mother, almost weeping with fear, clambered up as best they could onto the horses' trappings; I was wrapped up in a blanket, and a sturdy young fellow, riding a gentle, potbellied she-mule that had been foaled by a she-ass, placed me in front of him like a bundle; in that fashion we set out. Naturally we didn't see even the shadow of a robber or the snout of a wolf; on the other hand, the poor ladies expected a hundred times to dismount from their steeds by way of their heads or tails, depending on whether the slopes of that devilish path were going down or up; when they finally found themselves in the kitchen of the old rambling house, in front of the smoky fire of heather and nearly green oak branches, and they heard the cabbage-and-flour stew boiling in the belly of the pot, they thought they were in glory, in heaven itself.

I don't want to tell you the hardships we had there. The ancestral home of the Aldeiros, my forefathers, was in such a state of decay that birds came in through the cracks in the roof, and we could see the dawn quite clearly. Glass panes? Not the trace of one. The floor shook, and the planks danced the polka; the cold was so intense that we could stay alive only by huddling around the hearthstone, cowering on the benches of blackened oak and holding out our purple hands to the leaping flames. Now that I'm old and I've seen so many things in the world, I understand that that scene in the mountain kitchen was not devoid of charm, and that a painter or poet could have made something of it. The walls were

sabría sacar partido de él. Las paredes estaban como barnizadas por el humo, y sobre su fondo se destacaban bien las cacerolas y calderos, y el vidriado del grosero barro en que comíamos. La artesa, bruñida a fuerza de haberse amasado encima el pan de *brona*, llevaba siempre carga de espigas de maíz mezcladas con habas, cuencos de leche, cedazos y harneros. Más allá la herrada del agua, y, colgada de la pared, la escopeta del mayordomo, gran cazador de perdices. Bajo la profunda campana de la chimenea se apiñaban los bancos, y allí, unidos, pero no confundidos, nos agrupábamos amos y servidores. Por respeto nos habían cedido el banco menos paticojo, estrecho y vetusto, colocado en el puesto de honor, o sea contra el fondo de la chimenea, al abrigo del viento y donde mejor calentaba el rescoldo; por lo cual, el mastín y el gato, amigos a pesar del refrán, se enroscaban y apelotonaban a nuestros pies. Formando ángulo con el nuestro, había otro largo banco, destinado a la mayordoma, su madre, su hijo mayor (el que me había traído a mí al arzón de su montura), el gañán, la criada, y algún vecino que acudiese a parrafear de noche. Por el suelo rodaban varios chiquillos, excepto el de pecho, que la mayordoma tenía siempre en brazos. Y hundido en viejísimo sillón frailero, de baqueta, el mayordomo, el cabeza de familia, permanecía silencioso, entretenido en picar con la uña un cigarro o limpiar la escopeta, su inseparable amiga.

Yo seguía estropeada, sin comer apenas, sin poder andar, temblando de frío y de fiebre; pero antes me matarían que renunciar a la tertulia. Mi imaginación de niña se recreaba con aquel espectáculo más que se recrearía en bailes o saraos de la corte. Allí era yo alguien, un personaje, y el centro de todas las atenciones y el asunto de todos los diálogos. Un granuja campesino me traía el pajarillo muerto por la mañana en el soto; otro asaba en la brasa castañas para obsequiarme; la mayordoma sacaba del seno el huevo de gallina recién puesto, y me lo ofrecía; los más pequeños me brindaban tortas de maíz, acabadas de salir del horno, o me enseñaban una lagartija aterida, que, al calorcillo de la llama, recobraba toda su viveza. ¡Ay! ¡cuánto sentía yo no tener vigor, fuerzas ni ánimos para corretear con aquellos salvajitos por las heredades, sobre la tierra endurecida por la escarcha! ¡Quién pudiera echar del cuerpo el mal y volverse niño aldeano, fuerte, recio, y juguetón!

Después de los chiquillos, lo que más fijó mi atención fue la madre de la mayordoma. Era una vieja que podía servir de modelo a un escultor por la energía de sus facciones, al parecer cortadas en granito. El diseño de su fisonomía la prestaba parecido con un águila, y la fi-

practically varnished by smoke, and against that background the pans and kettles stood out clearly, as did the glaze of the coarse earthenware we ate out of. The kneading trough, polished by having so much corn bread kneaded on it, always had a quantity of corn ears mingled with fava beans, milk mugs, sieves, and sifters. Farther away, the water bucket, and, hanging on the wall, the shotgun belonging to the steward, who was a great hunter of partridges. Below the deep fireplace hood were clustered the benches, and there, together but not intermingled, we masters and servants would sit. Out of respect, we had been given the bench that was least wobbly, narrow, and ancient, and was located in the place of honor—that is, against the back of the hearth, sheltered from the wind, where the embers gave most warmth; for that reason the mastiff and the cat, who were friends despite the proverbial sayings, would curl up into a ball at our feet. Forming an angle with ours, there was another long bench designated for the steward's wife, her mother, her oldest son (the one who had carried me on the saddletree of his mount), the farmhand, the maid, and whatever neighbors showed up for a chat at night. On the floor were several children, except the one that was nursing: him the steward's wife always carried in her arms. And submerged in a very old friar-style armchair, straight as a ramrod, the steward, head of the family, remained silent, busy shredding tobacco for a cigarette with his nails or cleaning the gun, his inseparable friend.

I continued to be infirm, hardly eating, unable to walk, trembling with cold and fever; but I'd rather have been killed than miss the gathering. My childish imagination delighted in that spectacle more than it would have in dances or court balls. There I was somebody, a person, the center of everyone's attention and the subject of every conversation. One country urchin would bring me the songbird that had died in the grove that morning; another one would roast chestnuts on the coals as an offering for me; the steward's wife drew from her bosom a freshly laid hen's egg and gave it to me; the littlest ones offered me corn cakes just out of the oven or showed me a lizard stiff with cold which, in the pleasant warmth of the fire, regained all its vivacity. Oh, how sorry I was not to have enough vigor, strength, or pluck to scour the property with those little savages, over the earth that was hardened by hoarfrost! If I could only eject the illness from my body and become a country child, strong, sturdy, and playful!

After the children, what claimed my attention most was the mother of the steward's wife. She was an old lady who could serve as a sculptor's model, her features were so energetic, seemingly carved out of granite. The shape of her face made her resemble an eagle, and the frightening

jeza pavorosa de sus muertos ojos (hacía muchos años que se había quedado ciega) contribuía a la solemnidad y majestad de su figura, y a que cuanto salía de sus labios adquiriese en mi fantasía exaltada por la enfermedad doble realce. Tenía la ciega ese instinto maravilloso que parece desarrollarse en los demás sentidos cuando falta el de la vista: sin lazarillo, derecha, y casi sin palpar con las manos, iba y venía por toda la casa, huerta y tierras; distinguía a los terneros y bueyes por el mugido, y a las personas creo que por el olor. De noche, en la tertulia de la cocina, hablaba poco y siempre con gravedad y tono semi-profético: si guardaba silencio, no estaban nunca ociosas sus manos: hilaba lentamente, y en torno de ella el huso de boj, como un péndulo, oscilaba en el aire.

Mire usted si ha pasado el tiempo . . . y me acuerdo todavía de bastantes frases sentenciosas de aquella vieja. El eco de su voz cuando guiaba el Rosario no se me olvidará mientras viva. Nunca he oído rezar así, con aquel tono —el de quien ruega que le perdonen la vida o le den algo que ha menester para no morirse. Justamente el Rosario, como usted sabe, acostumbra rezarse medio durmiendo, de carretilla; pero la ciega, al pronunciar las oraciones, revelaba un alma y un fuego, que hacían llenarse de lágrimas los ojos. Al concluir el Rosario y empezar la retahila de Padre nuestros, me cogía de la mano, desplegando sobrehumana fuerza, me obligaba, venciendo mi extenuación y debilidad, a arrodillarme a su lado, y con acento de súplica ardentísima, casi colérica, exclamaba:

—A Jesucristo nuestro Señor y a la Santa de Karnar, para que se dine de sanar luego a la señoritiña. Padre nuestro . . .

Hoy no sé si me río . . . Afirmo a usted que entonces, lejos de reír, sentía un respeto hondo, una pueril exaltación, y creía a pies juntillas que iba a mejorar por la virtud de aquella plegaria.

Una noche se le ocurrió a mi hermana, por distraer el aburrimiento, ponerse a charlar largo y tendido con la ciega, o, mejor dicho, sacarla con cuchara la conversación, pues de su laconismo no podía esperarse más. Hablaron de cosas sobrenaturales y de milagros. Y entre varias preguntas relativas a *trasnos,* brujas, almas del otro mundo y *hueste* o compaña, salió también lo que sigue:

—Señora María, ¿que Santa es esa de Karnar a quien usted reza al concluir el Rosario? ¿Es alguna imagen? Porque Karnar creo que dista poco de aquí, y tendrá su iglesia, con sus efigies.

—Imagen . . . la parece —respondió la ciega en tono enfático.

fixity of her dead eyes (she had been blind for many years) contributed to the gravity and majesty of her appearance, and made every word that came from her lips acquire a redoubled effect in my imagination, which was overheated by my illness. The blind woman had that wonderful instinct which the other senses seem to develop when the sense of sight is gone: without a guide, walking straight ahead, almost without groping, she came and went all over the house, garden, and fields; she could tell the calves and oxen apart by their lowing, and people, I think, by their smell. At night, during the gatherings in the kitchen, she spoke little, but always solemnly and in a half-prophetic tone; if she kept silent, her hands were never idle: she'd spin slowly, and her boxwood spindle would swing in the air around her like a pendulum.

Just see how much time has passed . . . and I still remember many of that old lady's opinionated remarks. The echo of her voice when she told her beads I shall never forget as long as I live. I've never heard praying like that, in that tone—the tone of a woman imploring others to spare her life or to give her something she needs to keep from dying. Of all things, as you know, rosary prayers are usually recited in a half slumber, by rote; but when the blind woman said *her* prayers, she revealed a fiery soul that brought tears to my eyes. When she completed the rosary and began her string of Our Father's, she'd take me by the hand, exerting superhuman strength, and, making me overcome my exhaustion and weakness, she forced me to kneel down beside her; and with an accent of the most ardent supplication, almost wrathful, she'd exclaim:

"To Jesus Christ our Lord and to the Holy Lady of Karnar, so she may deign to cure the young mistress soon! Our Father . . ."

Today I don't know whether I laugh about it . . . I assure you that at the time, far from laughing, I felt a deep respect, a childish excitement, and I believed firmly that I was going to get better by means of that prayer's power.

One night it occurred to my sister, in order to dispel the boredom, to have a long, thoroughgoing talk with the blind woman or, rather, to pry the words out of her, because no more could be expected of her terseness. They spoke about supernatural things and miracles. And among various questions concerning goblins, witches, otherworldly spirits, and the Wild Host or riders in the sky, the following one came up:

"Señora María, what holy lady or saint is that one of Karnar whom you pray to at the end of the rosary? Is it some image? Because I think Karnar is not far from here, and must have a church of its own, with statues."

"An image . . . she looks like one," the blind woman replied emphatically.

—Pero, ¿qué es, en realidad? Sepamos.

—Es imagen, sólo que de carne, dispensando sus mercedes, y si la señoritiña quiere sanar, vaya allí. La salud la da Dios del cielo. Sin Dios del cielo, los médicos son . . .

Y para recalcar la frase no concluída, la ciega se volvió y escupió en el suelo despreciativamente.

Mal satisfecha la curiosidad de mi hermana con tan incompleta explicación, y viendo que a la vieja no se le arrancaba otra palabra acerca del asunto, nos dirigimos a la mayordoma, obteniendo cuantos pormenores deseábamos. Averiguamos que Karnar es una feligresía en el corazón de la montaña, cuatro leguas distante de nuestra casa de Aldeiro. Después me han dicho algunos amigos ilustrados que es notable el nombre de esa aldeíta, y, como todos los que principian en *Karn,* de puro origen céltico. Allí, pero no en la iglesia, sino en su choza, no en el cielo y en los altares, sino viva y respirando, es donde estaba la *Santa,* única que, según la ciega, podía realizar mi curación.

—¿Y por qué llaman ustedes santa a esa mujer? —preguntó mi madre con el secreto afán del que entrevé una esperanza, por remota y absurda que sea.

—¡Ay señora mi ama! —protestó la mayordoma escandalizada, como quien oye una herejía de marca mayor—. ¿Y no ha de ser santa? Más santa no la tiene Dios en la gloria. Mire si será santa, que su cuerpo es ya como el de los ángeles del cielo. Verá qué pasmo. Ni prueba comida ni bebida. En quince años no ha entrado en ella más que la divina Hostia de Nuestro Señor, todas las semanas. Y poner ella las manos en una persona, y aunque se esté muriendo levantarse y echar a correr . . . , eso lo vemos cada día, asi Dios me salve.

—¿Ustedes vieron curar a alguien? —insistió mamá.

—Si señora mi ama, vimos . . . , ¡alabado el Sacramento! . . . Por San Juan, ha de saber que la vaca roja se nos puso a morir . . . , hinchada, hinchada como un pellejo, de una cosa mala que comió en el pasto, que sería una *salamántiga,* o no sé qué bicho venenoso . . . Y como teníamos el cabo del cirio que le encendiéramos a la Santa, catá que lo encendimos otra vez . . . , y encenderlo y empezar la Roja a desinflar y a soltar la malicia, y a beber y a pastar como denantes . . .

Mi hermana se desternilló de risa con la curación de la Roja. Pero de allí a dos días yo tuve un síncope tan prolongado, que mi madre,

"But what is she, really? Tell us."

"She's an image, but one of flesh and blood, who distributes her favors, and if the young mistress wishes to get well, she should go there. Health is given by God in heaven. Without God in heaven, doctors are . . ."

And to underline the sentence left incomplete, the blind woman turned around and spat on the floor with contempt.

Since my sister's curiosity wasn't allayed by that incomplete explanation, and since we saw we couldn't drag another word out of the old woman on that subject, we turned to the steward's wife, from whom we received all the details we wanted. We ascertained that Karnar is a parish in the heart of the mountains, four leagues from our house of Aldeiro. Later on, some educated friends of mine told me that the name of that little village is noteworthy and, like all those beginning with "Karn,"[1] purely Celtic in origin. There—not in the church, but in her hut; not in heaven and on the altars, but living and breathing—is where the Holy Woman was, the only one, according to the blind woman, who could bring about my cure.

"And why do you all call that woman holy?" my mother asked, with the secret eagerness of a person who glimpses some hope, however remote or absurd it may be.

"Oh, my lady mistress!" the steward's wife protested, as shocked as a person who hears a major heresy. "Why shouldn't she be holy? A greater saint God doesn't have in his glory. Of course she's a saint, with a body already like those of the angels in heaven. You'll see how amazing she is. She doesn't taste food or drink. These fifteen years nothing has entered her body except the consecrated Host of our Lord, every week. And when she lays hands on a person, even if he's dying he gets up and starts running—we see that every day, as I pray to God to save me."

"You've seen somebody cured?" Mother persisted.

"Yes, my lady mistress, we have . . . blessed be the Sacrament! . . . Let us tell you that, around Saint John's Day our red cow started to die on us . . . swollen, swollen up like a wineskin, from something bad she ate while grazing, probably a salamander or some other poisonous creature . . . And since we still had the candle stump we had burned for the Holy Woman, look you, we lit it again . . . and the minute we did, Red started to deflate and cast out the evil, and to drink and graze like before . . ."

My sister split her sides laughing at this curing of Red. But two days later I had such a long fainting spell that my mother, seeing me inert and

---

1. Perhaps the Celtic word for "heap of stones," the origin of the English word "cairn."

viéndome yerta y sin respiración, me contó difunta. Y cuando volví del accidente, cubriéndome de caricias y de lágrimas, me susurró al oído:

—No digas nada a tu hermana. Silencio. Mañana te llevo a la Santa de Karnar.

II

Fue preciso hacer uso de iguales medios de locomoción que al venir de Compostela. Empericotada sobre el albardón del jamelgo mi madre; yo llevada al arzón por el hijo del mayordomo, y dándonos escolta, armada de hoces, bisarmas, palos y escopetas, nuestra mesnada de caseros. Cuando íbamos saliendo ya de los términos de la aldea, internándonos en una trocha que faldeaba el riachuelo y se dirigía al desfiladero o garganta por donde empezaba la subida a los castros de Karnar, vimos alzarse ante nosotros enhiesta y majestuosa figura: la ciega. —Fue inmenso nuestro asombro al oír que quería acompañarnos, recorriendo a pie las cuatro leguas de distancia. De nada sirvió advertirla que iba a cansarse, que el camino era un despeñadero, que habría nieve, y que ella en Karnar no nos valía para maldita la cosa. No hubo razón que la disuadiera. Su respuesta fue invariable:

—Quiero *ver* el milagro, señoritiña. ¡Quiero *ver* el milagro!

Acostumbrado sin duda el mayordomo a la tenacidad de su suegra, me miró y se encogió de hombros, como diciendo: «Si se empeña, no hay más que dejarla hacer lo que se le antoje.» Y colocándola entre dos mozos, a fin de que la guiasen con la voz o las manos, se puso en marcha la comitiva.

Iba yo tan mala, que a la verdad, no puedo recordar con exactitud los altibajos del camino. Muy áspero y escabroso recuerdo que me pareció; sé que recorrimos tristes y desiertas gándaras, que subimos por montes escuetos y casi verticales, que nos emboscamos en una selva de robles, que pisamos nieve fangosa, que hasta vadeamos un río, y que, por último, encontramos un valle, relativamente ameno, donde docena y media de casuchas se apiñaban al pie de humilde iglesia. Cuando llegamos iba anocheciendo. Mi madre había tenido la precaución de llevar provisiones, pues allí no había que pensar en mesón ni en posada; por favor rogamos al párroco que nos permitiese recogernos a la rectoral, y el cura, acostumbrado sin duda a las visitas que le atraía la Santa, nos recibió cortesanamente, sin el menor encogimiento, ofreciéndonos dos camas buenas y limpias, y paja fresca para sustento de caballerías y lecho de hombres. A la Santa la

not breathing, gave me up for dead. And when I came out of the swoon, she covered me with caresses and tears, and whispered in my ear:

"Don't say anything to your sister. Not a word. Tomorrow I'm taking you to the Holy Woman of Karnar."

II

We had to use the same means of transportation as when we came from Compostela. My mother perched high up on the nag's big saddle; I was carried on the saddletree by the steward's son, and we were escorted by our troop of estate keepers armed with sickles, halberds, clubs, and rifles. When we were leaving the territory of the village and entering a path that skirted the stream and led to the defile or ravine where the ascent to the heights of Karnar began, we saw looming before us an erect, majestic figure: the blind woman. We were terrifically surprised to hear that she wanted to come along with us, covering the four leagues' distance on foot. It was no use pointing out to her that she'd get tired, that the path was a precipice, that there'd be snow, and that in Karnar she wasn't the least bit good to us. There was no reasoning which could dissuade her. She invariably replied:

"I want to 'see' the miracle, young mistress. I want to 'see' the miracle!"

No doubt used to his mother-in-law's tenacity, the steward looked at me and shrugged his shoulders, as if to say: "Once she's set on something, all that can be done is to let her do as she likes." And placing her between two young men, so they could guide her with their voice or their hands, our party set out.

I was so ill that, to tell the truth, I can't exactly remember the ups and downs of the path. I do recall that it seemed very rough and rugged to me; I know that we traversed sad, deserted wastelands, that we climbed bare mountains that were nearly vertical, that we penetrated an oak forest, that we trod muddy snow, that we even forded a river, and that finally we came across a relatively pleasant valley where a dozen and a half cottages clustered at the foot of a humble church. When we arrived night was falling. My mother had taken the precaution of bringing provisions, since we couldn't expect any inn or guesthouse there; as a favor we begged the parish priest to let us stay at the rectory, and the priest, no doubt used to visitors attracted by the holy woman, welcomed us like a true gentleman, without the least embarrassment, offering us two good, clean beds and fresh straw as nourishment for our mounts and as pallets for the men. We'd see the holy woman the next morning: such

veríamos al día siguiente por la mañana: tal fue el consejo del párroco, que añadió sonriendo: «Yo les daré cirios, señoras. La Santa es una buena mujer. Y no come; vive de la Hostia; eso me consta; no es pequeño asombro. Ya iremos allá. Antes oirán la misita . . . ¿no? Bien, bien; por oír misa y dar cebada, no se pierde jornada. Ahora reposen, que vendrán molidas.» Al recogernos a nuestro dormitorio, al abrigarme mi madre y someterme las sábanas bajo el colchón, recuerdo que me dijo secreteando:

—¿Ves? Esta media onza . . . para dársela mañana al cura por una misa. No hay otro medio de pagar el hospedaje . . . Y tú comulgarás en ella, y te confesarás . . . a ver si la Virgen quiere que sanes, paloma.

No sé lo que sintió mi espíritu a la idea de contarle mis pecados a aquel curilla joven, mofletudo, obsequioso y jovial: lo cierto es que me sublevé, y dije con impensada energía:

—Yo no me confieso aquí, mamá. Yo no me confieso aquí. En Santiago, con el señor Penitenciario . . . ¡como siempre! . . . ¡Por Dios! Quiero ver a la Santa; pero no confesarme.

Notando mi madre que casi lloraba, y temiendo que me hiciese daño, me calmó, diciendo en tono conciliador:

—Calla, niña; no te apures . . . Pues no, no te confesarás; me confesaré yo en lugar tuyo . . . Pero mejor sería que te confesases. Porque si Dios ha de hacer algo por ti . . .

—No, no; confesarme no quiero. —Y al pronunciar con enojo infantil estas palabras, la ciega, que acurrucada en un rincón descansaba de la caminata fatigosa, se levantó de repente, y, como iluminada por inspiración súbita, vino recta hacia mi madre, la puso en los hombros sus descarnadas y duras manos, y dijo con acento terrible:

—¡El cura, no! ¡Señora mi ama . . . deje solos a la Santa y a Dios del cielo! ¡La Santa . . . , y nada más!

Indudablemente este pequeño episodio determinó a aquella mujer entusiasta a la extraña acción que realizó, apenas nos dormimos rendidas de cansancio. Debió de figurarse que la intervención del cura quitaba a la Santa todo su mérito y su virtud. Esto lo discurro yo ahora, y creo que la ciega, allá en su religiosidad rara y de persona ignorante, se sublevaba contra la idea de que hubiese intermediarios entre el alma y Dios. ¿Si no, cómo se explica su atrevimiento? —Al calor de las mantas dormía yo sueño completo y profundo, y no desperté de él hasta que sentí una impresión glacial, cual si me azotase la cara el aire libre, el cierzo montañés. Hasta me pareció que me salpicaba la lluvia, y al mismo tiempo noté que una fuerza desconocida me empu-

was the advice of the parish priest, who added with a smile: "I'll give you candles, ladies. The holy woman is a good person. And she doesn't eat; she lives on consecrated wafers; I know this, and it's quite amazing. We'll get there before long. First you'll hear a little mass . . . right? Good, good; 'by hearing mass and giving fodder, a day isn't wasted.' Now rest, for you must be exhausted." When we retired to our bedroom, and when my mother covered me up and tucked the sheets under my mattress, I recall her saying to me in secret:

"You see? These forty *pesetas* . . . are to give to the priest tomorrow for a mass. There's no other way to pay for his hospitality . . . And you'll take Communion at the mass, and you'll make confession . . . we'll see whether the Virgin wants you to get well, little dove."

I don't know what I felt in my mind at the thought of telling my sins to that young, chubby-cheeked, obliging, and jovial little priest; I do know that I rebelled and said with unexpected energy:

"I'm not confessing here, mother. I'm not confessing here. In Santiago, with the Father Confessor . . . as always! . . . In God's name! I want to see the Holy Woman, but not to confess."

Noticing that I was close to tears and fearing she might do me some harm, my mother calmed me, saying in a conciliatory tone:

"Quiet, girl; don't get upset . . . No, you won't confess; I'll confess in your place . . . But it would be better if you did. Because if God is to do something for you . . ."

"No, no; I don't want to confess." And as I uttered those words with childish vexation, the blind woman, who was resting from the exhausting trip, curled up in a corner, all at once stood up and, as if in the glow of a sudden inspiration, came right over to my mother, put her hard, emaciated hands on her shoulders, and said in an awesome tone:

"Not the priest! My lady mistress . . . let the Holy Woman and God in heaven act alone! The Holy Woman . . . and nothing else!"

Without a doubt that little episode made that zealous woman decide upon the strange deed she performed as soon as we fell asleep, worn out with weariness. She must have imagined that any participation by the priest would rob the Holy Woman of all her merit and power. I deduce this now, and I believe that the blind woman, in her unusual religiosity, characteristic of an ignorant person, was rebelling against the notion of intermediaries between the soul and God. Otherwise, how is her daring to be explained? I was sleeping a deep, fast sleep in the warmth of the blankets, and I didn't awake from it until I felt a glacial chill, as if the fresh air, the north wind of the mountains, were lashing my face. I even thought that rain was sprin-

jaba, llevándome muy aprisa por un camino negro como boca de lobo. Fue tan aguda la sensación y me entró tal miedo, que me agité y grité; y entonces oí una voz cavernosa, la voz de la ciega, que decía suplicante:

—Señoritiña, calle, que vamos junto a la Santa. Calle, que es para sanar.

Enmudecí, sobrecogida no sé si de terror, si de gozo. La persona que me llevaba en brazos andaba aprisa, tropezando algunas veces, otras deteniéndose, sin duda a fin de orientarse; de pronto oí que su mano golpeaba una puerta de madera, y su voz se elevaba, diciendo con furia: *Abride*. Abrieron, relativamente pronto, y divisé una habitación, o, mejor dicho, una especie de camarachón pobre, iluminado por una vela de cera puesta en alto candelero. Yo en aquel instante nada comprendía: estaba como quien ve una aparición portentosa, y no se da cuenta ni de lo que siente ni de lo que aguarda. Tenía ante mis ojos a la Santa de Karnar.

En una cama humilde, pero muy superior a los toscos *leitos* de los aldeanos, sobre el fondo de dos almohadas de blanco lienzo, vi una cabeza, un rostro humano, que no puedo describir sino repitiendo una frase de la ciega, y diciendo que era *una imagen de carne*. El semblante, amarillento como el marfil, adherido a los huesos, inmóvil, expresaba una especie de éxtasis; los ojos miraban hacia adentro, como miran los de las esculturas de San Bruno; los labios se estremecían débilmente, cual si la Santa rezase; las manos, cruzadas y enclavijadas, confirmaban la hipótesis de perpetua oración. No se adivinaba la edad de la Santa: por la transparente diafanidad de la encarnadura, por la tenuidad de la piel, ni parecía niña ni vieja, sino una visión, en toda la fuerza de la palabra: una visión del mundo sobrenatural. Considérese lo que yo sentiría, y el religioso espanto con que mis ojos se clavaron en aquella criatura asombrosa, transportada ya a la gloria de los bienaventurados.

Un aldeano y una aldeana de edad madura que velaban junto al lecho, me alargaron entonces silenciosamente un cirio que acababan de encender: lo tomé con igual silencio, y la aldeana, acercándose al lecho y persignándose, alzó la ropa, entreabrió unos paños, y mis horrorizadas pupilas contemplaron el cuerpo de la mujer que sólo se alimentaba con la Hostia . . . ¡He dicho cuerpo! Esqueleto debí decir. La Muerte que pintan en los cuadros místicos tiene esos mismos brazos, de huesos sólo, ese esternón en que se cuenta perfectamente el costillaje, esos muslos donde se pronuncia la caña del fémur . . . Sobre la armazón de las costillas de la Santa no se elevaban las dos

kling on me, and at the same time I noticed that an unknown force was impelling me, carrying me very rapidly over a path as black as a wolf's maw. The sensation was so keen and I became so frightened that I writhed and screamed; and then I heard a cavernous voice, the blind woman's voice, supplicating:

"Young mistress, be still, for we're going to the Holy Woman. Be still, it's so you can get well."

I fell silent, overwhelmed either by terror or joy, I don't know which. The person who was carrying me in her arms was walking briskly, stumbling a few times, halting at others, no doubt in order to take her bearings; suddenly I heard her hand knocking at a wooden door and her voice being raised, as she furiously called: "Open up!" The door was opened fairly soon, and I discerned a room, or, rather, a sort of impoverished living space, lit by a wax candle stuck in a tall candlestick. I didn't comprehend a thing at that moment: I was like someone seeing a portentous apparition without realizing either what he's feeling or what he's expecting. Before my eyes was the Holy Woman of Karnar.

In a humble bed, though one much better than the crude *leitos* of the villagers, against the backdrop of two white linen pillows, I saw a head, a human face, which I can't describe unless I repeat one of the blind woman's phrases and say it was "an image of flesh and blood." Her face, pale yellow like ivory, its skin pasted to the bones, motionless, expressed a sort of ecstasy; her eyes looked inward, as do those on statues of Saint Bruno; her lips were trembling slightly, as if the Holy Woman were praying; her folded, immobile hands confirmed the hypothesis that she was in perpetual prayer. The Holy Woman's age couldn't be guessed: the transparent clarity of her complexion and the thinness of her skin made her look neither young nor old, but like a vision, in every sense of the word: a vision of the supernatural world. Just picture what I must have felt, and the religious awe with which my eyes fastened on that fearsome being, who had already been transported to the glory of the blessed.

A village man and woman of mature years, who were on a vigil beside the bed, then silently handed me a taper they had just lit: I took it just as silently, and the village woman, approaching the bed and crossing herself, lifted the bedclothes, parting some of the cloths, and my horrified eyes beheld the body of the woman whose only food was the Host . . . Body, did I say? I should have said skeleton. Death, as painted in mystic pictures, has the same arms, of bone and nothing else, that ribcage in which each separate rib can be counted, those thighs in which the femur stands out clearly . . . Over the armature of the Holy Woman's ribs there did not rise the two gentle hills that extol

suaves colinas que blasonan a la mujer delatando la más dulce función del sexo, y, en lugar de la redondez del vientre, vi una depresión honda, aterradora, cubierta por una especie de película, que, a mi parecer, dejaba transparentar la luz del cirio . . .

Pues con todo eso, la Santa de Karnar no me asustaba, al contrario, me infundía el deseo que despiertan en las almas infiltradas de fe las carcomidas reliquias de los mártires; alrededor de la osamenta descarnada y negruzca, me parecía a mí que divisaba un nimbo, una luz, algo como esa atmósfera en que pintan a las Concepciones de Murillo . . . No lo atribuya usted a romanticismo ni a cosa que se le perezca; es una verdad, porque hoy veo lo mismo que vi entonces, y comprendo que la Santa de Karnar . . . *estaba hermosa*. Lo repito, muy hermosa . . . hasta infundir un deseo loco, ardentísimo de *besarla*, de dejar los labios adheridos a su pobre cuerpo desecado, donde sólo entraba la Eucaristía . . .

Yo me encontraba tan débil como he dicho a usted. Yo me sentía desfallecer momentos antes. Yo no servía para nada. Pues de repente (no crea usted que fue ilusión, que fue desvarío . . .), de repente siento en mí un vigor, una fuerza, un impulso, un resorte que me alzaba del suelo; y llena de viveza y de júbilo me incorporo, cruzo las manos, alzo los ojos al cielo, y voy derecha a la Santa, sobre cuya frente, de reseco marfil, clavo con avidez la boca . . . La de la Santa se entreabre, murmurando unas sílabas articuladas, que según averigüé después debían de significar: «Dios te salve, María.» Pero, ¡bah!, yo juraré siempre que aquello era «Dios te sane, hija mía». Y me entra un arrebato de felicidad, y siento que allá dentro se arregla no sé qué descomposición de mi organismo, que la vida vuelve a mí con ímpetu, como torrente al cual quitan el dique, y empiezo a bailar y a brincar, gritando: «¡Mamá, mamá! ¡Gracias a Dios! ¡Ya estoy buena, buena!»

ം   ം   ം   ം

Quien se puso furioso fue Lazcano, el de la coleta, cuando rebosando alegría le enteramos del suceso. «Pudo matarte esa vieja loca y fanática, hija mía. Fue una imprudencia bestial. Conforme te sentó bien, si te da por reventar, revientas. Claro, una sacudida así . . . ¡Mire usted que la Santa! De esa Santa ya le han hablado al Arzobispo, y teme que sea alguna embaucadora, y va a mandar a Karnar dos médicos y dos teólogos, personas doctas y prudentes, que la observen y noten si es cierto lo del no comer . . . ¡Sin verla, sé yo el intríngulis del portento! Esa mujer trabajaba, cocía pan en el horno; salió un día sudando, quedó baldada, y sa ha ido consumiendo así . . . Es caso raro, pero no sobrenatural. Si le pudiese hacer la autopsia, ya le encontraría

woman, revealing the sweetest function of that sex; and, instead of the roundness of the belly, I saw a terrifying deep depression covered by a sort of film which seemed to me to let the taper light shine through . . .

But despite all this, the Holy Woman of Karnar didn't frighten me; on the contrary, she inspired me with the desire that is awakened in souls imbued with faith by the worm-eaten relics of the martyrs; around those fleshless, blackish bones I thought I could discern a nimbus, a light, something like that atmosphere in which Murillo's Virgins of the Annunciation are painted . . . Don't attribute this to romantic notions or anything like that; it's true, because today I see the same thing I saw then, and I realize that the Holy Woman of Karnar . . . *was beautiful*. I repeat, very beautiful . . . to the point of instilling a mad, extremely ardent desire to *kiss her,* to leave one's lips clinging to her poor desiccated body, into which only the Eucharist entered . . .

I was feeling as weak as I've told you. I had felt myself fainting a few minutes before. I wasn't up to anything. Well, suddenly (don't think it was an illusion, that it was delirium . . .), suddenly I felt in myself a vigor, a strength, an impulse, a steel spring that lifted me off the floor; and full of life and joy I sat up, folded my hands, raised my eyes to heaven, and walked right over to the Holy Woman, on whose forehead of dry ivory I avidly fastened my lips . . . Those of the Holy Woman opened, murmuring some articulate syllables which, as I ascertained later, must have meant: "May God save you, María." But *I* will always swear that she said: "May God cure you, my girl." And I was seized by an ecstasy of bliss, and I felt that, deep inside me, some irregularity of my organism was being set right, that life was returning to me with full force, like a torrent from whose path a dam is removed; and I began to dance and skip, shouting: "Mother, mother! Thank God! I'm well, I'm well!"

❊   ❊   ❊   ❊   ❊

How furious Lazcano, the man with the pigtail, became when we informed him of the event, bursting with joy! "That crazy, fanatical old woman might have killed you, my girl. It was a stupidly thoughtless thing to do. If, instead of benefiting you, it had been harmful to you, you would have died. Naturally, a shock like that . . . A holy woman, just think! People have already spoken about that holy woman to the archbishop, who fears she's some swindler and is going to send to Karnar two physicians and two theologians, learned, wise men, to observe her and see whether that story about her not eating is true . . . Without seeing her, I know the secret of the miracle! That woman was working, baking bread in the oven; one day she went outdoors soaked in perspiration and be-

en el estómago algo más que la Hostia . . . ¡Vaya! Su poco de *brona* ha
de haber . . . Pero líbreme Dios de meterme en camisa de once varas,
que al Padre Feijóo costóle grandes desazones el desenmascarar dos
o tres supuestos milagros . . .

—Señor de Lazcano —interrumpió mi madre— ¿pero la niña, está
mejor o no lo está?

—Lo está, ya se ve que lo está. ¡Linda pregunta! Qué madamita
está! La niña ha pasado de sus trece . . . y yo me quedo en los míos.

La cana

Mi tía Elodia me había escrito, cariñosamente: «Vente a pasar la
Navidad conmigo. Te daré golosinas de las que te gustan.» Y obtenido
de mi padre el permiso, y algo más importante aún: el dinero para el
corto viaje, me trasladé a Estela, por la diligencia, y, a boca de noche,
me apeaba en la plazoleta rodeada de vetustos edificios, donde abre
su irregular puerta cochera el parador.

Al pronto, pensé en dirigirme a la morada de mi tía, en demanda de
hospedaje; después, por uno de esos impulsos que nadie se toma el
trabajo de razonar (tan insignificante creemos su causa), decidí no
aparecer hasta el día siguiente. A tales horas la casa de mi tía se me
representaba a modo de covacha oscura y aburrida. De antemano veía
yo la escena. Saldría a abrir la única criada, chancleteando y ampa-
rando con la mano la luz de una candileja. Se pondría muy apurada,
en vista de tener que aumentar a la cena un plato de carne: mi tía
Elodia suponía que los muchachos solteros son animales carnívoros. Y
me interpelaría: ¿por qué no he avisado, vamos a ver? Rechinarían y
tintinearían las llaves: había que sacar sábanas para mí . . . Y, sobre
todo, ¡era una noche libre! A un muchacho, por formal que sea, que
viene del campo, de un pazo solariego, donde se ha pasado el otoño
solo con sus papás, la libertad le atrae.

Dejé en el parador la maletilla, y envuelto en mi capa, porque
apretaba el frío, me di a vagar por las calles, encontrando en ello especial placer. Bajo los primeros antiguos soportales, tropecé con un

came crippled, and since then she's been wasting away like that . . . It's an unusual case, but not supernatural. If I could do an autopsy on her, I'd surely find something more in her stomach than the Host . . . Ha! There would definitely be some corn bread, too . . . But God forbid that I should meddle in other people's business, because Father Feijóo[2] found it very unpleasant when he tried to expose two or three alleged miracles . . ."

"But, Señor de Lazcano," my mother interrupted, "is the girl better or isn't she?"

"She is, obviously she is. A fine question! What a young lady she's become. The girl is now over thirteen . . . but *I'm* not at sixes and sevens!"[3]

The Gray Hair

My aunt Elodia had written to me affectionately: "Come spend Christmas with me. I'll give you the dainty food you like." Having obtained permission from my father, and something more important still, the money for the short trip, I journeyed to Estela by stagecoach and, at dusk, I alighted in the little square encircled by old buildings, where the inn opens its uneven porte cochere.

At first I intended to head straight for my aunt's residence and ask her to put me up; later, by one of those impulses which no one takes the trouble to reason through (because we believe its cause to be so insignificant), I decided not to show up until the following day. At such times my aunt's house, in my mind, was like a dark, boring shanty. I could see the scene in advance. Her only maid would come to let me in, shuffling and sheltering with her hand the flame of a small lamp. She'd get very upset at the thought of having to add a meat dish to the supper: my aunt Elodia imagined that young bachelors are carnivorous animals. And she'd besiege me with questions: why in the world hadn't I given any notice? The keys would clank and jingle: she'd have to take out sheets for me . . . And, above all, it meant a night on my own! To a young fellow, no matter how serious he is, if he's coming from the country, from an ancestral manor where he's spent the fall alone with his parents, freedom is attractive.

I left my little suitcase at the inn and, wrapped up in my cape, because it was getting much colder, I began roaming through the streets, finding a special pleasure in that. Under the first old porticos, I ran

---

2. Benito Jerónimo Feijóo (1676–1764), one of the greatest figures of the Enlightenment in Spain.   3. An untranslatable word play: the doctor is saying *yo me quedo en mis trece* (literally, "I remain in my own thirteen"), an idiom which means "I'll maintain my own opinion" or "I'll stick to my guns."

compañero de aula, uno de esos a quienes llamamos amigos porque anduvimos con ellos en jaranas y bromas, aunque se diferencien de nosotros en carácter y educación. La misma razón que me hacía encontrar divertido un paseo por las calles heladas y solitarias, la larga temporada de vida rústica, me movió a acoger a Laureano Cabrera con expansión realmente amistosa. Le referí el objeto de mi viaje, y le invité a cenar. Hecho ya el convenio, reparé, a la luz de un farol, en el mal aspecto y derrotadas trazas de mi amigo. El vicio había degradado su cuerpo, y la miseria se revelaba en su ropa desechable. Parecía un mendigo. Al moverse, exhalaba un olor pronunciado, a tabaco frío, sudor y urea. Confirmando mi observación, me rogó en frases angustiosas que le prestase cierta suma. La necesitaba, urgentemente, aquella misma noche. Si no la tenía, era capaz de pegarse un tiro en los sesos.

—No puedo servirte —respondí—. Mi padre me ha dado tan poco . . .

—¿Por qué no vas a pedírselo a doña Elodia? —sugirió repentinamente—. Esa tiene gato.

Recuerdo que contesté tan sólo:

—Me causaría vergüenza . . .

Cruzábamos en aquel instante por la zona de claridad de otro farol, y cual si brotase de las tinieblas, vivamente alumbrada, surgió la cara de Laureano. Gastada y envilecida por los excesos, conservaba, no obstante, sello de inteligencia, porque todos conveníamos, antaño, en que Laureano «valía». En el rápido momento en que pude verle bien noté un cambio que me sorprendió: el paso de un estado que debía de ser en él habitual —el cinismo pedigüeño, la comedia del sable— a una repentina, íntima resolución, que endureció siniestramente sus facciones. Dijérase que acababa de ocurrírsele algo extraño.

«Este me atraca», pensé. Y en alto le propuse que cenásemos, no en el tugurio equívoco, semiburdel que él indicaba, sino en el parador. Un recelo, viscoso y repulsivo, como un reptil, trepaba por mi espíritu conturbándolo. No quería estar solo con tal sujeto, aunque me pareciese feo desconvidarle.

—Allí te espero —añadí— a las nueve.

Y me separé bruscamente, dándole esquinazo. La vaga aprensión que se había apoderado de mí se disipó luego. A fin de evitar encuentros análogos subí el embozo de la capa, calé el sombrero y, desviándome de las calles céntricas, me dirigí a casa de una mujer que había sido mi excelente amiga cuando yo estudiaba en Estela Derecho. No podré jurar que hubiese pensado en ella tres veces desde que no la

across a former classmate, one of those we call friends because we've joined them on sprees and in merriment, though they differ from us in character and upbringing. The same reason that made me find amusing a stroll through the frozen, solitary streets—my long sojourn in the country—led me to welcome Laureano Cabrera with truly friendly expansiveness. I told him the purpose of my journey, and I invited him to supper. After the date had been made, by the light of a streetlamp I observed the unwholesome look of my friend and his shabby appearance. Vice had injured his physique, and poverty was evident in his miserable clothing. He looked like a beggar. When he moved he emitted a pronounced smell of cold tobacco, sweat, and urine. In confirmation of my observations, he asked me in anxious words to lend him a certain sun. He needed it urgently that very night. If he didn't get it, he might blow his brains out.

"I can't help you," I replied. "My father gave me so little . . ."

"Why don't you go ask Doña Elodia for it?" he suddenly suggested. "She's got money squirreled away at home."

I recall replying merely:

"I'd be ashamed to . . ."

At that moment we were crossing the patch of light cast by another streetlamp, and as if sprouting from the shadows, vividly illuminated, Laureano's face shone forth. Worn out and cheapened by excesses, it nevertheless retained a stamp of intelligence, because we all agreed, back then, that Laureano "had something." In the rapid moment during which I could see him clearly I noticed a change that surprised me: the transition from a state that must have been habitual to him—a beggar's cynicism, the motions of cadging—to a sudden, deep-down resolve, which hardened his features in a sinister way. You'd have said that something strange had just occurred to him.

"This guy is going to mug me," I thought. Out loud I suggested that we have supper not in the shady, bordello-like hovel he had mentioned, but at the inn. A slimy, repulsive fear, like a reptile, crept through my mind and perturbed it. I didn't want to be alone with such a character, though I considered it ungentlemanly to retract my invitation.

"I'll wait for you there," I added, "at nine."

And I tore myself away abruptly, leaving him just standing there. The vague apprehension that had come over me was dispelled later. In order to avoid similar encounters I pulled up the collar of my cape, pulled down my hat, and, leaving behind the central streets, I headed for the home of a woman who had been an extremely close friend when I was studying law in Estela. I wouldn't swear that I had thought about her

veía; pero los lugares conocidos refrescaban la memoria y reavivaban la sensación, y aquel recoveco del callejón sombrío, aquel balcón herrumbroso, con tiestos de geranios «sardineros», me retrotraían a la época en que la piadosa Leocadia, con sigilo, me abría la puerta, descorriendo un cerrojo perfectamente aceitado. Porque Leocadia, a quien conocí en una novena, era en todo cauta y felina, y sus frecuentes devociones y su continente modesto la habían hecho estimable en su estrecho círculo. Contadas personas sospecharían algo de nuestra historia, desenlazada sencillamente por mi ausencia. Tenía Leocadia marido auténtico, allá en Filipinas, un mal hombre, un *perdis*, que no siempre enviaba los veinticinco duros mensuales con que se remediaba su mujer. Y ella me repetía incesantemente:

—No seas loco. Hay que tener prudencia . . . la gente es mala . . . Si le escriben de aquí cualquier chisme . . .

Reminiscencias de este estribillo me hicieron adoptar mil precauciones y procurar no ser visto cuando subí la escalera, angosta y temblante. Llamé al estilo convenido, antiguo, y la misma Leocadia me abrió. Por poco deja caer la bujía. La arrastré adentro y me informé. Nadie allí; la criada era asistenta y dormía en su casa. Pero más cuidado que nunca, porque «aquél» había vuelto, suspenso de empleo y sueldo a causa de unos líos con la Administración, y gracias a que hoy se encontraba en Marineda, gestionando arreglar su asunto . . . De todos modos, lo más temprano posible que me retirase y con el mayor sigilo: valdría más. ¡Nuestra Señora de la Soledad, si llegase a oídos de él la cosa más pequeña! . . .

Fiel a la consigna, a las nueve menos cuarto, recatadamente, me deslicé y enhebré por las callejas románticas, en dirección al parador. Al pasar ante la catedral, el reloj dió la hora, con pausa y solemnidad fatídica. Tal vez a la humedad, tal vez al estado de mis nervios se debiese el violento escalofrío que me sobrecogió. La perspectiva de la sopa de fideos, espesa y caliente, y el vino recio del parador, me hizo apretar el paso. Llevaba bastantes horas sin comer.

Contra lo que suponía, pues Laureano no solía ser exacto, me esperaba ya y había pedido su cubierto y encargado la cena. Me cogió con chanzas.

—¿Por dónde andarías? Buen punto eres tú . . . Sabe Dios . . .

A la luz amarillenta, pero fuerte, de las lámparas de petróleo colgadas del techo, me horripiló más, si cabe, la catadura de mi amigo. En medio de la alegría que afectaba y de adelantarse a confesar que lo del tiro en los sesos era broma, que no estaba tan apurado, yo encontraba en su mirar tétrico y en su boca crispada algo infernal. No sa-

three times since I stopped seeing her; but the familiar places refreshed my memory and rekindled my feelings, and that bend in the dark lane, that rusty balcony with pots of "sardine" geraniums, brought me back to the days when pious Leocadia would cautiously let me in, shoving back a bolt that was perfectly oiled. Because Leocadia, whom I met at a novena, was prudent and feline in all she did, and her frequent devotions and modest bearing had made her worthy of esteem in her narrow circle. Very few people would have any suspicion of our past history, which had been brought to an end in the simplest of ways by my departure. Leocadia had a genuine husband, yonder in the Philippines, a bad man, a rake, who didn't always send his wife the hundred *pesetas* a month with which she made ends meet. And she'd repeat to me incessantly:

"Don't be crazy. We've got to be careful . . . people are vicious . . . If someone from here writes him a letter with some gossip . . ."

Reminiscences of that refrain made me take a thousand precautions and try not to be seen when I climbed the narrow, shaky staircase. I signaled in the old, prearranged way, and Leocadia herself let me in. She nearly dropped the candle. I drew her inside and made inquiries. No one else was there; her maid worked only part-time and slept at home. But we had to be more careful than ever, because "he" had returned, suspended from his job without pay because of some fights with management, thanks to which he was now in Marineda, taking steps to settle his affair . . . At any rate, the sooner I left, and the more cautiously, the better. By Our Lady of Solitude, if he should get to hear the least word . . . !

Obeying orders, at a quarter to nine, carefully, I slipped away and threaded the romantic lanes, heading for the inn. When I passed in front of the cathedral, the clock was striking the hour, with ominous slowness and solemnity. Maybe it was the dampness, maybe it was the state of my nerves that caused the violent chill that gripped me. The prospect of the thick, hot noodle soup and the heady wine at the inn made me quicken my steps. I hadn't eaten for many hours.

Contrary to what I had supposed, since Laureano wasn't usually punctual, he was already waiting for me; he had asked for his table and ordered his supper. He greeted me sarcastically:

"Where have you been? You're a fine one . . . God only knows . . ."

In the yellowish but strong light of the kerosene lamps hanging from the ceiling, the nasty look of my friend horrified me even more, if possible. Despite the cheerfulness he affected, while he hastened to confess that the story about blowing his brains out had been a joke, because he wasn't so hard up, I found something infernal in his gloomy stare and

biendo como explicarme su gesto, supuse que, en efecto, le rondaba
la impulsión suicida. No obstante, reparé que se había atusado y arre-
glado un poco. Traía las manos relativamente limpias, hecho el lazo de
la corbata, alisadas las greñas. Frente a nosotros, un comisionista
catalán, buen mozo, barbudo, despachaba ya su café, libaba perezosa-
mente copitas de Martel leyendo un diario. Como Laureano alzase la
voz, el viajante acabó por fijarse, y hasta por sonreírnos picaresca-
mente, asociándose a la insistente broma.

—Pero, ¿en qué agujero te colarías? ¡Qué ficha! Tres horas no te las
has pasado tú azotando calles . . . A otro con ésas . . . ¿Te crees que somos bobos? Como si uno se fiase de estos que vuelven del campo . . .

Las súplicas de la precavida Leocadia me zumbaban aún en los
oídos, y me creí en el deber de afirmar que sí, que callejeando y vagando había entretenido el tiempo.

—¿Y tú? —le argüí—. Rezando el Rosario, ¿eh?

—¡Yo en mi domicilio!

—¿Domicilio y todo?

—Sí hijo; no un palacio . . . Pero, en fin, allí se cobija uno . . . La
fonda de la Braulia, ¿no sabes?

Sabía perfectamente. Muy cerca de la casa de mi tía Elodia. Una in-
fecta posaducha, de última fila. Y en el mismo segundo en que recordaba esta circunstancia mis ojos distinguieron, colgando de un botón
del derrotado chaqué de Laureano, un hilo que resplandecía. Era una
larga cana brillante.

Me creerán o no. Mi impresión fue violenta, honda; difícilmente
sabría definirla, porque creo que hay sobradas cosas fuera de todo
análisis racional. Fascinado por el fulgor del hilo argentado sobre el
paño sucio y viejo, no hice un movimiento, no solté palabra: callé. A
veces pienso qué hubiese sucedido si me ocurre bromear sobre el
tema de la cana. Ello es que no dije esta boca es mía. Era como si me
hubiesen embrujado. No podía apartar la mirada del blanco cabello.

Al final de la cena, el buen humor de Laureano se abatió, y a la hora
del café estaba tétrico, agitado; se volvía frecuentemente hacia la
puerta, y sus manos temblaban tanto, que rompió una copa de licor.
Ya hacía rato que el viajante nos había dejado solos en el comedor
lúgubre, frente a los palilleros de loza que figuraban un tomate, y a los
floreros azules con flores artificiales, polvorientas. El mozo, en busca
de la propia cena, andaría por la cocina. Cabrera, más sombrío a cada
paso, sobresaltado, oreja en acecho, apuraba copa tras copa de coñac,
hablando aprisa de cosas insignificantes o cayendo en accesos de
mutismo. Hubo un momento en que debió de pensar: «Estoy cerca de

tense lips. Not knowing how to interpret his facial expression, I assumed that an urge to kill himself still pursued him. Nevertheless I noticed that he had spruced up and straightened himself up somewhat. His hands were fairly clean, his tie was knotted, his hair was combed down. Opposite us a Catalan drummer, handsome and bearded, was already polishing off his coffee, lazily sipping little glasses of Martel, and reading a newspaper. Since Laureano was speaking loudly, the salesman finally paid attention and even smiled at us mischievously, taking part in the ongoing joke.

"But what hole did you fall into? What a scamp! You didn't spend three hours walking the street . . . Tell that to the marines . . . Do you think we're fools? As if a man could trust someone returning from the country . . ."

The supplications of cautious Leocadia were still buzzing in my ears, and I thought I owed it to her to maintain that I *had* killed the time strolling and roaming the streets.

"And you?" I asked accusingly. "I suppose you were saying the rosary."

"I was at home!"

"So you've got a home?"

"Yes, sir; it's not a palace . . . But, at least, it gives shelter . . . The Braulia woman's boardinghouse, don't you know it?"

I knew it very well. Very close to my aunt Elodia's house. A filthy tavern of the cheapest sort. And at the very second in which I remembered that circumstance, my eyes made out a shiny thread hanging from one button of Laureano's shabby jacket. It was a long, gleaming gray hair.

Believe me or not. The impression I received was violent, profound; it would be hard for me to define it, because I think there are plenty of things beyond any rational analysis. Fascinated by the gleam of the silvery thread against the grimy old broadcloth, I didn't move a muscle, I didn't utter a word: I kept still. At times I wonder what would have happened if it had occurred to me to make a joke on the subject of the gray hair. The fact is, I didn't make a peep. It was as if I were under a spell. I couldn't tear my eyes away from the white hair.

When supper was over, Laureano's good mood dissipated, and while we were having coffee he was gloomy and nervous; he frequently looked behind him at the door, and his hands trembled so hard that he broke a brandy glass. For some time now the drummer had left us alone in the funereal dining room, facing the porcelain toothpick holders shaped like a tomato and the blue vases with dusty artificial flowers. The waiter was probably in the kitchen, to get his own supper. Cabrera, more sullen every minute, starting, his ear on the alert, was draining one glass of cognac after another, speaking rapidly about insignificant things or lapsing into spells of silence. At

la total borrachera», y se levantó, ya un poco titubeante de piernas y habla.

—Conque no vienes «allá», ¿eh?

Sabía yo de sobra lo que era «allá», y sólo de imaginarlo, con semejante compañía y con la lluvia que había empezado a caer a torrentes . . . ¡No! Mi camita, dormir tranquilo hasta el día siguiente y no volver a ver a Laureano. Le eché por los hombros su capa, le di su grasiento sombrero y le despedí.

—¡Buenas noches . . . No hay de qué . . . Que te diviertas, chico!

Dormí sueño pesado que turbaron pesadillas informes, de esas que no se recuerdan al abrir los ojos. Y me despertó un estrépito en la puerta: el dueño del parador en persona, despavorido, seguido de un inspector y dos agentes.

—¡Eh! ¡Caballero! ¡Que vienen por usted! . . . ¡Que se vista!

No comprendí al pronto. Las frases broncas, deliberadamente ambiguas del inspector me guiaron para arrancar parte de la verdad. Más tarde, horas después, ante el juez, supe cuanto había que saber. Mi tía Elodia había sido estrangulada y robada la noche anterior. Se me acusaba del crimen.

Y véase lo más singular . . . ¡El caso terrible no me sorprendía! Dijérase que lo esperaba. Algo así tenía que suceder. Me lo había avisado indirectamente «alguien», quién sabe si el mismo espíritu de la muerta . . . Sólo que ahora era cuando lo entendía, cuando descifraba el presentimiento negro.

El juez, ceñudo y preocupado, me acogió con una mezcla de severidad y cortesía. Yo era una persona «tan decente», que no iban a tratarme como a un asesino vulgar. Se me explicaba lo que parecía acusarme, y se esperaban mis descargos antes de elevar la detención a prisión. Que me disculpase, porque si no, con la Prensa y con la batahola que se había armado en el pueblo, por muy buena voluntad que . . . Vamos a ver: los hechos por delante, sin aparato de interrogatorio, en plática confidencial . . . Yo debía venir a pasar la noche en casa de mi tía. Mi cama estaba preparada allí. ¿Por qué dormí en el parador?

—De esas cosas así . . . Por no molestar a mi tía a deshora . . .

¿No molestar? Cuidado; que me fijase bien. He aquí, según el juez, los hechos. Yo había ido a casa de doña Elodia a eso de las siete. La criada, sorda como una tapia, no quería abrir. Yo grité desde la mirilla: «Que soy su sobrino», y entonces la señora se asomó a la antesala y mandó que me dejasen pasar. Entré en la sala

one moment he must have thought: "I'm almost completely drunk," and he got up, already a little unsteady on his pins and in his speech.

"And so you're not going *there*, huh?"

I knew all too well what *there* meant, and the very thought of it, in such company and with the rain that had begun to come down in buckets . . . No! My bed, a peaceful sleep till the next day, and never to see Laureano again! I placed his cape on his shoulders, handed him his greasy hat, and took leave of him.

"Good night . . . Don't mention it . . . Have a good time, man!"

My heavy sleep was disturbed by formless nightmares, the type you can't remember when you wake up. I was aroused by a knocking at the door: the innkeeper in person, frightened, followed by an inspector and two policemen.

"Hey! Sir! They're coming for you! . . . Get dressed!"

I didn't understand at first. The inspector's surly, deliberately ambiguous words led me to glean part of the truth. Afterward, hours later, in front of the examining magistrate, I learned all I needed to. My aunt Elodia had been strangled and robbed the night before. I was accused of the crime.

And here's the strangest part . . . This awful situation didn't surprise me! You'd say I was expecting it. Something like that had to happen. "Someone" had tipped me off to it indirectly, perhaps the very ghost of the murdered woman . . . Only, it was just now that I understood it, that I deciphered the unclear foreboding.

The magistrate, frowning and worried, greeted me with a mixture of severity and courtesy. I was such a "respectable" person that I wasn't going to be treated like a common killer. The circumstances that seemed to point to my guilt were explained to me, and my statements in my defense were awaited before I was to be sent to jail. I had to clear myself, or else, what with the press and the row that had been kicked up in town, as well-wishing as the police might be . . . Come now: the facts first, not a formal interrogation, a confidential chat . . . I was supposed to spend the night in my aunt's house. My bed was ready for me there. Why did I sleep at the inn?

"Just one of those things . . . So as not to disturb my aunt at an inconvenient time."

Not to disturb her. Watch out; I needed to pay close attention. Here were the facts, according to the magistrate. I had gone to Doña Elodia's house about seven. The maid, deaf as a post, failed to let me in. I shouted through the spyhole: "It's me, your nephew," and then the lady came to the vestibule and gave orders to admit me. I entered the par-

y la criada se fue a preparar cena, pues tenía órdenes anteriores, por si yo llegase. Hasta las nueve o más no se sabe lo que pasó. Pronta ya le cena, la fámula entró a avisar, y vió que en la salita no había nadie: todo en tinieblas. Llamó varias veces y nadie respondió. Asustada, encendió la luz. La alcoba de la señora cerrada con llave. Entonces, temblando, sólo acertó a encerrarse en su cuarto también. Al amanecer bajó a la calle, consultó a las vecinas; subieron dos o tres a acompañarla, volvió a llamar a gritos . . . La autoridad, por último, forzó la cerradura. En el suelo yacía la víctima bajo un colchón. Por una esquina asomaba un pie rígido. El armario, forzado y revuelto, mostraba sus entrañas. Dos sillas se habían caído.

—Estoy tranquilo —exclamé—. La criada habrá visto la cara de ese hombre.

—Dice que no . . . Iba embozado, con el sombrero muy calado. No le vio. ¡Y es tan torpe, tan necia, tan apocada! Medio lela está.

—Entonces soy perdido —declaré.

—Calma . . . ¡Cierto que son muchas coincidencias! Ayer llegó usted a las seis. A las seis y cuarto habló con un amigo en la calle de los Bebederos. Luego, hasta las nueve, no se sabe de usted más. A las nueve cena usted en el parador con el mismo amigo, y un viajante que estaba allí declara que le molestaba a usted la pregunta de ¿dónde había pasado esas horas? . . . y que afirmaba usted haberlas pasado en la calle, lo cual no es verosímil. Llovió a cántaros de ocho a ocho y media, y usted no llevaba paraguas . . . También decía que estaba usted así . . . como preocupado . . . a veces, y el mozo añade que rompió usted una copa. ¡Es una fatalidad . . . !

—¿Ha declarado el que cenó conmigo?

—Sí por cierto . . . Declaró la calamidad de Cabrera . . . Nada, eso: que le vio a usted un rato antes; que convidado, cenó con usted, y que se retiró a cosa de las once.

—¡Él es quien ha asesinado a mi tía! —lancé fríamente—. Él, y nadie más.

—¡Pero si no es posible! ¡Si me ha explicado todo lo que hizo! ¡Si a esas horas estuvo en su posada!

—No, señor. Entraría, se haría ver y volvería a salir. En esa clase de bujíos no se cierra la puerta. No hay quien se ocupe de salir a abrirla. El sabía que me esperaba la tía Elodia. Es listo. Lo arregló con arte. Está en la última miseria. Cuando me encontró, en los Bebederos, me pidió dinero, amenazándome con volarse los sesos si no se lo daba.

lor and the maid went to prepare supper, because she had been given previous orders, in case I showed up. Until nine or later, the events were unknown. When supper was ready, the maid came in to announce it, and saw that there was no one in the room: it was totally dark. She called several times, but nobody answered. Frightened, she lit the lamp. The lady's bedroom was locked. Then, trembling, all she managed to do was to lock herself in her own room. At daybreak she went outdoors and consulted the neighbor women; two or three went upstairs with her, and she started to shout for her mistress again . . . Finally the authorities broke the lock. The victim was lying on the floor under a mattress. A rigid foot protruded from one corner. The wardrobe, broken open and overturned, was gaping wide. Two chairs had fallen.

"Now I'm relieved!" I exclaimed. "The maid must have seen that man's face."

"She says she didn't. His collar was pulled up and his hat was pulled way down. She didn't see him. And she's so dim, so foolish, so timid! She's practically a simpleton."

"In that case I'm lost," I declared.

"Be calm! . . . Of course, there's a lot of circumstantial evidence! Yesterday you arrived at six. At six-fifteen you spoke with a friend in the Calle de los Bebederos. Then, until nine, there's no further trace of you. At nine you had supper at the inn with that same friend, and a traveling salesman who was there states that you were bothered when asked where you had spent that time, and that you assured your friend you had spent it in the street, which is unlikely. It was raining cats and dogs from eight to eight-thirty, and you didn't have an umbrella . . . He also said that you were . . . sort of worried . . . at times, and the waiter adds that you broke a glass. It's really unfortunate! . . ."

"Has the man who had supper with me made a statement?"

"Yes, naturally . . ." He told me how useless Cabrera had been. "Nothing, except that he had seen you for a while earlier; that he was invited to eat with you, and did so, and that he left about eleven."

"He's the one who murdered my aunt!" I spat out coldly. "He, and no one else."

"But it isn't possible! He explained all his actions to me! At the time he was in his boardinghouse!"

"No, sir. He probably went in, made sure he was seen, and left again. In that type of dive the door is never locked. There isn't anyone in charge of letting people in. He knew my aunt Elodia was expecting me. He's clever. He arranged things skillfully. He's on the skids. When he met me in the Calle de los Bebederos, he asked me for money,

Ahora todo es claro: lo veo como si estuviese sucediendo delante de mí.

—Ello merece pensarse . . . Sin embargo, no le oculto a usted que su situación es comprometida. Mientras no pueda explicar el empleo de ese tiempo, de seis a nueve.

Las sienes se me helaron. Debía de estar blanco, con ojeras moradas. Me tropezaba con un juez de los de coartada y tente tieso . . . ¿Coartada? Sería una acción sucia, vil, nombrar a Leocadia (toda mujer tiene su honor correspondiente), y además, inútil, porque la conozco. No es heroína de drama ni de novela y me desmentiría por toda mi boca . . . Y yo lo merecía. Yo no era asesino, ni ladrón, pero . . .

La contricción me apretó el corazón, estrujándolo con su mano de acero. Creía sentir que mi sangre rezumaba . . . Era una gota salada en los lagrimales. Y en el mismo punto ¡un chispazo!, me acordé del hilo brillante, enredado en el botón del raído chaqué.

—Señor juez . . .

Todavía estaba allí la cana cuando hicieron comparecer al criminal . . . El «gato» de la tía Elodia se halló oculto entre su jergón, con la llave de la alcoba . . . Sin embargo, no falta, aún hoy, quien diga que el asunto fue turbio, que yo entregué tal vez a mi cómplice . . . Honra, no me queda. Hay una sombra indispensable en mi vida. Me he encerrado en la aldea, y al acercarse la Navidad, en semanas enteras no me levanto de la cama por no ver gente.

Dios castiga

Desde la mañana en que el hijo fue encontrado con el corazón atravesado de un tiro, no hubo en aquella pobre casa día en que no se llorase. Sólo que el tributo de lágrimas era el padre quien lo pagaba: a la madre se la vio con los ojos secos, mirando con irritada fijeza, como si escudriñase los rostros y estudiase su expresión. Sin embargo, de sus labios no salía una pregunta, y hasta hablaba de cosas indiferentes . . . La vaquiña estaba preñada. El mainzo, este año por falta de lluvias, iba a perderse. El *patexo* andaba demasiado caro. Iban a reunirse los de la parroquia para comprar algunas lanchas del animalejo . . .

Así, no faltaba en la aldea de Vilar quien opinase que la señora Amara "ya no se recordaba del mociño." ¡Buena lástima fue dél! Un rapaz que era un lobo para el trabajo, tan lanzal, tan amoroso, que

threatening to blow his brains out if he didn't get any. Now everything is clear: I see it as if it were happening right in front of me."

"That's worth considering . . . All the same, I won't hide the fact from you that you're in a compromising situation, as long as you're unable to tell us how you spent that time, from six to nine."

My temples were chilled. I must have been pale, with dark rings around my eyes. I had come across a magistrate whose motto was "an alibi or nothing" . . . An alibi? It would be filthy and low to mention Leocadia (every woman has her own relative degree of honor), and useless as well, because I know her. She's no heroine of a play or a novel, and she'd deny every word I said . . . And I deserved it. I wasn't a murderer or a robber, but . . .

Contrition made my heart ache, crushing it in its steel hand. I thought I could feel my blood draining away . . . There was a salty drop at the corners of my eyes. And at that very moment: a flash! I remembered the shiny thread tangled in the button of the threadbare jacket.

"Your Honor . . ."

The gray hair was still there when they brought in the criminal . . . Aunt Elodia's "hoard" was found hidden in his straw mattress, along with the key to the bedroom . . . Nevertheless, there are still people even today who say that the matter was shady, that perhaps I turned in my accomplice . . . I am bereft of honor. There's an inescapable shadow in my life. I've shut myself up in the village and, when Christmas approaches, for weeks on end I don't get out of bed, to avoid seeing people.

God Punishes

Ever since the morning when the son of the family was found with his heart pierced by a bullet, there was no day without weeping in that humble household. Only, it was the father who paid that tribute of tears: the mother was seen to have dry eyes, which gazed with an angry fixity, as if she were scrutinizing people's faces and studying their expression. Nevertheless, not a question issued from her lips, and she even spoke about indifferent things . . . The cow was with calf. This year the corn crop would be ruined for lack of rain. The crabs used for fertilizer were too expensive. The members of the parish were going to chip in to buy a few boatloads of the ugly creatures . . .

And so, there were people in the village of Vilar who thought that Señora Amara "no longer remembered the young man." What a shame it was about him! A boy who worked like a horse, so well-built and lovable

todas las mozas se lo comían. Y por moza fue, de seguro . . . Sí, hom: ya sabemos que las mozas tienen la culpa de todo. Y Félise, el muerto, andaba tras de una de las más bonitas, Silvestriña, la del pelo color de mazorca de lino y los ojos azul ceniza, como la flor del lino también. Silvestriña le hacía cara, ¿no había de hacérsela? ¡Estaba por ver la rapaza que le diese un desaire a Félise!

Cuchicheábase todo esto muy bajo, porque, en las aldeas, hay conjuras de silencio, y toda la reserva que se guarda en otras esferas, en asuntos diplomáticos, es nada en comparación con la reserva labriega, cuando está de por medio un delito y puede venir a enterarse "la justicia." Sabían los labriegos, ¡vaya si lo sabían!, en quién pudiesen recaer las sospechas. Ni ignoraban que el matador no podía ser otro que Agustín, el de Luaño, valentón de navaja en cinto y revólver cargado en faltriquera. No era su primera fazaña, pues en el alboroto de "una de palos" de alguna romería, dejó un hombre con las tripas fuera; pero esto de ahora parecía mayor traición, y denotaba peor alma en el criminal, que, por lo mismo, infundía doble temor, pues era capaz de todo.

Había recibido el Juzgado una denuncia anónima, escrita con mala letra y detestable ortografía, pero con redacción clara y apasionada, delatando terminantemente a Agustín. Decía también el papel que dos muchachas de Vilar, Silvestriña y su hermana, pasando algo tarde por la corredoira que a su casa conducía, oyeron, no un tiro, sino dos, y vieron caer al mozo, y hasta escucharon que pedía auxilio, que no le dieron; se limitaron a encerrarse en su morada. Y el anónimo delator instigaba al Juzgado a que incoase diligencias y tomase declaraciones, que descubrirían al culpable.

El Juzgado, muy lánguidamente, no tuvo más remedio que hacer algo . . . Tropezó, desde el primer momento, con una pared de silencio. Nadie había visto nada, nadie sabía nada; por poco responden que no conocían ni a la víctima ni al supuesto matador. Las muchachas, esa noche, no había salido de casa; no oyeron, pues, los gritos de auxilio; y la primera noticia la tuvieron ellas y los demás, a la madrugada siguiente, cuando el cuerpo de Félise apareció rígido, helado, todo empapado de orvayo mañanero . . . Esto repitieron las dos mociñas, pellizcando mucho el pañuelo y bajando los ojos.

—Bien te avisé, Pedro, que no cumplía escribir tal carta —decía la señora Amara a su marido, cuando ya se demostró que las diligencias resultaban completamente infructuosas, y que ni veinticuatro horas estuvo preso el de Luaño—. Como ninguén ha visto el

that all the girls were crazy about him. And it was on account of a girl, certainly . . . Yes, sir: don't we know that girls are to blame for everything? And Félise, the victim, had been courting one of the prettiest, Silvestriña, the one with hair the color of a spindleful of flax, and ash-blue eyes, like the flower of flax, too. Silvestriña looked on him with favor, and why shouldn't she? What girl would have turned down Félise?!

All this was whispered very quietly, because, in villages, there are conspiracies of silence, and all the discretion observed in other spheres, in diplomatic dealings, is nothing in comparison to the discretion of farmers when a crime is involved and "the law" may come and investigate. The farmers knew (my, how well they knew!) on whom the suspicions might fall. Nor were they unaware that the killer couldn't be anyone else but Agustín from Luaño, a bragging bully with a knife in his belt and a loaded revolver in his pocket. It wasn't his first crime, because during the hubbub of a "shindy" in the course of some pilgrimage, he had left a man with his guts hanging out; but this new matter seemed more treacherous and indicated a worse state in the criminal's soul; for the same reason, he inspired redoubled fear, since he was capable of anything.

The tribunal had received an anonymous accusation, written in a bad hand and terrible spelling, but worded clearly and passionately, indicating Agustín categorically. The letter also stated that two girls from Vilar, Silvestriña and her sister, on walking down the street leading to their house rather late at night, heard not one but two shots, and saw the lad fall; they even heard him ask for help, but didn't give him any: all they did was to lock themselves up at home. And the anonymous informer urged the tribunal to start proceedings and take statements, which would unveil the guilty party.

Moving very languidly, the tribunal saw itself forced to do something . . . It ran into a wall of silence from the first moment on. No one had seen a thing, no one knew a thing; if they could, they would have answered that they didn't know either the victim or the suspected killer. That night the girls hadn't left home; therefore they never heard the cries for help; and the first news they or anyone else had came the next day at dawn, when Félise's body was found still and frozen, completely soaked with morning dew . . . The two girls repeated this, with much plucking at their kerchiefs and lowering of their eyes.

"I warned you, Pedro, that it was wrong to send that letter," Señora Amara told her husband when it became clear that the investigation would turn out altogether fruitless, and the Luaño boy had been kept in custody less than twenty-four hours. "Since nobody witnessed the crime,

caso, y si lo vio se calla, más te valiera callar tú. Non vos vale de nada esa habilidá de saber de letra. Sedes más tonto que los que nunca tal deprendimos.

—Mujer —balbuceó el viejo, secándose el llanto con un pañuelo a cuadros, todo roto—, mujer, como era mi fillo, que no teníamos otro, y nos lo mataron como si lo llevasen a degollar . . . Yo ya poco valgo, ¡pero si puedo, no se ha de reir el bribón condenado ese!

—No hagas nada, hom, te lo pido por la sangre de Félise. ¡No te metas quillotros!

Y la actitud de la vieja era tan firme y amenazadora, sus duros ojos miraban con tal energía, con tal imposición de voluntad, que el padre agachó la cabeza subyugado. Y no se volvió a hablar del asunto, aunque fuese visible que no se pensaba sino en él.

Al aparente olvido de los padres, respondió el olvido real de la aldea. Nadie recordaba —al menos aparentemente— a aquel Félise, tan amigo de todos los demás rapaces. Su cuerpo se pudría en el cementerio humilde, bajo la cruz pintada de negro que los padres habían colocado sobre la fosa. Y el de Luaño, más arrogante y quimerista que nunca, venía todas las tardes a Vilar, a cortejar a su novia, Silvestriña, con la cual era público que iba a casar cuando vinieran las noches largas de Nadal y Reyes.

Se comentaba mucho, y con dejos de envidia, la boda. El señor de Corbela, que tenía propiedades en Luaño, daría al nuevo matrimonio en arriendo uno de sus mejores lugares, acasarados, de los más productivos del país. Comprendía largos prados, con su riego de agua de pie, fértiles labradíos, montes leñales bien poblados de tojo, arbolado de soto de castaños, que dividía la casa de la carretera, huerto con frutales, y una vivienda mediana, unida a la pareja, herbeiro y establos. Un principado rústico, que requería, en ello estaban de acuerdo los labradores, un casero, el propósito de trabajar de alma, para sacarle el jugo; y, como dudaban de que Agustín, tan amigo de broma y jarana, tuviese formalidad para tal obra, él contestaba con firmeza:

—Lo han de ver. Cuando Agustín, el de Luaño, destremina de hacer una cosa, hácela, ¡recorcio! ¡En comiendo el pan de la boda, meto ganado y un criado en la casa, espeto el arado en la tierra, se abona, se siembra, y para el año veredes si ha cosecha o no! ¡Y yo a trabajar como el primero, que de cosas más malas soy capaz por Silvestriña!

and people are keeping quiet if they did, it would have been better for you to keep quiet, too. Your cleverness in knowing how to write does you no good. You're dumber than those of us who never learned how."

"Woman," the old man stammered, wiping away his tears with a tattered checked handkerchief, "woman, since he was my son, and we never had others, and they killed him on us as if he were taken to be slaughtered . . . I'm no longer up to much, but if I can do anything, that damned crook won't be laughing!"

"Don't do a thing, man, I beg you, on Félise's blood. Don't bring trouble on yourself!"

And the old woman's attitude was so firm and threatening, her hard eyes stared with such energy, with so much force of will, that the father bowed his head in submission. And he didn't talk about the matter again, though he clearly thought about nothing else.

The seeming forgetfulness of the parents was matched by the actual forgetfulness of the villagers. Nobody (at least apparently) remembered Félise, who had been such a close friend of all the other boys. His corpse was rotting in the humble cemetery beneath the black-painted cross his parents had placed above his grave. And the Luaño boy, more proud and quarrelsome than ever, came to Vilar every evening to court his fiancée Silvestriña, whom it was public knowledge he was to marry when the long nights of Christmas and Epiphany came.

The wedding was commented on a great deal, and with tinges of envy. The lord of Corbela, who had properties at Luaño, would lease the newlyweds one of his best farms, with adjoining homestead, among the most productive in the region. It would include broad meadows, its own spring-water irrigation, fertile grainfields, forests for woodcutting with a large growth of furze, a chestnut grove that separated the house from the road, an orchard of fruit trees, and an average-size residence deeded to the couple, a hayloft, and stables. A rural principality, which required, as all the farmers agreed, a man who could run it properly, ready to put his heart into it, if he was to get the most out of it; and when they expressed doubts that Agustín, so fond of sprees and carousing, was serious enough for the task, he'd reply firmly:

"They'll see. When Agustín from Luaño makes up his mind to do something, he does it, by gum! While I'm still eating the bread baked for the wedding, I'll lay in cattle, hire a servant for the house, dig the plow into the soil, spread fertilizer, and sow a crop, and in a year from now you'll see whether there's a harvest or not! And I'll work like the best of them, because for Silvestriña's sake I can do much harder things than that!"

Toda la aldea y todo Luaño fueron convidados al festín nupcial. Es costumbre, en estos casos, que los convidados regalen vino, pan, manjares; pero Agustín, rumboso, no consintió que nadie llevase nada. Él traía a casa de su novia sobrado con que hartar a los pordioseros que tocaban la zanfona y echaban coplas impulsados por el hambre. Y de beber, ¡no se diga! Vinieron dos pellejos y un tonel, amén de una barrica de aguardiente de caña. Agustín, expansivo y gozoso, contaba que el señor de Corbela le había dicho, mismo así: "Mira, que para llevar bien un lugar como el tuyo, hay que tener mucho cuidado con la bebida, y tú eres amigo de empinar." Y que él había contestado, mismo así: "Señor mi amo, las tolerías de la mocidá son una cosa y otra el juicio. El día de mi boda será el último en que beba yo por el jarro."

Menos los padres de Félise, que antes de ponerse el sol se habían cerrado en su casa, toda la aldea se refociló en la comilona. Contábase que el padre había gritado amenazas cuando los novios pasaban hacia la iglesia, y que la señora Amara, cogiéndole de una manga, imponiéndole silencio, se lo había llevado. Ante la esplendidez de la cena, se olvidó el incidente. Había montañas de cocido, jamones enteros hervidos en vino con hierbas aromáticas, pescados fritos a calderos, y pollos y rosquillas, y negro café, realzado por la "caña" traidora. El novio menudeaba los tragos, repitiendo su frase: "Es el último día que bebo por jarro." A la novia le presentaron como cuestión de honra el beber también. Y la pareja, a los postres, estaba completamente chispa. A puñados, casi en brazos, los fueron llevando los mozos a la nueva casa que debían habitar. Se diría que el aire libre les aumentaba la embriaguez. Como quien suelta en el suelo un par de troncos, los tendieron en la cama. Por no encerrarles, dejaron la puerta arrimada solamente.

Los convidados se volvieron a Vilar a continuar el festín. Sólo al otro día empezaron a susurrar, siempre en voz muy queda, no se enterase "la justicia," que les había seguido al ir a Luaño, una sombra negra; otros dijeron que una mujer vestida de luto. Nadie precisó estos datos, y hubo quien los trató de invención.

Lo cierto fue que, a cosa de las dos de la noche, se descubrió ya por llamaradas, el fuego que consumía la pajera y los establos, vaciós de ganado aún. Comunicado el incendio a la vivienda, las altas llamas mordieron y se cebaron en el seco maderamen. El humo salía hacia fuera; pero cuando hubiese alguien despierto en las casuchas más próximas, es probable que no lo viese, por taparlo la cortina del espeso

The whole village and all of Luaño were invited to the wedding banquet. On such occasions it's customary for the guests to contribute wine, bread, and foods; but Agustín, feeling generous, wouldn't let anyone bring anything. He sent to his bride's home more than enough to fill up the beggars who played the hurdy-gurdy and sang songs, motivated by hunger. And don't even mention the drinks! Two wineskins and a cask arrived, as well as a keg of rum. Expansive and jolly, Agustín related that the lord of Corbela had told him, in these very words: "Look, to run a place like yours well, you've got to be very careful with alcohol, and you're fond of bending the elbow." And that he had answered, in these very words: "My lord master, the follies of youth are one thing, and sound judgment is another. My wedding day will be the last on which I drink from the pitcher."

Except for Félise's parents, who had shut themselves up at home before sunset, the whole village reveled in the big feed. It was related that Félise's father had shouted threats when the newlyweds passed by on their way to the church, and that Señora Amara had seized him by a sleeve, forced him to be quiet, and taken him away with her. The meal was so wonderful that the incident was forgotten. There were mountains of boiled meat, entire hams cooked in wine with aromatic herbs, kettles full of fried fish, and chickens and doughnuts, and black coffee, with the treacherous rum lending a kick to it. The groom drank and drank, repeating his sentence: "This is the last day I drink from the pitcher." The bride was made to drink, too, as a question of honor. And by dessert, the couple was completely tipsy. The young men dragged them, almost carried them, to the new house they were to live in. You'd say that the fresh air made them even drunker. They were placed in bed like a couple of logs dropped on the ground. So as not to lock them in, the door was left ajar.

The guests returned to Vilar to continue the party. It was only the next day that people started to whisper, always in very low tones so "the law" wouldn't find out, that on their way to Luaño they had been followed by a dark shadow; others said it was a woman dressed in mourning. Nobody could give details about this, and some people said it was a made-up story.

What *is* a fact is that, about two in the morning, flames revealed that a fire was destroying the hayloft and the stables, which had no animals in them yet. When the fire spread to the house, the tall flames bit into and consumed the dry woodwork. The smoke poured outside, but even if someone had been awake in the nearest cottages, it's most likely nothing would have been seen because the view was blocked by the

soto de castaños. Los novios, asustados, sin comprender, se irguieron en el lecho, y Silvestriña gritó; pero ya era tarde, porque una cortina roja se alzaba ante sus espantados ojos, y el humo la asfixiaba. La habitación era un inmenso brasero; los chasquidos de la llama y su ronquido pavoroso ahogaban los lamentos de los moribundos, cuyos cuerpos aparecieron al otro día reducidos a carbón.

Y cuando le dijeron a la señora Amara, algunas comadres: "¿Ve? Dios castiga sin palo ni piedra . . . ," ella contestó sosegadamente:

—A mín, déjademe de eso . . . Yo, ya sabedes que no me meto en nada . . . Es mi marido el que anduvo por ahí parlando, con si Dios castiga o no castiga . . . Pues si castiga Dios, nosotros, ¿qué tenemos que vere? Callare . . .

thick curtain of the chestnut grove. The newlyweds, frightened, failing to understand, sat up in bed and Silvestriña screamed; but it was too late, because a red curtain loomed up before her terrified eyes, and the smoke was choking her. The room was a huge brazier; the crackling of the flames and their fearful roar drowned the laments of the dying pair, whose bodies were found the next day burnt to ashes.

And when some neighbor women said to Señora Amara: "See? God punishes without sticks or stones . . . ," she replied tranquilly:

"Don't bother me with such things . . . You know that I don't meddle with anything . . . It was my husband who went around talking about whether God punishes or not . . . Because if God punishes, what do *we* have to do about it? Just keep quiet . . ."

Leopoldo Alas ("Clarín")

¡Adiós, «Cordera»!

¡Eran tres, siempre los tres!: Rosa, Pinín y la *Cordera*.

El prao Somonte era un recorte triangular de terciopelo verde tendido, como una colgadura, cuesta abajo por la loma. Uno de sus ángulos, el inferior, lo despuntaba el camino de hierro de Oviedo a Gijón. Un palo del telégrafo, plantado allí como pendón de conquista, con sus *jícaras* blancas y sus alambres paralelos, a derecha e izquierda, representaba para Rosa y Pinín el ancho mundo desconocido, misterioso, temible, eternamente ignorado. Pinín, después de pensarlo mucho, cuando a fuerza de ver días y días el poste tranquilo, inofensivo, campechano, con ganas, sin duda, de aclimatarse en la aldea y parecerse todo lo posible a un árbol seco, fue atreviéndose con él, llevó la confianza al extremo de abrazarse al leño y trepar hasta cerca de los alambres. Pero nunca llegaba a tocar la porcelana de arriba, que le recordaba las *jícaras* que había visto en la rectoral de Puao. Al verse tan cerca del misterio sagrado le acometía un pánico de respeto, y se dejaba resbalar de prisa hasta tropezar con los pies en el césped.

Rosa, menos audaz, pero más enamorada de lo desconocido, se contentaba con arrimar el oído al palo del telégrafo, y minutos, y hasta cuartos de hora, pasaba escuchando los formidables rumores metálicos que el viento arrancaba a las fibras del pino seco en contacto con el alambre. Aquellas vibraciones, a veces intensas como las del diapasón, que aplicado al oído parece que quema con su vertiginoso latir, eran para Rosa los *papeles* que pasaban, las *cartas* que se escribían por los *hilos,* el lenguaje incomprensible que lo ignorado hablaba con lo ignorado; ella no tenía curiosidad por entender lo que los de allá, tan lejos, decían a los del otro extremo del mundo. ¿Qué le importaba? Su

LEOPOLDO ALAS ("CLARÍN")

Good-bye, "Lamb"!

There were three of them, always those three: Rosa, Pinín, and "Lamb."

The Somonte meadow was a triangular plot of green velvet spread down the slope of a low hill, like a drapery. One of its corners, the lowest one, was cut off by the railroad from Oviedo to Gijón.[1] A telegraph pole, planted there like a pennant of victory, with its cuplike white porcelain insulators and its parallel wires, to the right and left, represented for Rosa and Pinín the wide world unfamiliar to them, mysterious, frightening, eternally unknown. When Pinín, upon giving it a lot of thought, dared to approach the pole, after seeing for days and days how it stood there quietly, harmless and good-natured, no doubt wishing to acclimatize itself to the village and resemble a dry tree as much as possible, his boldness even led him to embrace the pole and climb up till he was close to the wires. But he never went so far as to touch the porcelain up there, which reminded him of the cups he had seen in the rectory at Puao.[2] On viewing the sacred mystery up so close, he was assailed by a panic of respect, and he slid down quickly until his feet touched the turf.

Rosa, less daring but more enamored of the unfamiliar, was satisfied to place her ear against the telegraph pole, and for minutes and even quarter hours at a time, she'd listen to the formidable metallic sounds that the wind elicited from the fibers of the dry pine where they met the wire. Those vibrations, at times as intense as those of a tuning fork, which when applied to the ear seems red-hot with its dizzying throbbing, signified to Rosa the "documents" that were passing through, the "letters" written by the "threads," the incomprehensible jargon spoken by the unknown to the unknown; she wasn't curious to understand what the people yonder, so far away, were saying to

---

1. Gijón is on the Bay of Biscay.   2. Perhaps the town of Poago.

interés estaba en el ruido por el ruido mismo, por su timbre y su misterio.

La *Cordera,* mucho más formal que sus compañeros, verdad es que, relativamente, de edad también mucho más madura, se abstenía de toda comunicación con el mundo civilizado, y miraba de lejos el palo del telégrafo como lo que era para ella efectivamente, como cosa muerta, inútil, que no le servía siquiera para rascarse. Era una vaca que había vivido mucho. Sentada horas y horas, pues, experta en pastos, sabía aprovechar el tiempo, meditaba más que comía, gozaba del placer de vivir en paz, bajo el cielo gris y tranquilo de su tierra, como quien alimenta el alma, que también tienen los brutos; y si no fuera profanación, podría decirse que los pensamientos de la vaca matrona, llena de experiencia, debían de parecerse todo lo posible a las más sosegadas y doctrinales odas de Horacio.

Asistía a los juegos de los pastorcicos encargados de *llindarla,* como una abuela. Si pudiera, se sonreiría al pensar que Rosa y Pinín tenían por misión en el prado cuidar de que ella, la *Cordera,* no se extralimitase, no se metiese por la vía del ferrocarril ni saltara a la heredad vecina. ¡Qué había de saltar! ¡Qué se había de meter!

Pastar de cuando en cuando, no mucho, cada día menos, pero con atención, sin perder el tiempo en levantar la cabeza por curiosidad necia, escogiendo sin vacilar los mejores bocados, y después sentarse sobre el cuarto trasero con delicia, a rumiar la vida, a gozar el deleite del no padecer, y todo lo demás aventuras peligrosas. Ya no recordaba cuándo le había picado la mosca.

«El *xatu* (el toro), los saltos locos por las praderas adelante . . . , ¡todo eso estaba tan lejos!»

Aquella paz sólo se había turbado en los días de prueba de la inauguración del ferrocarril. La primera vez que la *Cordera* vio pasar el tren se volvió loca. Saltó la sebe de lo más alto del Somonte, corrió por prados ajenos, y el terror duró muchos días, renovándose, más o menos violento, cada vez que la máquina asomaba por la trinchera vecina. Poco a poco se fue acostumbrando al estrépito inofensivo. Cuando llegó a convencerse de que era un peligro que pasaba, una catástrofe que amenazaba sin dar, redujo sus precauciones a ponerse en pie y a mirar de frente, con la cabeza erguida, al formidable monstruo; más adelante no hacía más que mirarle, sin levantarse, con an-

those at the other end of the world. What did it matter to her? Her interest lay in the noise for its own sake, for its timbre and mystery.

"Lamb," much more serious than her companions and, truth to tell, also of a much more mature age, relatively speaking, refrained from all communication with the civilized world, and looked on the telegraph pole from afar for what it really was to her, a dead, useless thing which was no good to her even for scratching against. She was a cow with a lot of experience. Seated for hours and hours, since, an expert at grazing, she knew how to use time well, she'd meditate more than she'd eat, enjoying the pleasure of living in peace beneath the quiet gray sky of her land, like one nourishing his soul, which animals have, too; and if it weren't a profanation, one could say that the thoughts of that matronly cow, who was so full of experience, must have resembled as much as possible the most tranquil and pedagogical odes of Horace.

She'd watch, like a grandmother, the games of the little cowherds who were in charge of keeping her from straying. If she'd been able, she'd have smiled at the thought that Rosa and Pinín's mission in the meadow was to see that she, "Lamb," didn't go beyond bounds, walk onto the railroad tracks, or jump into the next farm. What reason did she have for jumping? Why should she go astray?

To graze from time to time, not a lot, less every day, but attentively, wasting no time in raising her head out of foolish curiosity, unhesitatingly choosing the best mouthfuls, and later on, sitting on her hindquarters with delight, ruminating life, enjoying the pleasure of not suffering; anything else would be a dangerous adventure. She no longer recalled when a fly had last bitten her.[3]

The stud bull, the wild leaps across the meadows . . . all that was so far behind her!

That peace had only been disturbed in the tryout days when the railroad was inaugurated. The first time "Lamb" saw the train go by, she went crazy. She leaped the tall picket-and-bramble fence at the highest point of the Somonte and dashed through other people's meadows; her terror lasted many days, recurring with more or less violence whenever the locomotive appeared in the nearby cutting. Gradually she got used to the harmless racket. When she was finally convinced that it was a transitory danger, a catastrophe that threatened but didn't occur, she reduced her precautions to standing up and gazing straight at the formidable monster, head erect; after that, she merely looked at it, without

---

3. This can also be read figuratively, as: "when she had last been annoyed about anything."

tipatía y desconfianza; acabó por no mirar al tren siquiera. En Pinín y Rosa la novedad del ferrocarril produjo impresiones más agradables y persistentes. Si al principio era una alegría loca, algo mezclada de miedo supersticioso, una excitación nerviosa, que las hacía prorrumpir en gritos, gestos, pantomimas descabelladas, después fue un recreo pacífico, suave, renovada varias veces al día. Tardó mucho en gastarse aquella emoción de contemplar la marcha vertiginosa, acompañada del viento, de la gran culebra de hierro, que llevaba dentro de sí tanto ruido y tantas castas de gentes desconocidas, extrañas.

Pero telégrafo, ferrocarril, todo eso era lo de menos: un accidente pasajero que se ahogaba en el mar de soledad que rodeaba el *prao* Somonte. Desde allí no se veía vivienda humana; allí no llegaban ruidos del mundo más que al pasar el tren. Mañanas sin fin, bajo los rayos del sol a veces, entre el zumbar de los insectos, la vaca y los niños esperaban la proximidad del mediodía para volver a casa. Y luego, tardes eternas, de dulce tristeza silenciosa, en el mismo prado, hasta venir la noche, con el lucero vespertino por testigo mudo en la altura. Rodaban las nubes allá arriba, caían las sombras de los árboles y de las peñas en la loma y en la cañada, se acostaban los pájaros, empezaban a brillar algunas estrellas en lo más oscuro del cielo azul, y Pinín y Rosa, los niños gemelos, los hijos de Antón de Chinta, teñida el alma de la dulce serenidad soñadora de la solemne y seria Naturaleza, callaban horas y horas, después de sus juegos, nunca muy estrepitosos, sentados cerca de la *Cordera,* que acompañaba el augusto silencio de tarde en tarde con un blanco son de perezosa esquila.

En este silencio, en esta calma inactiva, había amores. Se amaban los dos hermanos como dos mitades de un fruto verde, unidos por la misma vida, con escasa conciencia de lo que en ellos era distinto, de cuanto los separaba; amaban Pinín y Rosa a la *Cordera,* la vaca abuela, grande, amarillenta, cuyo testuz parecía una cuna. La *Cordera* recordaría a un poeta la *zavala* del Ramayana, la vaca santa; tenía en la amplitud de sus formas, en la solemne serenidad de sus pausados y nobles movimientos, aire y contornos de ídolo destronado, caído, contento con su suerte, más satisfecha con ser vaca verdadera que dios falso. La *Cordera,* hasta donde es posible adivinar estas cosas, puede decirse que también quería a los gemelos encargados de apacentarla.

Era poco expresiva; pero la paciencia con que los toleraba cuando en sus juegos ella les servía de almohada, de escondite, de montura, y

getting up, with antipathy and distrust; finally she didn't even look at the train. In Pinín and Rosa the novelty of the railroad aroused more agreeable and lasting impressions. If at first it was a wild joy, somewhat mixed with superstitious fear and nervous excitement which made them burst into shouts, gestures, and outlandish pantomime, later on it was a peaceful diversion, gentle, recurring several times a day. It was a long time before that emotion wore away, that thrill of watching the vertiginous progress, accompanied by wind, of the great iron snake which contained so much noise and so many kinds of unfamiliar, strange people.

But the telegraph, the railroad, none of that counted for much: a fleeting incident drowned in the sea of solitude that ringed the Somonte meadow. From there no human residence could be seen; it wasn't reached by any sounds of the world except the passing of the train. Mornings without end, beneath the rays of the sun at times, amid the buzzing of the insects, the cow and the children waited for the approach of noon so they could return home. Then, eternal afternoons of sweet, silent dreariness, on the same meadow, until night came, with the evening star as a silent witness in the sky. The clouds circled around up there, the shadows of the trees and rocks fell upon the hill and the gully, the birds went to sleep, a few stars began to shine in the darkest part of the blue sky, and the twins Pinín and Rosa, children of Antón, Chinta's husband, their soul bathed in the sweet, dreamy serenity of solemn, serious nature, were silent for hours on end, after their games, which were never very boisterous, as they sat near "Lamb," who accompanied the august silence from time to time with the clear tone of her lazy cowbell.

In this silence, in this inactive calm, there was love. The two twins loved each other like the two halves of a green fruit, united by the same life, hardly aware of how they differed, of what separated them; Pinín and Rosa loved "Lamb," the big, yellowish grandmother cow whose nape resembled a cradle. "Lamb" would remind a poet of the *śabalā*[4] of the *Ramayana,* the sacred cow; in the amplitude of her shape, in the solemn serenity of her deliberate, noble movements, she had the air and girth of a dethroned, fallen idol that was contented with its fate; she was more satisfied being a real cow than a fake deity. To the extent that it's possible to guess such things, it can be said that "Lamb" also loved the twins who were in charge of grazing her.

She wasn't very expressive, but the patience with which she tolerated them when in their games they used her as a pillow, as a hiding

---

4. Literally, "spotted cow"; equated in the *Ramayana* with the mythical cow of plenty Kāmadhenu.

para otras cosas que ideaba la fantasía de los pastores, demostraba tácitamente el afecto del animal pacífico y pensativo.

En tiempos difíciles Pinín y Rosa habían hecho por la *Cordera* los imposibles de solicitud y cuidado. No siempre Antón de Chinta había tenido el prado Somonte. Este regalo era cosa relativamente nueva. Años atrás la *Cordera* tenía que salir *a la gramática*, esto es, a apacentarse como podía, a la buena ventura de los caminos y callejas de las rapadas y escasas praderías del común, que tanto tenían de vía pública como de pastos. Pinín y Rosa, en tales días de penuria, la guiaban a los mejores altozanos, a los parajes más tranquilos y menos esquilmados, y la libraban de las mil injurias a que están expuestas las pobres reses que tienen que buscar su alimento en los azares de un camino.

En los días de hambre, en el establo, cuando el heno escaseaba y el narvaso para *estrar* el lecho caliente de la vaca faltaba también, a Rosa y a Pinín debía la *Cordera* mil industrias que le hacían más suave la miseria. ¡Y qué decir de los tiempos heroicos del parto y la cría, cuando se entablaba la lucha necesaria entre el alimento y regalo de la *nación* y el interés de los Chintos, que consistía en robar a las ubres de la pobre madre toda la leche que no fuera absolutamente indispensable para que el ternero subsistiese! Rosa y Pinín, en tal conflicto, siempre estaban de parte de la *Cordera*, y en cuanto había ocasión, a escondidas, soltaban el recental que, ciego y como loco, a testaradas contra todo, corría a buscar el amparo de la madre, que le albergaba bajo su vientre, volviendo la cabeza agradecida y solícita, diciendo, a su manera:

—Dejad a los niños y a los recentales que vengan a mí.

Estos recuerdos, estos lazos son de los que no se olvidan.

Añádase a todo que la *Cordera* tenía la mejor pasta de vaca sufrida del mundo. Cuando se veía emparejada bajo el yugo con cualquier compañera, fiel a la gamella, sabía meter su voluntad a la ajena, y horas y horas se la veía con la cerviz inclinada, la cabeza torcida, en incómoda postura, velando en pie mientras la pareja dormía en tierra.

❀   ❀   ❀   ❀   ❀

Antón de Chinta comprendió que había nacido para pobre cuando palpó la imposibilidad de cumplir aquel sueño dorado suyo de tener un *corral* propio con dos yuntas por lo menos. Llegó, gracias a mil ahorros, que eran mares de sudor y purgatorios de privaciones, llegó a la primera vaca, la *Cordera*, y no pasó de ahí; antes de poder comprar la segunda se vio obligado, para pagar atrasos al *amo*, el dueño de

place, or as a mount, and in other ways that occurred to the cowherds' imagination, tacitly proved the placid, pensive animal's affection.

When times had been hard, Pinín and Rosa had done the impossible for "Lamb" in the way of solicitude and care. Antón, Chinta's husband, hadn't always had the Somonte meadow. That treat was something fairly recent. Years back, "Lamb" had had to take pot luck—that is, to graze as best she could, taking her chances along the paths and lanes of the heavily grazed, sparse community meadows, which were as much a public road as a grazing ground. On such days of poverty, Pinín and Rosa had led her to the best hillocks, to the most tranquil and least exhausted spots, and had saved her from the thousand insults to which those poor cows are exposed who have to seek chance nourishment along a road.

On the days of hunger, in the cowshed, when hay was scarce, and there were no corn stalks, either, to strew for a warm pallet for the cow, "Lamb" was indebted to Rosa and Pinín for a thousand devices which made her poverty easier to bear. And what shall I say about the heroic times of calving and raising the calves, when the necessary war was waged between the feeding and comfort of "the baby" and the interests of the Chintos, which consisted of stealing from the poor mother's teats all the milk not absolutely indispensable to keep the calf alive! In such a conflict, Rosa and Pinín always took "Lamb's" side, and whenever there was an opportunity they surreptitiously untied the suckling, who, blindly and as if madly, butting against everything, ran to seek the protection of his mother, who sheltered him under her belly, turning her grateful, solicitous head, and saying in her own way: "Let the children and the suckling calves come unto me."

These recollections, these bonds are of the kind that are never forgotten.

Add to all this the fact that "Lamb" was the most good-natured, patient cow in the world. When she found herself teamed up under the yoke with some companion, she would loyally subordinate her will to her partner's, and for hours on end she could be seen with her neck bent and her head twisted, in an uncomfortable position, awake on her feet while her yokemate was sleeping on the ground.

✧　　✧　　✧　　✧　　✧

Antón, Chinta's husband, understood that he had been born to be poor when he felt the impossibility of realizing that golden dream of his of possessing his own farmyard with at least two teams of cattle. Thanks to a thousand economies, which meant seas of sweat and purgatories of privations, he managed to get his first cow, "Lamb," but he got no farther. Before being able to buy the second, he found himself obliged—

la *casería* que llevaba en renta, a llevar al mercado a aquel pedazo de sus entrañas, la *Cordera,* el amor de sus hijos. Chinta había muerto a los dos años de tener la *Cordera* en casa. El establo y la cama del matrimonio estaban pared por medio, llamando pared a un tejido de ramas de castaño y de cañas de maíz. Ya Chinta, musa de la economía en aquel hogar miserable, había muerto mirando a la vaca por un boquete del destrozado tabique de ramaje, señalándola como salvación de la familia.

«Cuidadla; es vuestro sustento», parecían decir los ojos de la pobre moribunda, que murió extenuada de hambre y de trabajo.

El amor de los gemelos se había concentrado en la *Cordera;* el regazo, que tiene su cariño especial, que el padre no puede reemplazar, estaba al calor de la vaca, en el establo, y allá en el Somonte.

Todo esto lo comprendía Antón a su manera, confusamente. De la venta necesaria no había que decir palabra a los *neños.* Un sábado de julio, al ser de día, de mal humor, Antón echó a andar hacia Gijón, llevando la *Cordera* por delante, sin más atavío que el collar de esquila. Pinín y Rosa dormían. Otros días había que despertarlos a azotes. El padre los dejó tranquilos. Al levantarse se encontraron sin la *Cordera.* «Sin duda, *mío pá* la había llevado al *xatu.*» No cabía otra conjetura. Pinín y Rosa opinaban que la vaca iba de mala gana; creían ellos que no deseaba más hijos, pues todos acababa por perderlos pronto, sin saber cómo ni cuándo.

Al oscurecer, Antón y la *Cordera* entraban por la *corrada* mohínos, cansados y cubiertos de polvo. El padre no dio explicaciones, pero los hijos adivinaron el peligro.

No había vendido porque nadie había querido llegar al precio que a él se le había puesto en la cabeza. Era excesivo: un sofisma del cariño. Pedía mucho por la vaca para que nadie se atreviese a llevársela. Los que se habían acercado a intentar fortuna se habían alejado pronto echando pestes de aquel hombre que miraba con ojos de rencor y desafío al que osaba insistir en acercarse al precio fijo en que él se abroquelaba. Hasta el último momento del mercado estuvo Antón de Chinta en el Humedal, dando plazo a la fatalidad. «No se dirá —pensaba— que yo no quiero vender: son ellos que no me pagan la *Cordera* en lo que vale.» Y, por fin, suspirando, si no satisfecho, con cierto consuelo, volvió a emprender el camino por la carretera de Candás, adelante, entre la confusión y el ruido de cerdos y novillos, bueyes y vacas, que los aldeanos de muchas parroquias del contorno conducían con mayor o menor trabajo, según eran de antiguo las relaciones entre dueños y bestias.

in order to pay arrears to "the master," the landlord of his tenant farm—to bring to market that piece of his own insides, "Lamb," the darling of his children. Chinta had died two years after they had acquired "Lamb." The cowshed and the couple's bed were separated by a partition, if you can call "a partition" an interweaving of chestnut branches and cornstalks. Chinta, the muse of thrift in that wretched household, had died looking at the cow through a hole in the ramshackle partition of branches, pointing to her as the salvation of the family.

"Take care of her; she's your livelihood," the eyes of the poor dying woman seemed to say; she died exhausted by hunger and hard labor.

The twins' love had been centered on "Lamb"; their mother's lap, which has its own special affection that a father can't replace, now lay in the cow's warmth, the cowshed, and the Somonte meadow up there.

Antón understood all this in his own way, confusedly. He mustn't say a word to the kids about the unavoidable sale. One Saturday in July, at dawn, Antón set out for Gijón in a bad mood, driving "Lamb" in front of him with no other trappings than her bell collar. Pinín and Rosa were asleep. On other days they had to be awakened by main force. Their father left them in peace. When they got up, they found that "Lamb" was missing. "No doubt Father has taken her to the stud bull." No other conjecture seemed to fit. It was Pinín and Rosa's opinion that the cow went unwillingly; they thought she wanted no more offspring, because she eventually lost them all quickly, without knowing how or when.

At dark, Antón and "Lamb" came in through the yard sulky, tired, and covered with dust. Their father gave no explanations, but the children guessed the danger.

He hadn't made the sale because no one had been willing to offer the sum he had in mind. It was excessive: a sophism of affection. He was asking too much for the cow so that no one would venture to take her. Those who had approached to try their luck had soon gone away heaping abuse on that man who glared with eyes full of rancor and defiance at anyone who dared to persist in approaching the fixed price with which he was shielding himself. Until the last moment of the market, Antón, Chinta's husband, stood in the Humedal, giving fate time to win. "No one will say," he thought, "that I'm unwilling to sell: the blame lies with those who don't pay me what 'Lamb' is worth." And finally, sighing, if not contentedly, at least with a certain relief, he set out again on the road to Candás, moving ahead amid the confusion and noises of pigs and young steers, oxen and cows, which the villagers of many parishes in the vicinity were leading with more or less trouble, depending on how long the masters and the animals had known each other.

En el Natahoyo, en el cruce de dos caminos, todavía estuvo expuesto el de Chinta a quedarse sin la *Cordera:* un vecino de Carrió que le había rondado todo el día ofreciéndole pocos duros menos de los que pedía, le dio el último ataque, algo borracho.

El de Carrió subía, subía, luchando entre la codicia y el capricho de llevar la vaca. Antón, como una roca. Llegaron a tener las manos enlazadas, parados en medio de la carretera, interrumpiendo el paso . . . Por fin la codicia pudo más; el pico de los cincuenta los separó como un abismo; se soltaron las manos, cada cual tiró por su lado; Antón, por una calleja que, entre madreselvas que aún no florecían y zarzamoras en flor, le condujo hasta su casa.

✿   ✿   ✿   ✿   ✿

Desde aquel día en que adivinaron el peligro, Pinín y Rosa no sosegaron. A media semana se *personó* el mayordomo en el *corral* de Antón. Era otro aldeano de la misma parroquia, de malas pulgas, cruel con los *caseros* atrasados. Antón, que no admitía reprimendas, se puso lívido ante las amenazas de desahucio.

El amo no esperaba más. Bueno, vendería la vaca a vil precio, por una merienda. Había que pagar o quedarse en la calle.

El sábado inmediato acompañó al Humedal Pinín a su padre. El niño miraba con horror a los contratistas de carne, que eran los tiranos del mercado. La *Cordera* fue comprada en su justo precio por un rematante de Castilla. Se la hizo una señal en la piel y volvió a su establo de Puao, ya vendida, ajena, tañendo tristemente la esquila. Detrás caminaban Antón de Chinta, taciturno, y Pinín, con ojos como puños. Rosa, al saber la venta, se abrazó al testuz de la *Cordera,* que inclinaba la cabeza a las caricias como al yugo.

«¡Se iba la vieja!», pensaba con el alma destrozada Antón el huraño.

«¡Ella será una bestia, pero sus hijos no tenían otra madre ni otra abuela!»

Aquellos días, en el pasto, en la verdura del Somonte, el silencio era fúnebre. La *Cordera,* que ignoraba su suerte, descansaba y pacía como siempre, *sub specie æternitatis,* como descansaría y comería un minuto antes de que el brutal porrazo la derribase muerta. Pero Rosa y Pinín yacían desolados, tendidos sobre la hierba, inútil en adelante. Miraban con rencor los trenes que pasaban, los alambres del telégrafo. Era aquel mundo desconocido, tan lejos de ellos por un lado y por otro, el que les llevaba su *Cordera.*

El viernes, al oscurecer, fue la despedida. Vino un encargado del rematante de Castilla por la res. Pagó; bebieron un trago Antón y el

At Natahoyo, at the meeting of two roads, Chinta's husband was still in danger of remaining without "Lamb": a neighbor from Carrió who had been prowling around him all day offering him only a few *duros* less than his asking price, made his last attack on him, somewhat drunk.

The man from Carrió kept raising his bid, in a struggle between avarice and the whim of acquiring the cow. Antón remained firm as a rock. At one point their hands were joined as they stood in the middle of the road, blocking traffic . . . Finally avarice won out; the small amount above fifty *duros* separated them like a gulf; they let go of each other's hands, and each went his own way, Antón along a lane that, between honeysuckle that was not yet in flower and blackberries already blooming, led him all the way home.

✿   ✿   ✿   ✿   ✿

Ever since the day when they guessed the danger, Pinín and Rosa knew no peace. Halfway through the week the steward in person showed up at Antón's farmyard. He was another villager from the same parish, bad-tempered and hard on householders in arrears. Antón, who would brook no reprimands, turned livid at his threats of eviction.

The landlord wouldn't wait any longer. All right, he'd sell the cow cheap, for the price of a lunch. He had to pay up or land in the street.

The next Saturday, Pinín accompanied his father to the Humedal. The boy gazed with horror at the wholesale meat dealers, who were the tyrants of the market. "Lamb" was purchased at her fair price by the highest bidder, a Castilian. A mark was made on her skin and she returned to her shed at Puao, already sold, someone else's, ringing her bell sadly. Behind her walked Antón, Chinta's husband, in silence, and Pinín, his eyes swollen. When Rosa learned of the sale, she hugged "Lamb's" neck as the cow bent her head to her caresses, as if to the yoke.

"The old girl is leaving!" thought surly Antón, heartbroken.

She might be an animal, but his children had no other mother or grandmother!

During those days, in the pasture, in the greenery of Somonte, the silence was funereal. "Lamb," ignorant of her fate, rested and grazed as always, *sub specie aeternitatis,* as she would rest and feed a minute before the brutal cudgel blow would fell and kill her. But Rosa and Pinín lay there desolate, stretched out on the grass, which would soon be of no use to them. They gazed with rancor at the passing trains and the telegraph wires. It was that unknown world, so far from them on both ends, which was taking away their "Lamb."

On Friday, at dark, the leavetaking occurred. An agent of the Castilian bidder came for the cow. He paid; Antón and the agent had a drink, and

comisionado, y se sacó a la *quintana* la *Cordera*. Antón había apurado la botella; estaba exaltado; el peso del dinero en el bolsillo le animaba también. Quería aturdirse. Hablaba mucho, alababa las excelencias de la vaca. El otro sonreía, porque las alabanzas de Antón eran impertinentes. ¿Que daba la res tanto y tantos *xarros* de leche? ¿Que era noble en el yugo, fuerte con la carga? ¿Y qué, si dentro de pocos días había de estar reducida a chuletas y otros bocados suculentos? Antón no quería imaginar esto; se la figuraba viva, trabajando, sirviendo a otro labrador, olvidada de él y de sus hijos, pero viva, feliz . . . Pinín y Rosa, sentados sobre el montón de *cucho*, recuerdo para ellos sentimental de la *Cordera* y de los propios afanes, unidos por las manos, miraban al enemigo con ojos de espanto. En el supremo instante se arrojaron sobre su amiga; besos, abrazos: hubo de todo. No podían separarse de ella. Antón, agotada de pronto la excitación del vino, cayó como en un marasmo; cruzó los brazos, y entró en el *corral* oscuro.

Los hijos siguieron un buen trecho por la calleja, de altos setos, el triste grupo del indiferente comisionado y la *Cordera*, que iba de mala gana con un desconocido y a tales horas. Por fin, hubo que separarse. Antón malhumorado, clamaba desde casa:

—¡Bah, bah, *neños*, acá vos digo; basta de *pamemes!* —así gritaba de lejos el padre, con voz de lágrimas.

Caía la noche; por la calleja oscura, que hacían casi negra los altos setos, formando casi bóveda, se perdió el bulto de la *Cordera*, que parecía negra de lejos. Después no quedó de ella más que el *tintán* pausado de la esquila, desvanecido con la distancia, entre los chirridos melancólicos de cigarras infinitas.

—¡Adiós, *Cordera!* —gritaba Rosa deshecha en llanto—. ¡Adiós, *Cordera* de *mío* alma!

—¡Adiós, *Cordera!* —repetía Pinín, no más sereno.

—Adiós —contestó por último, a su modo, la esquila, perdiéndose su lamento triste, resignado, entre los demás sonidos de la noche de julio en la aldea . . .

✿   ✿   ✿   ✿   ✿

Al día siguiente, muy temprano, a la hora de siempre, Pinín y Rosa fueron al *prao* Somonte. Aquella soledad no la había sido nunca para ellos, triste; aquel día, el Somonte sin la *Cordera* parecía el desierto.

De repente silbó la máquina, apareció el humo, luego el tren. En un furgón cerrado, en unas estrechas ventanas altas o respiraderos, vislumbraron los hermanos gemelos cabezas de vacas que, pasmadas, miraban por aquellos tragaluces.

"Lamb" was taken to the little square. Antón had drained the bottle; he was overexcited; the weight of the money in his pocket enlivened him, too. He wanted to get fuddled and forget. He spoke too much, praising the cow's good features. The other man smiled, because Antón's praise was beside the point. Who cared if the cow gave all the pitcherfuls of milk he mentioned? If she was wonderful when yoked, strong when carrying burdens? So what, if in a few days she'd be turned into chops and other tasty cuts? Antón refused to envision this; he pictured her alive, working, serving another farmer, no longer remembering him and his children, but alive and happy . . . Pinín and Rosa, sitting on the heap of fertilizer, for them a sentimental reminder of "Lamb" and of their own labors, held hands as they gazed at the enemy with frightened eyes. At the final moment they flung themselves onto their friend; kisses, hugs, there was a little of everything. They couldn't tear themselves away from her. Antón, the excitement from the wine suddenly over, fell into a sort of apathy; he folded his arms and entered the dark farmyard.

For a good stretch the children followed down the lane, with its tall hedges, the sad group of the indifferent agent and "Lamb," who was reluctant to walk with a stranger, and at that time of day. Finally they had to separate. Antón, in a bad mood, was calling from the house:

"Hey, hey, kids, come home, I say; enough nonsense!" That's what their father was shouting in the distance, tears in his voice.

Night was falling; on the dark lane, made nearly black by the tall hedges, which almost formed a vault, "Lamb's" shape was lost to view; she looked black in the distance. Then nothing was left of her except the deliberate tinkling of her bell dying away as she moved on, amid the melancholy chirping of an infinite number of cicadas.

"Good-bye, 'Lamb'!" Rosa called, dissolved in tears. "Good-bye, 'Lamb' of my soul!"

"Good-bye, 'Lamb'!" Pinín repeated, no less perturbed.

"Good-bye," the cowbell finally replied in its fashion, as its sad lament faded away resignedly amid all the other sounds of the July night in the village . . .

    ✧   ✧   ✧   ✧   ✧

The next day, very early, at the usual hour, Pinín and Rosa went to Somonte meadow. That lonely place had never been lonely or sad for them, but that day Somonte without "Lamb" was like a desert.

Suddenly the locomotive whistled, the smoke appeared, then the train. In a closed car, through a few high narrow windows or air vents, the twins glimpsed the heads of cows that were staring with amazement through those openings.

—¡Adiós, *Cordera!* —gritó Rosa, adivinando allí a su amiga, a la vaca abuela.

—¡Adiós, *Cordera!* —vociferó Pinín con la misma fe, enseñando los puños al tren, que volaba camino de Castilla.

Y, llorando, repetía el rapaz, más enterado que su hermana de las picardías del mundo:

—La llevan al Matadero . . . Carne de vaca, para comer los señores, los curas . . . , los indianos.

—¡Adiós, *Cordera!*

—¡Adiós, *Cordera!*

Y Rosa y Pinín miraban con rencor la vía, el telégrafo, los símbolos de aquel mundo enemigo que les arrebataba, que les devoraba a su compañera de tantas soledades, de tantas ternuras silenciosas, para sus apetitos, para convertirla en manjares de ricos glotones . . .

—¡Adiós, *Cordera!* . . .

—¡Adiós, *Cordera!* . . .

✿   ✿   ✿   ✿   ✿

Pasaron muchos años. Pinín se hizo mozo y se lo llevó el rey. Ardía la guerra carlista. Antón de Chinta era casero de un cacique de los vencidos; no hubo influencia para declarar inútil a Pinín que, por ser, era como un roble.

Y una tarde triste de octubre, Rosa, en el *prao* Somonte, sola, esperaba el paso del tren correo de Gijón, que le llevaba a sus únicos amores, su hermano. Silbó a lo lejos la máquina, apareció el tren en la trinchera, pasó como un relámpago. Rosa, casi metida por las ruedas, pudo ver un instante en un coche de tercera multitud de cabezas de pobres quintos que gritaban, gesticulaban, saludando a los árboles, al suelo, a los campos, a toda la patria familiar, a la pequeña, que dejaban para ir a morir en las luchas fratricidas de la patria grande, al servicio de un rey y de unas ideas que no conocían.

Pinín, con medio cuerpo afuera de una ventanilla, tendió los brazos a su hermana; casi se tocaron. Y Rosa pudo oír entre el estrépito de las ruedas y la gritería de los reclutas la voz distinta de su hermano, que sollozaba exclamando, como inspirado por un recuerdo de dolor lejano:

—¡Adiós, Rosa! . . . ¡Adiós, *Cordera!*

"Good-bye, 'Lamb'!" Rosa called, guessing that her friend, the grandmother cow, was there.

"Good-bye, 'Lamb'!" Pinín roared in the same belief, shaking his fists at the train, which was speeding toward Castile.

And, in tears, the boy, better informed than his sister about the wickedness of the world, repeated:

"They're taking her to the slaughterhouse . . . Beef, for the gentlemen to eat, for the priests . . . for those who've come back rich from the Americas."

"Good-bye, 'Lamb'!"

"Good-bye, 'Lamb'!"

And Rosa and Pinín gazed with rancor at the tracks and the telegraph, the symbols of that hostile world which was snatching away and devouring their companion of so many lonely days, of so many silent tender moments, to still its appetite, to turn her into dishes for wealthy gluttons . . .

"Good-bye, 'Lamb'!" . . .

"Good-bye, 'Lamb'!" . . .

✤   ✤   ✤   ✤   ✤

Many years went by. Pinín became a young man and the king took him away. The Carlist War[5] was raging. Antón, Chinta's husband, was a farm manager for a local political boss on the losing side; he had no influence to have Pinín declared unfit for duty, and anyway the boy was as sturdy as an oak.

And one sad October afternoon, Rosa, alone in the Somonte meadow, was waiting for the mail train to Gijón to pass by; it was bearing the only thing she loved, her brother. The locomotive whistled in the distance, the train appeared in the cutting and passed by like lightning. Rosa, so close she was almost under the wheels, was able for an instant to see in a third-class coach a multitude of heads of poor conscripts, who were yelling and gesticulating, greeting the trees, soil, fields, and the motherland they knew, their local home area, which they were leaving to go and die in the fratricidal struggles of their "big homeland," in the service of a king and notions they knew nothing about.

Pinín, half his body out of a window, held out his arms to his sister; they almost touched. And, amid the racket of the wheels and the yelling of the recruits, Rosa could distinctly hear her brother's voice exclaiming in sobs, as if inspired by a distant recollection of sorrow:

"Good-bye, Rosa! . . . Good-bye, 'Lamb'!"

---

5. The last Carlist War against the pretender to the throne, 1872–1876.

—¡Adiós, Pinín! . . . ¡Pinín de *mío* alma! . . .

«Allá iba, como la otra, como la vaca abuela. Se lo llevaba el mundo. Carne de vaca para los glotones, para los indianos; carne de su alma, carne de cañón para las locuras del mundo, para las ambiciones ajenas.»

Entre confusiones de dolor y de ideas, pensaba así la pobre hermana viendo el tren perderse a lo lejos, silbando triste, con silbidos que repercutían los castaños, las vegas y los peñascos . . .

¡Qué sola se quedaba! Ahora sí, ahora sí que era un desierto el *prao* Somonte.

—¡Adiós, Pinín! ¡Adiós, *Cordera!*

Con qué odio miraba Rosa la vía manchada de carbones apagados; con qué ira los alambres del telégrafo. ¡Oh!, bien hacía la *Cordera* en no acercarse. Aquello era el mundo, lo desconocido, que se lo llevaba todo. Y sin pensarlo, Rosa apoyó la cabeza sobre el palo clavado como un pendón en la punta del Somonte. El viento cantaba en las entrañas del pino seco su canción metálica. Ahora ya lo comprendía Rosa. Era canción de lágrimas, de abandono, de soledad, de muerte.

En las vibraciones rápidas, como quejidos, creía oír, muy lejana, la voz que sollozaba por la vía adelante:

—¡Adiós, Rosa! ¡Adiós, *Cordera!*

Cambio de luz

A los cuarenta años era don Jorge Arial, para los que le trataban de cerca, el hombre más feliz de cuantos saben contentarse con una *acerada* medianía y con la paz en el trabajo y en el amor de los suyos; y además era uno de los mortales más activos y que mejor saben estirar las horas llenándolas de sustancia, de útiles quehaceres. Pero de esto último sabían no sólo sus amigos, sino la gran multitud de sus lectores y admiradores y discípulos. Del mucho trabajar, que veían todos, no cabía duda; mas de aquella dicha que los íntimos leían en su rostro y observando su carácter y su vida, tenía don Jorge algo que decir para sus adentros, sólo para sus adentros, si bien no negaba él, y hubiera tenido a impiedad inmoralísima el negarlo, que todas las cosas perecederas le sonreían y que el nido amoroso que en el mundo había sabido construirse, no sin grandes esfuerzos de cuerpo y alma, era que ni pintado para su modo de ser.

"Good-bye, Pinín! Pinín of my soul!"

There he was going (she thought to herself), like the other one, like our grandmother cow. The world was taking him away. Beef for gluttons, for rich returning émigrés; flesh of her soul, cannon fodder for the world's lunacies, for other people's ambitions.

That's what his poor sister was thinking in the sorrowful confusion of her notions, as she watched the train disappear in the distance, whistling sadly, with whistles that were reechoed by the chestnut trees, the plains, and the crags . . .

She was left all alone! Now, now Somonte meadow was really a desert.

"Good-bye, Pinín! Good-bye, 'Lamb'!"

With what hatred Rosa looked at the tracks littered with burnt coals; with what wrath, the telegraph wires. Oh, "Lamb" had been right not to go near them. That was the world, the unknown, which took everything away. And without thinking, Rosa leaned her head against the pole planted like a pennant in the corner of Somonte. The wind was singing its metallic song deep within the dry pine. Now Rosa understood it. It was a song of tears, abandonment, solitude, death.

In the rapid vibrations, like the moans of the wounded, she thought she could hear, very far away, the voice that was sobbing as it sped down the tracks:

"Good-bye, Rosa! Good-bye, 'Lamb'!"

Change of Light

At forty, Don Jorge Arial, for those who had close dealings with him, was the happiest of all those men who know how to be satisfied by living, not by "the golden mean," but on average "iron" means, enjoying peace in their work and the love of their family; moreover, he was one of the most active mortals, of those who best know how to stretch their time by filling it with substance, with useful pursuits. But this last trait was well known not only to his friends but also to the great multitude of his readers, admirers, and disciples. There was no doubt about his great labors, which everybody could see; but concerning that happiness which those near and dear to him observed in his face, as they studied his character and his life, Don Jorge had something to say in his own mind, and only there, though he didn't deny (and he would have considered it most immoral impiety to do so) that all earthly things favored him, and that the loving nest he had been able to build for himself in the world, not without great physical and mental efforts, suited his manner of existence to a tee.

Las grandezas que no tenía no las ambicionaba ni soñaba con ellas, y hasta cuando en sus escritos tenía que figurárselas para describirlas le costaba gran esfuerzo imaginarlas y *sentirlas*. Las pequeñas y disculpables vanidades a que su espíritu se rendía, como, verbigracia, la no escasa estimación en que tenía el aprecio de los doctos y de los buenos, y hasta la admiración y simpatía de los ignorantes y sencillos, veíalas satisfechas, pues era su nombre famoso con sólida fama, y popular; de suerte que esta popularidad que le aseguraba el renombre entre los muchos, no le perjudicaba en la estimación de los escogidos. Y por fin, su dicha grande, seria, era una casa, su mujer, sus hijos; tres cabezas rubias, y él decía también tres almas *rubias, doradas, mi lira,* como los llamaba al pasar la mano por aquellas frentes blancas, altas, despejadas, que destellaban la idea noble que sirve ante todo para ensanchar el horizonte del amor.

Aquella esposa y aquellos hijos, una pareja; la madre hermosa, que parecía hermana de la hija, que era un botón de oro de quince abriles, y el hijo de doce años, remedo varonil y gracioso de su madre y de su hermana, y ésta, la *dominante,* como él decía, parecían, en efecto, estrofa, antistrofa y epodo de un himno perenne de dicha en la virtud, en la gracia, en la inocencia y la sencilla y noble sinceridad. «Todos sois mis hijos —pensaba don Jorge, incluyendo a su mujer—: todos nacisteis de la espuma de mis ensueños.» Pero eran ensueños con dientes, y que apretaban de firme, porque como todos eran jóvenes, estaban sanos y no tenían remordimientos ni disgustos que robaran el apetito, comían que devoraban, sin llegar a glotones, pero pasando con mucho de ascetas. Y como no vivían sólo de pan, en vestirlos como convenía a su clase y a su hermosura, que es otra clase, y al cariño que el amo de la casa les tenía, se iba otro buen pico, sobre todo en los trajes de la *dominante*. Y mucho más que en cubrir y adornar el cuerpo de su gente gastaba el padre en vestir la desnudez de su cerebro y en adornar su espíritu con la instrucción y la educación más esmeradas que podía; y como éste es artículo de lujo entre nosotros, en maestros, instrumentos de instrucción y otros accesorios de la enseñanza de su pareja se le iba a don Jorge una gran parte de su salario y otra no menos importante de su tiempo, pues él dirigía todo aquel negocio tan grave, siendo el principal maestro y el único que no cobraba. No crea el lector que apunta aquí el *pero* de la dicha de don Jorge: no estaba en las dificultades económicas la espina que guardaba para sus adentros Arial, siempre apacible. Costábanle, sí, muchos sudores los cabos del presupuesto doméstico; pero conseguía triunfar siempre, gracias a su mucho trabajo, el cual

He didn't strive for, or even dream about, any greatness he hadn't attained, and even when in his writings he had to imagine it in order to describe it, his effort to picture and *feel* it was enormous. The little, pardonable vanities his mind indulged in, as for example his high regard for esteem by learned and good men, and even the admiration and affection of the unlearned and the simple, were all gratified, because his name was famous (and that fame was solid) and popular; so that that popularity which assured his renown among the many didn't harm him in the eyes of the elect. Lastly, his true, serious happiness lay in his home, his wife, his children: three blonde heads and, as he also said, "three blonde, golden souls, the three strings of my lyre." That's what he called them when he ran his hand over those white, high, clear foreheads, which radiated the noble ideal that serves above all to widen the horizon of love.

That wife and those children were a good match. The mother, beautiful, looking like the sister of her daughter, who was a golden bud of fifteen Aprils; the boy of twelve, a charming male copy of his mother and sister; and the girl, whom he called "the dominant"—they indeed resembled the strophe, antistrophe, and epode of a perennial hymn of happiness based on virtue, grace, innocence, and unvarnished, noble sincerity. "You're all my children," Don Jorge used to think, including his wife in the number; "you were all born from the foam of my dreams." But they were dreams with teeth, teeth that bit down hard, because, all of them being young, they were healthy and free of all remorse and displeasure that might spoil their appetite; they ate heartily, not to the point of gluttony, but very far from asceticism. And since they didn't live on bread alone, another good sum went into dressing them as befitted their social class and good looks (which constitutes yet another class), because the head of the house loved them so much; the greatest such expense was "the dominant's" dresses. But the father's outlay in clothing and adorning the bodies of his family was nothing in comparison to the cost of covering the nakedness of their brains and adorning their minds with the most polished education and upbringing he could afford; and since this is a luxury article in our country, teachers, learning materials, and other accessories of the education of his pair of children cost Don Jorge a large part of his income and just as large a part of his time, since he himself directed all that very serious business, being the chief teacher and the only one who wasn't paid. Let the reader not think that this is where the shadow on Don Jorge's happiness arose: it wasn't in economic difficulties that Arial felt the thorn he had inside him, though he was always placid. Yes, he sweated profusely to make ends meet in his domestic budget, but he always managed to

era para él una sagrada obligación, además, por otros conceptos más filosóficos y *altruistas,* aunque no más santos, que el amor de los suyos.

Muchas eran sus ocupaciones, y en todas se distinguía por la inteligencia, el arte, la asiduidad y el esmero. Siguiendo una vocación, había llegado a cultivar muchos estudios, porque ahondando en cualquier cosa se llega a las demás. Había empezado por enamorarse de la belleza que entra por los ojos, y esta vocación, que le hizo pintor en un principio, le obligó después a ser naturalista, químico, fisiólogo; y de esta excursión a las profundidades de la realidad física sacó en limpio, ante todo, una especie de religión de la *verdad plástica,* que le hizo entregarse a la filosofía . . . y abandonar los pinceles. No se sintió gran maestro, no vio en sí un intérprete de esas dos grandes formas de la belleza que se llaman *idealismo* y *realismo,* no se encontró con las fuerzas de Rafael ni de Velázquez y, suavemente y sin dolores del amor propio, se fue transformando en un pensador y en amador del arte; y fue un sabio en estética, un crítico de pintura, un profesor insigne; y después, un artista de la pluma, un historiador del arte con el arte de un novelista. Y de todas estas habilidades y maestrías a que le había ido llevando la sinceridad con que seguía las voces de su vocación verdadera, los instintos de sus facultades, fue sacando sin violencia ni *simonía* provecho para la hacienda, cosa tan poética como lo que más al mirarla como el medio necesario para tener en casa aquella dicha que tenía, aquellos amores que sólo en botas le gastaban un dineral.

Al verle ir y venir y encerrarse para trabajar, y después correr con el producto de sus encerronas a casa de quien había de pagárselo; siempre activo, siempre afable, siempre lleno de la realidad ambiente, de la vida, que se le imponía con toda su seriedad, pero no de tristeza, nadie, y menos sus amigos y su mujer y sus hijos, hubiera adivinado detrás de aquella mirada franca, serena, cariñosa, una pena, una llaga.

✳   ✳   ✳   ✳   ✳

Pero la había. Y no se podía hablar de ella. Primero, porque era un deber guardar aquel dolor para sí; después, porque hubiera sido inútil quejarse: sus familiares no le hubieran comprendido, y más valía así.

Cuando en presencia de don Jorge se hablaba de los incrédulos, de los escépticos, de los poetas que *cantan* sus dudas, que se quejan de la musa del *análisis,* Arial se ponía de mal humor y, cosa rara en él, se irritaba. Había que cambiar de conversación o se marchaba don Jorge.

emerge triumphant, thanks to his hard work, which for him was a sacred obligation, besides, for other reasons that were more philosophical and altruistic, though no more holy, than his love for his family.

He had many pursuits, and in all of them his intelligence, skill, diligence, and painstakingness were outstanding. In response to a calling, he had come to study many fields, because immersion in any one area leads you to the rest. He had begun by falling in love with the beauty which we perceive with our eyes, and that calling, which made him a painter at the outset, later obliged him to become a naturalist, chemist, and physiologist; and from this excursion into the depths of physical reality he derived, above all, a sort of religion of "three-dimensional truth" which led him to devote himself to philosophy . . . and to abandon his brushes. He didn't feel that he was a great master, he didn't see in himself an interpreter of those great forms of beauty called idealism and realism, he didn't find in himself the power of a Raphael or a Velázquez, and quietly, without injury to his self-esteem, he gradually changed into a thinker and an art lover; and he was a scholar of esthetics, a critic of painting, an eminent teacher; and, later on, an artist of the pen, a historian of art with the art of a novelist. And from all those skills and masteries which he had slowly attained through the sincerity with which he obeyed the voices of his true calling, the instincts of his faculties, he derived, without violence or "simony," sustenance for his household, something as poetic as anything else when viewed as the necessary means to have at home that happiness which he did have, those darlings who cost him a fortune in shoes alone.

Seeing him coming and going, and shutting himself in to work, and then dashing away with the result of those solitary sessions to the house of those who would pay him for it, always active, always affable, always filled with the reality that surrounded him, with life, which impressed him with all its gravity, but not sadness—seeing this, nobody, least of all his friends, wife, and children, would have detected behind that frank, serene, affectionate gaze a pain, a wound.

✿   ✿   ✿   ✿   ✿

But there was one. And it couldn't be mentioned. First, because it was a duty to keep that sorrow to himself; then, because it would have been useless to complain: those near to him wouldn't have understood him, and it was better that way.

When in Don Jorge's presence the conversation turned to unbelievers, skeptics, poets who "sing" their doubts and complain of the muse of "analysis," Arial's good mood would change and, something unusual for him, he'd get annoyed. People had to change the topic, or off would

«Ésos —decía— son males secretos que no tienen gracia, y en cambio entristecen a los demás y pueden contagiarse. El que no tenga fe, el que dude, el que vacile, que se aguante y calle y luche por vencer esa flaqueza. Una vez —repetía Arial en tales casos— un discípulo de San Francisco mostraba su tristeza delante del maestro, tristeza que nacía de sus escrúpulos de conciencia, del miedo de haber ofendido a Dios, y el santo le dijo: "Retiraos, hermano, y no turbéis la alegría de los demás; eso que os pasa son cuentas vuestras y de Dios: arregladlas con Él a solas."»

A solas procuraba arreglar sus cuentas don Jorge, pero no le salían bien siempre, y ésta era su pena. Sus estudios filosóficos, sus meditaciones y sus experimentos y observaciones de fisiología, de anatomía, de química, etc., etc., habían desenvuelto en él, de modo excesivo, el espíritu del análisis empírico; aquel enamoramiento de la belleza plástica, aparente, visible y palpable, le había llevado, sin sentirlo, a cierto materialismo intelectual, contra el que tenía que vivir prevenido. Su corazón necesitaba fe, y la clase de filosofía y de ciencia que había profundizado le llevaban al dogma materialista de *ver y creer.* Las ideas predominantes en su tiempo entre los sabios cuyas obras él más tenía que estudiar; la índole de sus investigaciones de naturalista y fisiólogo y crítico de artes plásticas, le habían llevado a una predisposición reflexiva que pugnaba con los anhelos más íntimos de su sensibilidad de creyente.

Don Jorge sentía así: «Si hay Dios, todo está bien. Si no hay Dios, todo está mal. Mi mujer, mi hijo, la *dominante,* la paz de mi casa, la belleza del mundo, el *divino* placer de entenderla, la tranquilidad de la conciencia . . . , todo eso, los mayores tesoros de la vida, si no hay Dios, es polvo, humo, ceniza, viento, nada . . . Pura apariencia, congruencia ilusoria, sustancia fingida; positiva sombra, dolor sin causa, pero seguro, lo unico cierto. Pero si hay Dios, ¿qué importan todos los males? Trabajos, luchas, desgracias, desengaños, vejez, desilusión, muerte, ¿qué importan? Si hay Dios, todo está bien; si no hay Dios, todo está mal.»

Y el amor de Dios era el vapor de aquella máquina siempre activa; el amor de Dios, que envolvía como los pétalos encierran los estambres, el amor a sus hijos, a su mujer, a la cabeza, a la conciencia tranquila, le animaba en el trabajo incesante, en aquella suave asimilación de la vida ambiente, en la adaptación a todas las cosas que le rodeaban y por cuya realidad seria, evidente, se dejaba influir.

Pero a lo mejor, en el cerebro de aquel místico vergonzante, místico activo y alegre, estallaba, como una *estúpida* frase hecha, esta

go Don Jorge. He'd say: "Those are secret evils devoid of charm; on the contrary, they sadden everyone else and may be contagious. Let the man without faith, the doubter, the waverer, bear up and be silent and strive to overcome that weakness. Once," Arial would repeat on such occasions, "a disciple of Saint Francis showed his sadness in front of the master, a sadness springing from his scruples of conscience, from the fear of having offended God; and the saint told him: 'Withdraw, brother, and disturb not the good cheer of the others; what is happening to you is your affair and God's: settle it alone with him.'"

And it was alone that Don Jorge tried to square his accounts, but they didn't always come out right, and that was his grief. His philosophical studies, his meditations, and his experiments and observations in physiology, anatomy, chemistry, etc., etc., had developed in him an excessive spirit of empirical analysis; that infatuation with three-dimensional, obvious, visible, and palpable beauty had led him unconsciously to a certain intellectual materialism, which he had to guard against. His heart needed faith, but the type of philosophy and science he had mastered led him to the materialist dogma of "seeing is believing." The prevailing notions of his day among the scholars whose works he had most cause to study, the character of his investigations as a naturalist, physiologist, and critic of the visual arts had led him to a mental predisposition which clashed with the most intimate aspirations of his sensitivity as a believer.

Don Jorge felt the following: "If God exists, all is well. If God does not exist, all is wrong. My wife, my son, 'the dominant,' the peace of my home, the beauty of the world, the 'divine' pleasure of comprehending that beauty, the tranquillity of my conscience . . . all that, the greatest treasures in life, if God does not exist, are dust, smoke, ashes, wind, nothing . . . Mere appearance, an illusory congruity, a false substance; a positive shadow, grief without cause, but surely the only thing certain. But if God does exist, what do all evils matter? Labors, struggles, misfortunes, disappointments, old age, disillusion, death, what do they matter? If God exists, all is well; if God does not exist, all is wrong."

And the love of God was the steam that kept that ever-active machine running; the love of God, which, just as the petals enclose the stamens, entails love for one's children, wife, head, and clear conscience, inspirited him in his unending work, in that gentle assimilation of the life around him, in his adaptation to all the things surrounding him, by the serious, evident reality of which he let himself be influenced.

But perhaps, in the brain of that mystic ashamed of being one, that active, merry mystic, there flashed, like a "stupid" pat phrase, this

duda, esta pregunta del materialismo lógico de su ciencia de analista empírico:

«¿Y si no hay Dios? Puede que no haya Dios. Nadie ha visto a Dios. La ciencia de los *hechos* no prueba a Dios . . .»

Don Jorge Arial despreciaba al pobre diablo *científico*, *positivista*, que en el fondo de su cerebro se le presentaba con este *obstruc-cionismo*; pero a pesar de este desprecio oía al miserable y discutía con él, y unas veces tenía algo que contestarle, aun en el terreno de la *fría lógica*, de la mera intelectualidad . . . , y otras veces no.

Ésta era la pena, éste el tormento del señor Arial.

Es claro que gritase lo que gritase el materialista escéptico, el que ponía a Dios en tela de juicio, don Jorge seguía trabajando de firme, afanándose por el pan de sus hijos y educándolos, y amando a toda su casa y cumpliendo como un justo con la infinidad de sus deberes . . . ; pero la espina dentro estaba. «Porque si no hubiera Dios —decía el corazón—, todo aquello era inútil, apariencia, idolatría», y el *científico* añadía: «¡Y como puede no haberlo! . . .»

Todo esto había que callarlo, porque hasta ridículo hubiera pare-cido a muchos confesado como un dolor cierto, serio, grande. «Cuestión de nervios», le hubieran dicho. «Ociosidad de un hombre feliz a quien Dios va a castigar por darse un tormento inútil cuando todo le sonríe.» Y en cuanto a los *suyos*, a quienes más hubiera don Jorge querido comunicar su pena, ¡cómo confesarles la causa! Si no le comprendían, ¡qué tristeza! Si le comprendían . . . , ¡qué tristeza y qué pecado y qué peligro! Antes morir de aquel dolor. A pesar de ser tan activo, de tener tantas ocupaciones, le quedaba tiempo para consagrar la mitad de las horas que no dormía a pensar en su duda, a discutir consigo mismo. Ante el mundo, su existencia corría con la monotonía de un destino feliz; para sus adentros su vida era una serie de batallas; ¡días de triunfo! —¡oh qué voluptuosidad espiritual entonces!— seguidos de horrorosas días de derrota, en que había que fingir la ecuanimidad de siempre, y amar lo mismo, y hacer lo mismo y cumplir los mismos deberes.

✿   ✿   ✿   ✿   ✿

Para la mujer, los hijos y los amigos y discípulos queridos de don Jorge, aquel dolor oculto llegó a no ser un misterio, no porque adivi-naran su causa, sino porque empezaron a sentir sus efectos; le sor-prendían a veces preocupado sin motivo conocido, triste; y hasta en el rostro y en cierto desmayo de todo el cuerpo vieron síntomas del dis-gusto, del dolor evidente. Le buscaron la causa y no dieron con ella. Se equivocaron al atribuirla al temor de un mal *positivo*, a una apren-

doubt, this question raised by the logical materialism of his analytic, empirical science.

"But what if God doesn't exist? It's possible that God doesn't exist. No one has seen God. 'Factual' science doesn't prove God . . ."

Don Jorge Arial felt contempt for the poor "scientific" and "positivist" devil who suggested this "obstructionism" to him in the back of his mind; but despite that contempt he listened to the wretch and argued with him, and at times he had a rebuttal for him, even on the terrain of "cold logic" and pure "intellectuality" . . . but at other times he didn't.

This was Señor Arial's grief, this was his torment.

Naturally, despite all the clamors of the skeptical materialist who questioned the existence of God, Don Jorge kept on working hard, laboring for his children's daily bread and raising them, and loving his whole family and fulfilling all his infinite duties like a just man . . . but the thorn inside him remained. "Because, if God didn't exist," his heart said, "all this would be pointless, an illusion, idolatry," and the "scientist" in him added: "And since he may very well not exist . . . !"

He had to keep quiet about all this, because to many it would have seemed even ridiculous if confessed as a true, serious, great sorrow. "A nervous complaint," they would have told him. "Idle musings of a happy man whom God will punish for tormenting himself needlessly when all is going well for him." As for his nearest and dearest, to whom Don Jorge would have liked most of all to communicate his grief, how could he confess the cause of it to them? If they failed to understand him, how sad! If they did understand him . . . how sad, what a shame, and what a danger! Sooner die of that sorrow. Despite his being so active and having all those pursuits, he still had time to devote half of his waking hours to thinking about his doubt, to arguing with himself. As far as the world could see, his existence ran on with the monotony of a happy fate; in his mind, his life was a series of battles. Days of triumph! Oh, what spiritual pleasures he enjoyed then! But they were followed by horrible days of defeat when he had to pretend he was just as calm as always, when he had to love just the same, do just the same, and fulfill the same duties.

❅   ❅   ❅   ❅   ❅

For Don Jorge's wife, children, friends, and beloved disciples that hidden grief ceased to be a mystery, not because they guessed its cause, but because they began to feel its effects; at times they found him worried for no known reason, sad; and even in his face and a certain total physical depression they saw symptoms of an obvious malaise and sorrow. They sought for its cause but couldn't find it. They mistakenly ascribed it to the fear of a "positive" ailment, to an

sión, no desprovista de fundamento por completo. Lo peor era que el miedo de un mal, tal vez remoto, tal vez incierto, pero terrible si llegaba, también los iba invadiendo a ellos, a la noble esposa sobre todo, y no era extraño que la aprensión que ellos tenían quisieran verla en las tristezas misteriosas de don Jorge.

Nadie hablaba de ello, pero llegó tiempo en que apenas se pensaba en otra cosa; todos los *silencios* de las animadas cháchara en aquel nido de alegrías aludían al temor de una desgracia, temor cuya presencia ocultaban todos como si fuese una vergüenza.

Era el caso que el trabajo excesivo, el abuso de las vigilias, el constante empleo de los ojos en lecturas nocturnas, en investigaciones de documentos de intrincados caracteres y en observaciones de menudísimos pormenores de laboratorio, y acaso más que nada la gran excitación nerviosa, habían debilitado la vista del sabio, miope antes, y ahora incapaz de distinguir bien lo cercano . . . , sin el consuelo de haberse convertido en águila para lo distante. En suma, no veía bien ni de cerca ni de lejos. Las jaquecas frecuentes que padecía le causaban perturbaciones extrañas en la visión; dejaba de ver los objetos con la intensidad ordinaria; los veía y no los veía, y tenía que cerrar los ojos para no padecer el tormento inexplicable de esta parálisis pasajera, cuyos fenómenos subjetivos no podía siquiera puntualizar a los médicos. Otras veces veía manchas ante los objetos, manchas móviles; en ocasiones, puntos de color, azules, rojos . . . ; muy a menudo, al despertar especialmente, lo veía todo tembloroso y como desmenuzado . . . Padecía bastante, pero no hizo caso: no era aquello lo que preocupaba a él.

Pero a la familia, sí. Y hubo consulta, y los pronósticos no fueron muy tranquilizadores. Como fue agravándose el mal, el mismo don Jorge tomó en serio la enfermedad, y en secreto, como habían consultado por él, consultó a su vez, y la ciencia le metió miedo para que se cuidara y evitase el trabajo nocturno y otros excesos. Arial obedeció a medias y se asustó a medias también.

Con aquella nueva vida a que le obligaron sus precauciones higiénicas coincidió en él un paulatino cambio del espíritu, que sentía venir con hondo y oscuro deleite. Notó que perdía afición al análisis del laboratorio, a las preciosidades de la miniatura en el arte, a las delicias del pormenor en la crítica, a la claridad plástica en la literatura y en la filosofía: el arte del dibujo y del color le llamaban menos la atención que antes; no gozaba ya tanto en presencia de los cuadros célebres. Era cada día menos activo y más soñador. Se sorprendía a veces holgando, pasando las horas muertas sin examinar nada, sin es-

apprehension not completely baseless. The worst thing was that the fear of an ailment, perhaps remote, perhaps uncertain, but terrible if it came, gradually assailed them, too, especially his nobleminded wife, and it wasn't surprising that they thought they saw their own apprehension in Don Jorge's mysterious bouts of sadness.

No one spoke about it, but the time came when they scarcely thought about anything else; all the silences during the lively conversations in that cheerful nest alluded to the fear of a disaster, a fear whose presence they all concealed as if it were something shameful.

The fact was that overwork, staying up too late, and the constant use of his eyes in reading at night, perusing documents with small writing, and studying the tiniest details of lab experiments, and perhaps most of all his great nervous tension, had weakened the vision of the scholar, who had been nearsighted before and now was unable to make out clearly even what was close to him . . . without the consolation of having become eagle-eyed in distant vision. In short, he didn't see well near or far. The frequent headaches he suffered caused strange disturbances in his vision; he no longer saw objects with the usual intensity; he saw them and didn't see them, and he had to close his eyes to avoid the inexplicable torture of that transitory paralysis, whose subjective phenomena he couldn't even describe to his doctors in detail. At other times he saw spots in front of the objects he looked at, moving spots; on occasion, colored dots, blue, red . . . ; very often, especially on awakening, everything looked shaky and as if torn to bits . . . He suffered a lot, but gave it no heed: it wasn't *that* which worried him.

But it did worry his family. And there were consultations, and the prognostics weren't calculated to set their minds at ease. Since the ailment got progressively worse, Don Jorge himself took it seriously, and just as his family had consulted doctors on his behalf, he now consulted them himself in secret, and science instilled fear in him, to make him take care of himself and avoid night work and other excesses. Arial obeyed halfway and was also frightened halfway.

With that new life into which his health precautions forced him, there coincided a gradual change of spirit in him, which he felt coming with deep, dark delight. He noticed that he was losing his liking for laboratory analysis, for the precious charms of miniatures in art, for the pleasures of details in criticism, for three-dimensional clarity in literature and philosophy: the art of drawing and color attracted him less than formerly; he no longer felt such joy in the presence of famous paintings. Every day he was less active and more reflective. At times he caught himself idling, spending empty hours without exam-

tudiar cosa alguna concreta; y, sin embargo, no le acusaba la conciencia con el doloroso vacío que siempre nos delata la ociosidad verdadera. Sentía que el tiempo de aquellas vagas meditaciones no era
perdido.

Una noche, oyendo a un famoso sexteto de ínclitos profesores interpretar las piezas más selectas del repertorio clásico, sintió con delicia y orgullo que a él le había nacido algo en el alma para comprender
y amar la gran música. La *Sonata a Kreutzer*, que siempre había oído
alabar sin penetrar su mérito como era debido, le produjo tal efecto,
que temió haberse vuelto loco; aquel hablar sin palabras de la música
serena, graciosa, profunda, casta, seria, sencilla, noble; aquella revelación que parecía extranatural, de las afinidades armónicas de las
cosas por el lenguaje de las vibraciones íntimas; aquella elocuencia sin
conceptos del sonido sabio y sentimental, le pusieron en un estado
místico que él comparaba al que debió de experimentar Moisés ante
la zarza ardiendo.

Vino después un oratorio de Händel a poner el sello religioso más
determinado y más tierno a las impresiones anteriores. Un pro-
fundísimo sentimiento de humildad le inundó el alma; notó humedad
de lágrimas bajo los párpados y escondió de las miradas profanas
aquel tesoro de su misteriosa religiosidad estética, que tan pobre hubiera sido como argumento en cualquier discusión lógica y que ante
su corazón tenía la voz de lo inefable.

En adelante buscó la música por la música, y cuando ésta era buena
y la ocasión propicia, siempre obtuvo análogo resultado. Su hijo era un
pianista algo mejor que mediano; empezó Arial a fijarse en ello, y venciendo la vulgaridad de encontrar detestable la música de las teclas,
adquirió la fe de la música buena en malas manos; es decir, creyó que
en poder de un pianista regular suena bien una gran música. Gozó
oyendo a su hijo las obras de los maestros. Como sus ratos de ocio iban
siendo cada día mayores, porque los médicos le obligaban a dejar en
reposo la vista horas y horas, sobre todo de noche, don Jorge, que no
sabía estar sin ocupaciones, discurrió, o, mejor, fue haciéndolo sin
pensarlo, sin darse cuenta de ello, tentar él mismo fortuna dejando
resbalar los dedos sobre las teclas. Para aprender música como Dios
manda era tarde; además, leer en el pentagrama hubiese sido cansar
la vista como en cualquiera otra lectura. Se acordó de que en cierto
café de Zaragoza había visto a un ciego tocar el piano primorosa-
mente. Arial, cuando nadie le veía, de noche, a oscuras, se sentaba delante del Erard de su hijo, y cerrando los ojos, para que las tinieblas
fuesen absolutas, por instinto, como él decía, tocaba a su manera

ining anything, without studying any concrete thing; and nevertheless his conscience didn't accuse him on the grounds of that painful void which true idlers are always blamed for. He felt that the time he spent on those vague meditations wasn't wasted.

One night, while listening to a famous sextet of famous performers playing the most select works of the classical repertory, he felt with delight and pride that something had sprung up in his soul enabling him to understand and love great music. The *Kreutzer Sonata,* which he had always heard praised without recognizing its true merit, made such an effect on him that he was afraid he had gone crazy; that wordless speech of the serene, graceful, profound, chaste, serious, simple, noble music; that revelation, which seemed supernatural, of the harmonic affinities of things via the language of intimate vibrations; that nonconceptual eloquence of learned and sentimental sound, cast him into a mystical state which he compared to the feeling Moses must have experienced in front of the burning bush.

Then came an oratorio by Handel, which set the most determined and most tender religious seal on his previous impressions. A most profound feeling of humility flooded his soul; he noted the moisture of tears under his eyelids and he concealed from profane gazes that treasure of his mysterious esthetic religiosity, which would have been so meager an argument in any logical discussion, but which in his heart possessed the voice of the ineffable.

From then on he sought out music for its own sake, and when it was good and the occasion propitious, it always achieved a similar result. His son was a pianist rather better than average; Arial began to pay more attention to this and, overcoming the vulgar prejudice of finding keyboard music hateful, he acquired a faith in good music in bad hands; that is, he came to believe that great music sounds good even when performed by an ordinary pianist. He enjoyed listening to his son play the works of the masters. Since his periods of idleness were getting longer daily, because his doctors forced him to let his eyes rest for hours on end, especially at night, Don Jorge, unable to sit by with his hands folded, thought about trying his own luck, letting his fingers wander over the keys (rather, he did this without thinking, without realizing it). It was too late to learn music properly; besides, reading the staves would have meant tiring his eyes just like any other reading. He remembered that in a certain coffeehouse in Saragossa he had seen a blind man play the piano beautifully. When no one was watching, at night, in the dark, Arial would sit down at his son's Erard and, shutting his eyes so that the darkness was total, by instinct, as he put it, he

melodías sencillas, mitad reminiscencias de óperas y de sonatas, mitad invención suya. La mano izquierda le daba mucho que hacer y no obedecía al instinto del ciego voluntario; pero la derecha, como no exigieran de ella grandes prodigios, no se portaba mal. *Mi música* llamaba Arial a aquellos conciertos solitarios, música *subjetiva* que no podía ser agradable más que para él, que soñaba, y soñaba llorando dulcemente a solas, mientras su fantasía y su corazón seguían la corriente y el ritmo de aquella melodía suave, noble, humilde, seria y sentimental en su pobreza.

A veces tropezaban sus dedos, como con un tesoro, con frases breves, pero intensas, que recordaban, sin imitarlos, motivos de Mozart y otros maestros. Don Jorge experimentaba un pueril orgullo, del cual se reía después, no con toda sinceridad. Y a veces al sorprenderse con estas pretensiones de músico que no sabe música, se decía: «Temen que me vuelva ciego, y lo que voy a volverme es loco.» A tanto llegaba ésta que él sospechaba locura, que en muchas ocasiones, mientras tocaba y en su cerebro seguía batallando con el tormento metafísico de sus dudas, de repente una melodía nueva, misteriosa, le parecía una revelación, una voz de lo *inexplicable* que le pedía llorando interpretación, traducción lógica, literaria . . . «Si no hubiera Dios —pensaba entonces Arial—, estas combinaciones de sonidos no me dirían esto; no habría este rumor como de fuente escondida bajo hierba, que me revela la frescura del ideal que puede apagar mi sed. Un pesimista ha dicho que la música habla de un mundo que *debía* existir; yo digo que nos habla de un mundo que *debe* de existir.»

Muchas veces hacía que su hija le leyera las lucubraciones en que Wagner defendió sus sistemas, y les encontraba un sentido muy profundo que no había visto cuando, años atrás, las leía con la preocupación de crítico de estética que ama la claridad plástica y aborrece el misterio nebuloso y los tanteos místicos.

En tanto, el mal crecía, a pesar de haber disminuido el trabajo de los ojos: la desgracia temida se acercaba.

Él no quería mirar aquel abismo de la noche eterna, anticipación de los abismos de ultratumba.

«Quedarse ciego —se decía— es como ser enterrado en vida.»

✿   ✿   ✿   ✿   ✿

Una noche, la pasión del trabajo, la exaltación de la fantasía creadora pudo en él más que la prudencia, y a hurtadillas de su mujer

played simple melodies in his own way, half of them reminiscences of operas and sonatas, half his own invention. His left hand gave him a lot of trouble and didn't obey the instincts of the voluntarily blind man; but his right hand, since no extraordinary feats were demanded of it, didn't do so badly. "My music," Arial called those solitary recitals, "subjective" music which couldn't give pleasure to anyone but him, music which he dreamed, dreamed while weeping softly all alone, while his imagination and his heart followed the current and rhythm of that gentle, noble, humble melody, serious and sentimental in its poverty.

At times his fingers, as if stumbling across a treasure, discovered brief but intense phrases which recalled, though they didn't exactly repeat, motifs by Mozart and other masters. Don Jorge felt a childish pride, at which he laughed afterward, but not quite sincerely. And at times, when he caught himself entertaining those pretensions of a musician ignorant of music, he'd tell himself: "They're afraid I'll go blind, but actually I'm going to go crazy." This suspected madness of his reached such a pitch that on many occasions, while he was playing and continuing to battle in his brain against the metaphysical torment of his doubts, suddenly a new mysterious melody seemed to him like a revelation, a voice of the unexplainable which was imploring him in tears for an interpretation, for a logical, literal translation . . . "If God didn't exist," Arial would think at such times, "these combinations of tones wouldn't tell me this; there wouldn't be that sound like a wellspring concealed beneath the grass, revealing to me the coolness of the ideal which can slake my thirst. A pessimist[1] has said that music speaks of a world that *ought to* exist; I say that it speaks to us of a world that *must* exist."

Many times he had his daughter read him the essays in which Wagner defended his compositional practice, and he found in them a very deep meaning he hadn't discerned when, years earlier, he had read them with the preoccupied mind of a critic of esthetics in love with three-dimensional clarity and hostile to nebulous mystery and mystical gropings.

Meanwhile, his ailment got worse, even though he was using his eyes less: the disaster that was feared was getting nearer.

He didn't want to face that gulf of eternal night, a prefiguration of the abyss of the afterlife.

"To go blind," he told himself, "is like being buried alive."

✣   ✣   ✣   ✣   ✣

One night, his passion for work and the excitation of his creative imagination overcame his caution, and without the knowledge of his

---

1. Schopenhauer.

y de sus hijos escribió y escribió horas y horas a la luz de un quinqué. Era el asunto de invención poética, pero de fondo religioso, metafísico; el cerebro vibraba con impulso increíble; la máquina, a todo vapor, movía las cien mil ruedas y correas de aquella fábrica misteriosa, y ya no era empresa fácil apagar los hornos, contener el vértigo de las ideas. Como tantas otras noches de sus mejores tiempos, don Jorge se acostó . . . sin dejar de trabajar, trabajando para el obispo, como él decía cuando, después de dejar la pluma y renunciar al provecho de sus ideas, éstas seguían gritando, engranándose, produciendo pensamiento que se perdía, que se esparcía inútilmente por el mundo. Ya sabía él que este tormento febril era peligroso, y ni siquiera le halagaba la vanidad como en los días de la petulante juventud. No era más que un dolor material, como el de muelas. Sin embargo, cuando al calor de las sábanas la excitación nerviosa, sin calmarse, se hizo placentera, se dejó embriagar, como en una orgía, de corazón y cabeza y sintiéndose arrebatado como a una vorágine mística, se dejó ir, se dejó ir, y con delicia se vio sumido en un paraíso subterráneo luminoso, pero con una especie de luz eléctrica, no luz de sol, que no había, sino de las entrañas de cada casa, luz que se confundía disparatadamente con las vibraciones musicales: el timbre sonoro era, además, la luz.

Aquella luz prendió en el espíritu; se sintió iluminado y no tuvo esta vez miedo a la locura. Con calma, con lógica, con profunda intuición, sintió filosofar a su cerebro y atacar de frente los más formidables fuertes de la ciencia atea; vio entonces la realidad de lo divino, no con evidencia matemática, que bien sabía él que ésta era relativa y condicional y precaria, sino con evidencia *esencial;* vio la verdad de Dios, el creador santo del Universo, sin contradicción posible. Una voz de convicción le gritaba que no era aquello fenómeno histérico, arranque místico; y don Jorge, por la primera vez después de muchos años, sintió el impulso de orar como un creyente, de adorar con el cuerpo también, y se incorporó en su lecho, y al notar que las lágrimas ardientes, grandes, pausadas, resbalaban por su rostro, las dejó ir, sin vergüenza, humilde y feliz, ¡oh!, sí, feliz para siempre. «Puesto que había Dios, todo estaba bien.»

Un reloj dio la hora. Ya debía de ser de día. Miró hacia la ventana. Por las rendijas no entraba luz. Dio un salto, saliendo del lecho; abrió un postigo y . . . el sol había abandonado a la aurora, no la seguía; el alba era de noche. Ni sol ni estrellas. El reloj repitió la hora. El sol *debía* estar sobre el horizonte y no estaba. El cielo se había caído al abismo. «¡Estoy ciego!», pensó Arial, mientras un sudor terrible le

wife and children he wrote and wrote for hours on end by the light of an oil lamp. The subject was one of poetic fiction, but fundamentally religious and metaphysical; his brain was throbbing with unbelievable energy; at full steam the machine was moving the hundred thousand gears and belts of that mysterious factory, and it was no longer an easy task to shut down those furnaces and contain the vertigo of his thoughts. As on so many other nights in better days, Don Jorge went to bed . . . without ceasing to work, working "for nothing," as he used to say when, after setting down his pen and giving up the profit of his ideas, they went on shouting, meshing, producing thought which was wasted, which was scattered abroad uselessly. He was well aware that such feverish torment was dangerous, and he wasn't even flattered by vanity as in his days of arrogant youth. It was nothing more than a physical pain, like a toothache. Nevertheless, when the warmth of the sheets made his nervous excitement become pleasant, without calming down, he let his heart and head get drunk, as at an orgy, and feeling himself swept away as if by a mystic whirlpool, he let himself go, let himself go, and with delight found himself immersed in a subterranean paradise which was bright, but with a sort of electric light—not sunlight (there was none) but light coming from inside each house and oddly mingling with the musical vibrations: the timbre of the sounds was the light, as well.

That light ignited in his mind; he felt himself illuminated, but this time he wasn't afraid of madness. With calm, logic, and deep intuition he felt his brain philosophizing and attacking head-on the most formidable strongholds of atheistic science; then he saw the reality of the divine, not with mathematical self-evidence, which he was well aware was relative, conditional, and precarious, but with *essential* self-evidence; he saw the truth of God, the holy Creator of the universe, with no possibility of contradiction. A persuasive voice called to him that this was no hysterical phenomenon or mystical seizure; and for the first time in many years Don Jorge felt the urge to pray like a believer, to worship with his body as well, and he sat up in bed; noticing that big, hot, slow tears were trickling down his face, he let them flow without shame, humble and happy, oh yes, happy forever. "Since God exists, all is well."

A clock struck the hour. It must already be day. He looked toward the window. No light was coming in through the slits. He jumped up and out of bed; he opened a shutter and . . . the sun had deserted the dawn, it wasn't following it; daybreak was like night. Neither sun nor stars. The clock repeated the time. The sun *had* to be above the horizon, but it wasn't. The sky had fallen into the abyss. "I'm blind!" Arial thought, while an awful sweat soaked his body and a chill, lashing his

inundaba el cuerpo y un escalofrío, azotándole la piel, le absorbía el ánimo y el sentido. Lleno de pavor, cayó al suelo.

✿   ✿   ✿   ✿   ✿

Cuando volvió en sí, se sintió en su lecho. Le rodeaban su mujer, sus hijos, su médico. No los veía; no veía nada. Faltaba el tormento mayor: tendría que decirles: *no veo*. Pero ya tenía valor para todo. «*Seguía* habiendo Dios, y todo estaba bien.» Antes que la pena de contar su desgracia a los suyos, sintió la ternura infinita de la piedad cierta, segura, tranquila, sosegada, agradecida. Lloró sin duelo.

Salid sin duelo, lágrimas, corriendo.

Tuvo serenidad para pensar, dando al verso de Garcilaso un sentido sublime.

«¿Cómo decirles que no veo . . . si en rigor sí veo? Veo de otra manera; veo las cosas por dentro; la verdad; veo el amor. Ellos sí que no me verán a mí . . .»

Hubo llantos, gritos, síncopes, abrazos locos, desesperación sin fin cuando, a fuerza de rodeos, Arial declaró su estado. Él procuraba tranquilizarlos con consuelos vulgares, con esperanzas de sanar, con el valor y la resignación que tenía, etc., etc.; pero no podía comunicarles la fe en su propia alegría, en su propia serenidad íntimas. No le entenderían, no podían entenderle; creerían que los engañaba para mitigar su pena. Además, no podía delante de extraños hacer el papel de estoico, ni de Sócrates o cosa por el estilo. Más valía dejar al tiempo el trabajo de persuadir a las *tres cuerdas de la lira*, a aquella madre, a aquellos hijos, de que el amo de la casa no padecía tanto como ellos pensaban por haber perdido la luz, porque había descubierto otra. Ahora veía por dentro.

✿   ✿   ✿   ✿   ✿

Pasó el tiempo, en efecto, que es el lazarillo de ciegos y de linces y va delante de todos abriéndoles camino.

En la casa de Arial había sucedido a la antigua alegría el terror, el espanto de aquella desgracia, dolor sin más consuelo que el no ser desesperado, porque los médicos dejaron vislumbrar lejana posibilidad de devolver la vista al pobre ciego. Más adelante la esperanza se fue desvaneciendo con el agudo padecer del infortunio todavía nuevo; y todo aquel sentir insoportable, de excitación continua, se trocó para la

skin, absorbed his courage and his senses. Filled with fear, he fell to the floor.

❖   ❖   ❖   ❖   ❖

When he came to, he felt that he was in bed. His wife, children, and doctor were around him. He didn't see them; he didn't see anything. The greatest torment was yet to come; he'd have to tell them: "I can't see." But now he had enough courage for anything. God *still* existed, and all was well. Rather than the grief of telling his family about his misfortune, he felt the infinite tenderness of definite, certain, peaceful, restful, pleasant piety. He wept freely, "without sorrow."

Issue freely, my tears, and flow.

He had the serenity to think this, giving Garcilaso's verse[2] a sublime meaning.

"How can I tell them I can't see . . . when I actually can? I see in a different way; I see the things in my mind; the truth; I see love. *They're* the ones who probably don't see *me* . . ."

There were tears, cries, fainting spells, mad embraces, and endless despair when, in a roundabout way, Arial stated his condition. He tried to calm them with commonplace words of comfort, with hopes of getting better, with the courage and resignation he felt, etc., etc.; but he couldn't inform them of his faith in his own intimate happiness, in his own intimate serenity. They wouldn't understand him, they couldn't understand him; they'd think he was deceiving them to lessen their grief. Besides, in front of strangers he couldn't play the role of a stoic, Socrates, or anything like that. It was better to let time take its course and convince the "three strings of his lyre," that mother and those children, that the man of the house wasn't suffering as much as they thought at losing the light, because he had discovered a different one. Now he saw within.

❖   ❖   ❖   ❖   ❖

Indeed, time passed, time: the guide of the blind and the lynx-eyed alike, which walks in front of them all, pointing out their trail.

In Arial's home the former happiness had been replaced by terror, the awe inspired by that misfortune, a sorrow with the single consolation that it wasn't a hopeless case, because the doctors let them glimpse a remote possibility that sight could be restored to the poor blind man. Later on, that hope gradually vanished, as did the keen suffering caused by the still new disaster; and all that unbearable feeling of con-

---

2. From the First Eclogue of the great Renaissance poet Garcilaso de la Vega (ca. 1501–1536).

mujer y los hijos de don Jorge en taciturna melancolía, en resignación triste: el hábito hizo tolerable la desgracia; el tiempo, al mitigar la pena, mató el consuelo de la esperanza. Ya nadie esperaba que volviera la luz a los ojos de Arial, pero todos fueron comprendiendo que podían seguir viviendo en aquel estado. Verdad es que más que el desgaste del dolor por el roce de las horas pudo en tal lenitivo la convicción que fueron adquiriendo aquellos pedazos del alma del enfermo de que éste había descubierto, al perder la luz, mundos interiores en que había consuelos grandes, paz, hasta alegrías.

Por santo que fuera el esposo adorado, el padre amabilísimo, no podría fingir continuamente, y cada vez con más arte, la calma dulce con que había acogido su desventura. Poco a poco llegó a persuadirlos de que él seguía siendo feliz, aunque de otro modo que antes.

Los gastos de la casa hubo que reducirlos mucho, porque la mina del trabajo, si no se agotó, perdió muchos de sus filones. Arial siguió publicando artículos y hasta libros, porque su hija escribía por él, al dictado, y su hijo leía, buscaba datos en las bibliotecas y archivos.

Pero las obras del insigne crítico de estética pictórica, de historia artística, fueron tomando otro rumbo: se referían a asuntos en que intervenían poco los testimonios de la vista.

Los trabajos iban teniendo menos color y más alma. Es claro que, a pesar de tales expedientes, Arial ganaba mucho menos. Pero ¿y qué? La vida exigía mucho menos también; no por economía sólo, sino principalmente por pena, por amor al ciego, madre e hijos se despidieron de teatros, bailes, paseos, excursiones, lujo de ropa y muebles: ¿para qué? ¡*Él* no había de verlo! Además, el mayor gasto de la casa, la educación de la querida pareja, ya estaba hecho; sabían lo suficiente, sobraban ya los maestros.

En adelante, amarse, juntarse alrededor del hogar y alrededor del cariño, cerca del ciego, cerca del fuego. Hacían una piña en que Arial pensaba por todos y los demás veían por él. Para no olvidarse de las formas y colores del mundo, que tenía grabados en la imaginación como un infinito museo, don Jorge pedía noticias de continuo a su mujer y a sus hijos; ante todo, de ellos mismos: de los cabellos de la *dominante,* del bozo que le había apuntado al chico . . . , de la primera cana de la madre. Después, noticias del cielo, de los celajes, de los verdores de la primavera . . . «¡Oh! Después de todo, siempre es lo mismo. ¡Como si lo viera! Compadeced a los ciegos de nacimiento, pero a mí no. La luz del sol no se olvida; el color de la rosa es como el recuerdo de unos amores; su perfume me lo hace

tinuous agitation changed for Don Jorge's wife and children into silent melancholy, sad resignation: force of habit made the misfortune bearable; as time lessened the grief, it also did away with the comfort of hope. No one any longer expected Arial's eyesight to return, but they all gradually understood that they could go on living that way. Truth to tell, the erosion of sorrow by the friction of time had less to do with that palliative than the conviction those broken pieces of the patient's soul were acquiring that when he lost his sight he had discovered inner worlds which contained great comfort, peace, even joys.

As noble as that beloved husband and lovable father was, he wouldn't be able to go on simulating, more skillfully all the time, the sweet calm with which he had welcomed his misfortune. Gradually he came to convince them that he was still happy, though in a different way from before.

The household expenses had to be severely reduced, because if the mine of work wasn't exhausted, it lost many of its veins of ore. Arial went on publishing articles and even books, because his daughter wrote for him, at his dictation, and his son read reference works and looked up facts in libraries and archives.

But the famous critic's writings on pictorial esthetics and on art history were taking a different slant: reference was now made to subjects in which the testimony of eyesight had little place.

His pieces contained less color and more soul. Naturally, despite such expedients, Arial was earning much less. But what of it? Life demanded much less, for its part; not merely to save money, but chiefly out of grief and love for the blind man, mother and children bade farewell to theaters, dances, outings, trips, and luxurious clothes and furniture: what for? *He* wouldn't see it! Besides, the biggest expense of the household, the education of the two beloved youngsters, was now over; they knew enough, and teachers were no longer necessary.

From now on: loving one another, gathering around the hearth and around their affection, near the blind man, near the fire. They formed a cluster in which Arial thought for everyone and the others saw for him. So he wouldn't forget the shapes and colors of the world, which were engraved on his mind like an infinite museum, Don Jorge constantly asked his wife and children for news; above all, about themselves: about "the dominant's" hair, about the down that had sprouted on the boy's face . . . about their mother's first gray hair. After that, news of the weather, of the colored clouds, of the verdure of springtime . . . "Oh, after all, it's still the same. Just as if I saw it! Pity those blind from birth, but not me. Sunlight can't be forgotten; the color of a rose is like the recollection of a love affair; its fragrance makes me

ver, como una caricia de la *dominante* me habla de las miradas
primeras con que me enamoró su madre. Y ¡sobre todo, está ahí la
música!»

Y don Jorge, a tientas, se dirigía al piano, y como cuando tocaba a
oscuras, cerrando los ojos de noche, tocaba ahora, sin cerrarlos, al
mediodía . . . Ya no se reían los hijos y la madre de las melodías que
improvisaba el padre: también a ellos se les figuraba que querían decir
algo, muy oscuramente . . . Para él, para don Jorge, eran bien claras,
más que nunca; eran todo un himnario de la fe inenarrable que él
había creado para sus adentros, su religión de ciego; eran una dog-
mática en solfa, una teología en dos o tres octavas.

Don Jorge hubiera querido, para intimar más, mucho más, con los
suyos, ya que ellos nunca se separaban de él, no separarse él jamás de
ellos con el pensamiento, y para esto iniciarlos en sus ideas, en su dul-
císima creencia . . . ; pero un rubor singular se lo impedía. Hablar con
su hija y con su mujer de las cosas misteriosas de la otra vida, de lo
metafísico y fundamental, le daba vergüenza y miedo. No podrían entenderle. La educación, en nuestro país particularmente, hace que los
más unidos por el amor estén muy distantes entre sí en lo más espiritual y más grave. Además, la fe racional y trabajada por el alma pen-
sadora y tierna, ¡es cosa tan personal, tan inefable! Prefería enten-
derse con los suyos por música. ¡Oh, de esta suerte, sí! Beethoven,
Mozart, Händel, hablaban a todos cuatro de lo mismo. Les decían,
bien claro estaba, que el pobre ciego tenía dentro del alma otra luz,
luz de esperanza, luz de amor, de santo respeto al misterio sagrado . . .
La poesía no tiene, dentro ni fuera, fondo ni superficie; toda es trans-
parencia, luz increada y que penetra al través de todo . . . ; la luz material se queda en la superficie, como la explicación intelectual, lógica,
de las realidades resbala sobre los objetos sin comunicarnos su esen-
cia . . .

Pero la música que todas estas cosas decía a todos, según Arial, no
era la suya, sino la que tocaba su hijo. El cual se sentaba al piano y
pedía a Dios inspiración para llevar al alma del padre la alegría mística
con el beleño de las notas sublimes; Arial, en una silla baja, se colo-
caba cerca del músico para poder palparle disimuladamente de
cuando en cuando; al lado de Arial, tocándole con las rodillas, había de
estar su compañera de luz y sombra, de dicha y de dolor, de vida y
muerte . . . , y más cerca que todos, casi sentada sobre el regazo, tenía
a la *dominante* . . . ; y de tarde en tarde, cuando el amor se lo pedía,
cuando el ansia de vivir, comunicándose con todo de todas maneras, le
hacía sentir la nostalgia de la visión, de la luz física, del *verbo solar* . . . ,

see it, just as a caress from 'the dominant' speaks to me of the first glances that made me fall in love with her mother. And, above all, there's music!"

And Don Jorge would grope his way to the piano and, just as when he used to play in the dark, shutting his eyes at night, he now played, without shutting them, at noon . . . Now children and mother no longer laughed at the melodies the father improvised: they, too, imagined they meant something, very obscurely . . . To him, Don Jorge, they were quite clear, more so than ever: they were an entire hymnbook of the inexpressible faith he had created in his mind, his blind-man's religion; they were a book of dogma in musical notation, a theology in two or three octaves.

In order to get much, much closer to his loved ones, now that they never parted with him, Don Jorge would have liked never to part with *them* in his thoughts; to do that he would have to initiate them into his ideas, into his most sweet belief . . . but an odd bashfulness prevented him. He was ashamed and afraid to speak with his daughter and wife about the mysteries of that other life, about what was metaphysical and fundamental. They wouldn't be able to understand him. The way we're brought up, in our country especially, makes those closest to one another in love very far apart in more spiritual and serious matters. Moreover, a rational faith worked out by a reflective, tender soul is such a personal, indescribable thing! He preferred to communicate with his family by way of music. Oh, that way, yes! Beethoven, Mozart, and Handel had the same message for all four of them. It was very clear that they told them that the poor blind man had a different light in his soul, the light of hope, the light of love, of a holy respect for sacred mysteries . . . Poetry has no base or surface, no inside or out; it is all transparency, uncreated light which penetrates everything . . . ; physical light remains on the surface, just as the intellectual, logical explanation of realities glides over objects without communicating their essence to us . . .

And yet the music which told all those things to everyone, according to Arial, wasn't his own, but the music his son played. The boy would sit down at the piano and ask God for inspiration so he could bring mystical joy to his father's soul with the belladonna of the sublime notes; Arial, in a low chair, would sit close to the musician so he could surreptitiously touch him every so often; beside Arial, brushing him with her knees, there had to be his companion in light and shadow, happiness and sorrow, life and death . . . and closer than anyone else, practically sitting in his lap, he had "the dominant" . . . ; and from time to time, when love demanded it, when the urge to live, mingling itself with everything in all ways, made him feel the loss of his eyesight, of

cogía entre las manos la cabeza de su hija, se acariciaba con ella las mejillas . . . , y la seda rubia, suave, de aquella flor con ideas en el cáliz le metía en el alma con su contacto todos los rayos de sol que no había de ver ya en la vida . . . ¡Oh! En su espíritu, sólo Dios entraba más adentro.

Benedictino

Don Abel tenía cincuenta años; don Joaquín, otros cincuenta, pero muy otros: no se parecían nada a los de don Abel, y eso que eran aquéllos dos buenos mozos del año sesenta, inseparables amigos desde la juventud, alegre o insípida, según se trate de don Joaquín o de don Abel. Caín y Abel los llamaba el pueblo, que los veía siempre juntos, por las carreteras adelante, los dos algo encorvados, los dos de *chistera* y levita. Caín siempre delante, Abel siempre detrás, nunca emparejados; y era que Abel iba como arrastrado, porque a él le gustaba pasear hacia Oriente, y Caín, por moler, le llevaba por Occidente, cuesta arriba, por el gusto de oírle toser, según Abel, que tenía su malicia. Ello era que el que iba delante solía ir sonriendo con picardía, satisfecho de la victoria, que siempre era suya, y el que caminaba detrás iba haciendo gestos de débil protesta y de relativo disgusto. Ni un día solo, en muchos años, dejaron de reñir al emprender su viaje vespertino; pero ni un solo día tampoco se les ocurrió separarse y tomar cada cual por su lado, como hicieron San Pablo y San Bernabé, y eso que eran tan amigos y apóstoles. No se separaban porque Abel cedía siempre. Caín tampoco hubiera consentido en la separación, en pasear sin el amigo; pero no cedía porque estaba seguro de que cedería el compinche; y por eso iba sonriendo, no porque le gustase oír la tos del otro. No, ni mucho menos; justamente solía él decirse: «¡No me gusta nada la tos de Abel!» Le quería entrañablemente, sólo que hay entrañas de muchas maneras, y Caín quería a las personas para sí y, si cabía, para reírse de las debilidades ajenas, sobre todo si eran ridículas o a él se lo parecían. La poca voluntad y el poco egoísmo de su amigo le hacían muchísima gracia, le parecían muy ridículos, y tenía en ellos en estuche de cien instrumentos de comodidad para su propia persona. Cuando algún chusco veía pasar a los dos vejetes, oficiales primero y segundo del Gobierno civil desde tiempo inmemorial (don Joaquín, el primero, por supuesto, siempre delante), y los veía

physical light, of the sunlit Word . . . he would take his daughter's head in his hands and caress his cheeks with it . . . and the soft blonde silk of that flower with thoughts in its calyx, as it came into contact with him, would implant in his soul all the sunbeams he was no longer to see while he lived . . . Oh, in his spirit, only God penetrated more deeply!

Benedictine

Don Abel was fifty, and so was Don Joaquín, but the way he carried his fifty years was very different, not at all like Don Abel's, even though each was a fine figure of a man; their conscription year had been 1860, and they had been inseparable friends since their youth, which for Don Joaquín had been merry, for Don Abel insipid. "Cain and Abel" the townsfolk called them, seeing them always together walking down the roads, both a little stooped, each in a high hat and frock coat. Cain always in front, Abel always behind, never side by side; this was because Abel went as if he were being dragged, since he liked to stroll toward the east, while Cain, to tease him, took him toward the west, uphill— for the pleasure of hearing him cough, according to Abel, who was mischievous in his own way. The fact is that the man walking in front used to smile with roguishness, contented with the victory, which was always on his side, while the one walking behind made gestures of feeble protest and mild displeasure. Not one day in those many years did they fail to argue when setting out on their evening walk; but not a single day, either, did it occur to them to split up, each going in his preferred direction, as Saints Paul and Barnabas did, despite being such good friends and apostles. They didn't split up because Abel always gave in. Nor would Cain have agreed to separate, to stroll without his friend; but he never gave in because he was sure that his chum would; *that's* why he walked along with a smile, and not because he liked hearing the other man cough. No, far from it; indeed, he used to say: "I don't like Abel's cough one bit!" He loved him with all his heart, except that there are all kinds of hearts, and Cain liked people for his own purposes and, whenever possible, so he could laugh at their weaknesses, especially if they were laughable or seemed so to him. His friend's lack of willpower and selfishness was very amusing to him, he found it quite laughable, and it afforded him a tool chest with a hundred different tools he could use for his own advantage. When some wit saw the two old fellows go by, first- and second-class civil servants since time immemorial (naturally Don Joaquín was the first-class one; he was always up front), and

perderse a lo lejos, entre los negrillos que orlaban la carretera de Galicia, solía exclamar riendo:

—Hoy le mata, hoy es el día del fratricidio. Le lleva a paseo y le da con la quijada del burro. ¿No se la ven ustedes? Es aquel bulto que esconde debajo de la levita.

El bulto, en efecto, existía. Solía ser realmente un hueso de un animal, pero rodeado de mucha carne, y no de burro, y siempre bien condimentada. Cosa rica. Merendaban casi todas las tardes como los pastores de Don Quijote, a campo raso, y chupándose los dedos, en cualquier soledad de las afueras. Caín llevaba generalmente los bocados y Abel los tragos, porque Abel tenía un cuñado que comerciaba en vinos y licores, y eso le regalaba, y Caín contaba con el arte de su cocinera de solterón sibarita. Los dos disponían de algo más que el sueldo, aunque lo de Abel era muy poco más; y eso que lo necesitaba mucho, porque tenía mujer y tres pollas, a quienes en la actualidad, ahora que ya no eran tan frescas y guapetonas como años atrás, llamaban los murmuradores *las Contenciosas-administrativas,* por lo mucho que hablaba su padre de lo contencioso-administrativo, que le tenía enamorado hasta el punto de considerar grandes hombres a los diputados provinciales que eran magistrados de lo contencioso . . . , etc. El mote, según malas lenguas, se lo había puesto a las chicas el mismísimo Caín, que las quería mucho, sin embargo, y les había dado no pocos pellizcos. Con quien él no transigía era con la madre. Era su natural enemigo, su rival pudiera decirse. Le había quitado la mitad de su Abel; se le había llevado de la posada, donde antes le hacía mucho más servicio que la cómoda y la mesilla de noche juntas. Ahora tenía él mismo, Caín, que guardar su ropa y llevar la cuenta de la lavandera, y si quería pitillos y cerillas tenía que comprarlos muchas veces, pues Abel no estaba a mano en las horas de mayor urgencia.

❊   ❊   ❊   ❊   ❊

—¡Ay, Abel! Ahora que la vejez se aproxima, envidias mi suerte, mi sistema, mi filosofía —exclamaba don Joaquín, sentado en la verde pradera, con un *llacón* entre las piernas. (Un *llacón* creo que es un pernil.)

—No envidio tal —contestaba Abel, que enfrente de su amigo, en

watched them vanish in the distance, between the elms that lined the road to Galicia, he used to exclaim with a laugh:

"Today he'll kill him, today is the day of the fratricide. He's taking him for a 'ride' and he'll hit him with the jawbone of an ass.[1] Can't you see it? It's that bulky thing he's hiding under his frock coat."

The bulge did in fact exist. And it really was an animal's bone, usually, but one surrounded by plenty of meat, and not ass's meat, and always well seasoned. Something delicious. Almost every evening they picnicked like Don Quixote's shepherds, out in the open, licking their fingers, in some lonely spot in the outskirts. Cain generally brought the food and Abel the drinks, because Abel had a brother-in-law who dealt in wines and liquors and made him a present of the alcohol, whereas Cain counted on the skill of his female cook, who was just right for a sybaritic bachelor. Both of them had a little additional money over and above their salary, though Abel had only a little more than that, despite the fact that he had great need of more money, because he had a wife and three daughters; now that they were no longer as young and pretty as they had been years before, gossips called them the Sue-the-Government Girls, because their father talked so much about the branch of law involving cases brought against the government, a branch he was so fond of that he looked on the provincial deputies who judged such cases (etc.) as being truly great men. If you could believe the tongue-waggers, the girls had been given that nickname by Cain himself, who nevertheless loved them dearly and had given them any number of pinches. The person he didn't get along with was their mother. She was his natural enemy, you might say his rival. She had robbed him of half of his Abel; she had taken him out of the lodging house, where he had formerly been much more useful to Cain than the commode and the night table together. Now Cain had to look after his own clothing and keep the laundress's account himself, and if he wanted cigarettes and matches, he often had to buy them, since Abel was no longer available in the hour of greatest need.

❖   ❖   ❖   ❖   ❖

"Oh, Abel! Now that we're getting old, you envy my lot, my system, my philosophy," Don Joaquín would exclaim as he sat on the green meadow with a *llacón* between his legs. (I think a *llacón* is a ham.)

"I don't envy any of that," Abel would reply, as, facing his friend, in

---

1. Somehow Samson's weapon against the Philistines became associated in the popular mind with the story of Cain and Abel

igual postura, hacía saltar el lacre de una botella y le limpiaba el polvo con un puñado de heno.

—Sí, envidias tal; en estos momentos de expansión y de dulces *piscolabis* lo confiesas; y, ¿a quién mejor que a mí, tu amigo verdadero desde la infancia hasta el infausto día de tu boda, que nos separó para siempre por un abismo que se llama doña Tomasa Gómez, viuda de Trujillo? Porque tú, ¡oh Trujillo!, desde el momento que te casaste eres hombre muerto; quisiste tener digna esposa y sólo has hecho una viuda . . .

—Llevas cerca de treinta años con el mismo chiste . . . de mal género. Ya sabes que a Tomasa no le hace gracia . . .

—Pues por eso me repito.

—¡Cerca de treinta años! —exclamó don Abel, y suspiró, olvidándose de las tonterías epigramáticas de su amigo, sumiendo en el cuerpo un trago de vino del Priorato y el pensamiento en los recuerdos melancólicos de su vida de padre de familia con pocos recursos.

Y como si hablara consigo mismo continuó, mirando a la tierra:

—La mayor . . .

—¡Hola! —murmuró Caín—, ¿ya cantamos en *la mayor*? *Jumera* segura . . . , tristona, como todas tus cosas.

—No te burles, libertino. La mayor nació . . . sí, justo, va para veintiocho, y la pobre, con aquellos nervios y aquellos ataques y aquel afán de apretarse el talle . . . , no sé; pero . . . , en fin, aunque no está delicada . . . se ha descompuesto; ya no es lo que era; ya no . . . , ya no me la llevan.

—Ánimo, hombre; sí te la llevarán . . . No faltan indianos . . . Y en último caso . . . ¿para qué están los amigos? Cargo yo con ella . . . y asesino a mi suegra. Nada, trato hecho: tú me das en dote esa botella, que no hay quien te arranque de las manos, y yo me caso con *la* (cantando) *mayor*.

—Eres un hombre sin corazón . . . , un Lovelace.

—¡Ay, Lovelace! ¿Sabes tú quién era ése?

—La segunda, Rita, todavía se defiende.

—¡Ya lo creo! Dímelo a mí, que ayer por darle un pellizco salí con una oreja rota.

—Sí, ya sé. Por cierto que dice Tomasa que no le gustan esas bromas, que las chicas pierden . . .

the same posture, he broke through the sealing wax on a bottle and wiped off the dust with a handful of hay.

"Yes, you do; in these expansive moments of sweet snacks you admit it; and to whom better than to me, your true friend from childhood up to the unfortunate day of your marriage, which separated us forever by a gulf named Doña Tomasa Gómez, the 'widow' of Trujillo? Because you, Trujillo, were a dead man as soon as you married her; you wanted to get a worthy wife and you merely created a 'widow' . . ."

"You've been dishing out that tired joke for nearly thirty years . . . a joke in poor taste. You know that Tomasa doesn't find it funny . . ."

"That's why I keep telling it."

"Nearly thirty years!" Don Abel exclaimed, and he sighed, forgetting his friend's sarcastic nonsense, and letting a gulp of Priorato[2] wine be absorbed by his body while his mind was absorbed by the melancholy recollections of his life as a family man short of funds.

And as if talking to himself, he went on, as he gazed at the ground: "The oldest one . . ."

"Say!" Cain muttered. "Are we singing in A major[3] now? Sure sign of a drunken jag . . . and a sad one, like everything about you."

"Don't mock me, libertine! the oldest one was born . . . yes, exactly, she's going on twenty-eight, and the poor girl, with her nerves and her attacks and her craze for having a narrow waist . . . I don't know; but . . . in short, though she isn't frail . . . she's gone to pieces; she's no longer what she was; they won't . . . they won't take her off my hands any more."

"Courage, man; she *will* get married . . . There's no lack of émigrés who have come back with a fortune . . . And in the last resort . . . what are friends for? I'll take charge of her . . . and kill my mother-in-law. No, no, it's a done deal: as a dowry give me that bottle, which no one can tear out of your hands, and I'll marry the oldest one" (singing the last words).[4]

"You're a man without a heart . . . a Lovelace."

"Oh, Lovelace! Do you know who he was?"[5]

"The second girl, Rita, can still hold her own."

"I'll say! Tell me about it: yesterday, because I gave her a pinch, I had my ear boxed."

"Yes, I know. Surely Tomasa says she doesn't like such jokes; the girls lose by it . . ."

---

2. An area near Tarragona with highly esteemed wines.   3. Untranslatable pun: "the oldest one" and "A major" are both *la mayor* in Spanish.   4. Another reference to the two meanings of *la mayor.*   5. The seducer in Samuel Richardson's 1747–8 novel *Clarissa.*

—Dile a la de Gómez, viuda de Trujillo, que más pierdo yo, que pierdo las orejas, y dile también que si la pellizcase a ella puede que no se quejara . . .

—Hombre, eres un chiquillo; le ves a uno serio contándote sus cuitas y sus esperanzas . . . , y tú con tus bromas de dudoso gusto . . .

—¿Tus esperanzas? Yo te las cantaré: *La* (cantando) Nieves . . .

—¡Bah!, la Nieves segura está. Los tiene así (juntando por las yemas los dedos de ambas manos). No es milagro. ¿Hay chica más esbelta en todo el pueblo? ¿Y bailar? ¿No es la perla del casino cuando la emprende con el vals corrido, sobre todo si *la baila* el secretario del Gobierno militar, Pacorro?

Caín se había quedado serio y un poco pálido. Sus ojos fijos veían a la hija menor de su amigo, de blanco, escotada, con media negra, dando vueltas por el salón colgada de Pacorro . . . A Nieves no la pellizcaba él nunca; no se atrevía, le tenía un respeto raro, y además temía que un pellizco en aquellas carnes fuera una traición a la amistad de Abel; porque Nieves le producía a él, a Caín, un efecto raro, peligroso, diabólico . . . Y la chica era la única para volver locos a los viejos, aunque fueran íntimos de su padre. «¡Padrino, baila conmigo!» ¡Qué miel en la voz mimosa! ¡Y qué miradonas inocentes . . . , pero que se metían en casa! El diablo que pellizcara a la chica. Valiente tentación había sacado él de pila . . .

—Nieves —prosiguió Abel— se casará cuando quiera; siempre es la reina de los salones; a lo menos, por lo que toca a bailar.

—Como bailar . . . , baila bien —dijo Caín muy grave.

—Sí, hombre; no tiene más que escoger. Ella es la esperanza de la casa. Ya ves, Dios premia a los hombres sosos, honrados, fieles al decálogo, dándoles hijas que pueden hacer bodas disparatadas, un fortunón . . . ¡Eh!, viejo verde, calaverón eterno, ¿cuándo tendrás tú una hija como Nieves, amparo seguro de tu vejez?

Caín, sin contestar a aquel majadero, que tan feliz se las prometía en teniendo un poco de Priorato en el cuerpo, se puso a pensar que siempre se le estaba ocurriendo echar la cuenta de los años que él llevaba a *la menor* de las *Contenciosas*. «¡Eran muchos años!»

✿   ✿   ✿   ✿

Pasaron algunos; Abel estuvo cesante una temporada, y Joaquín, de secretario en otra provincia. Volvieron a juntarse en su pueblo, Caín jubilado y Abel en el destino antiguo de Caín. Las meriendas menudeaban menos, pero no faltaban las de días solemnes. Los paseos como antaño, aunque ahora el primero que tomaba por

"Tell the Gómez woman, the 'widow' Trujillo, that I lose more, I lose my ears, and also tell her that perhaps if I pinched *her*, she wouldn't complain . . ."

"Man, you're so childish; you see a serious person telling you his troubles and hopes . . . and you come out with your jokes in dubious taste . . ."

"Your hopes? I'll sing them to you: your daughter Nieves is A-1" (singing the A) . . .

"Oh, there's no problem with Nieves. She's got this many suitors." (He joined the fingertips of both hands.) "And it's no surprise. Is there a slimmer girl in the whole town? And as for dancing: isn't she the pearl of the club when she goes into a fast waltz, especially when her partner is the secretary of the military government, Pacorro?"

Cain had become serious and a little pale. His rigid eyes were seeing his friend's youngest daughter, in white, with a low neckline, in black stockings, whirling around the ballroom on Pacorro's arm . . . Nieves he never pinched; he didn't dare, he had unusual respect for her, and, besides, he was afraid that a pinch on that skin would be a betrayal of Abel's friendship; because Nieves had a strange, dangerous, diabolic effect on him, Cain . . . And the girl was the only one who could drive old men crazy, even if they were intimates of her father. "Godfather, dance with me!" What honey in that cajoling voice! And what innocent glances . . . which nevertheless hit the mark! Only the devil would pinch that girl. He had been godfather to a real temptress . . .

"Nieves," Abel continued, "will marry whenever she likes; she's always the queen of the ballroom; at least, when it comes to dancing."

"As for dancing . . . she's a good dancer," said Cain, very seriously.

"Yes, sir; she has only to choose. She's the hope of my household. You can see, God rewards plain, honorable men who are faithful to his ten commandments by giving them daughters who can make terrific matches and bring in a fortune . . . Say, you lusty old man, you eternal playboy, when will you have a daughter like Nieves, a firm prop for your old age?"

Without answering that fool, who had such high hopes whenever he had a little Priorato in his belly, Cain began thinking of how it was constantly occurring to him to count up how much older he was than the youngest of the Sue-the-Government Girls. "By many, many years!"

❀   ❀   ❀   ❀   ❀

A few more years passed; Abel was laid off for a time and Joaquín worked as a government clerk in a different province. They reunited in their hometown, Cain retired and Abel in Cain's old position. There were fewer picnics, but they did have them on important occasions. They strolled as in the past, though now the first one who headed east

Oriente era Joaquín, porque ya le fatigaba la cuesta. Las *Contenciosas* brillaban cada día como astros de menor magnitud, es decir, no brillaban; en rigor eran ya de octava o novena clase, invisibles a simple vista; ya nadie hablaba de ellas, ni para bien ni para mal; ni siquiera se las llamaba las *Contenciosas:* «las de Trujillo», decían los pocos pollos nuevos que se dignaban acordarse de ellas.

La mayor, que había engordado mucho y ya no tenía novios, por no apretarse el talle, había renunciado a la lucha desigual con el tiempo y el martirio de un tocado que pedía restauraciones imposibles. Prefería el disgusto amargo y escondido de quedarse en casa, de no ir a bailes ni teatros, fingiendo gran filosofía, reconociéndose *gallina,* aunque otra le quedaba. Se permitía, como corta recompensa a su renuncia, el placer material, y para ella voluptuoso, de aflojarse mucho la ropa, de dejar a la carne invasora y blanquísima (eso sí) a sus anchas, como en desquite de lo mucho que inútilmente se había apretado cuando era delgada. «¡La carne! Como el mundo no había de verla, hermosura perdida; gran hermosura, sin duda, persistente . . . , pero inútil. Y demasiada.» Cuando el cura hablaba desde el púlpito de *la carne,* a *la mayor* se le figuraba que aludía exclusivamente a la suya . . . Salían sus hermanas, iban al baile a probar fortuna, y la primogénita se soltaba las cintas y se hundía en un sofá a leer periódicos, crímenes y viajes de hombres públicos. Ya no leía folletines.

La segunda luchaba con la edad de Cristo y se dejaba sacrificar por el vestido, que la estallaba sobre el corpachón y sobre el vientre. ¿No había tenido fama de hermosa? ¿No le habían dicho todos los pollos atrevidos e instruidos de su tiempo que ella era la mujer que dice mucho a los sentidos?

Pues no había renunciado a la palabra. Siempre en la brecha. Se había batido en retirada, pero siempre en su puesto.

Nieves . . . era una tragedia del tiempo. Había envejecido más que sus hermanas; envejecer no es la palabra: se había marchitado sin cambiar; no había engordado, era esbelta como antes, ligera, felina, ondulante; bailaba, si había con quién, frenética, cada día más apasionada del vals, más correcta en sus pasos, más pavorosa, pero arrugada, seca, pálida; los años para ella habían sido como tempestades que dejaron huella en su rostro, en todo su cuerpo; se parecía a sí

was Joaquín, because the hill now tired him. Every day the Sue-the-Government Girls shone like stars of lesser magnitude; that is, they didn't shine; strictly speaking, they were now of the eighth or ninth magnitude, invisible to the naked eye; no one spoke about them any longer, for good or for ill; they weren't even called the Sue-the-Government Girls: "the Trujillo girls" was what they were dubbed by the few new young men who deigned to remember them.

The oldest, who had grown very fat and no longer had suitors, because her waist wasn't narrow, had given up the unequal battle against time and the torture of a hairdo which demanded impossible repairs. She preferred the bitter, concealed displeasure of staying home, of not attending dances or plays, pretending to be very philosophical, and admitting she was a coward, though things might have been different for her.[6] As a small compensation for her renunciation, she indulged in the material pleasure, which for her was voluptuous, of wearing very loose clothes, of letting her invasive flesh, very white-skinned (this it was), expand at its ease, as if to repay it for all the times she had compressed it in vain when she was slimmer. The flesh! Since the world wouldn't see it, it was beauty wasted; great beauty, no doubt, and lasting . . . but useless. And too much of it. When the priest spoke about the flesh in his sermons, the oldest daughter imagined that he was referring solely to hers . . . Her sisters went out, they attended dances to try their luck, while the first-born slackened her belts and sank into a sofa to read newspapers, detective stories, and travel accounts by public figures. She no longer read love stories.

The second daughter was now struggling with the age that Christ was when he died, and sacrificed herself for her dresses, which split on her big body and stomach. Hadn't she been a famous beauty? Hadn't all the bold, educated young men of the day told her that she was a woman who really appealed to the senses?

Well, she hadn't forgotten that remark. She was still in harness. She had beaten a retreat, but she was still at her post.

Nieves . . . was a tragedy of time. She had aged more than her sisters; aging isn't the word: she had withered without changing; she hadn't gotten fat, she was as slim as ever, light on her feet, feline, sinuous; whenever she had a dancing partner, she was frenetic, more in love with the waltz every day, more correct in her steps, more frightening, but wrinkled, dried-out, pallid; for her the years had been like storms which left their mark on her face, all over her body; she looked like her old self—

6. There's another elaborate pun here which I confess I don't fully understand; I have translated *otra* [*gallina*] *le quedaba* as if it referred to the idiom *otro gallo le cantara*.

misma . . . en ruinas. Los jóvenes nuevos ya no la conocían, no sabían lo que había sido aquella mujer en el vals corrido; en el mismo salón de sus antiguos triunfos parecía una extranjera insignificante. No se hablaba de ella ni para bien ni para mal; cuando algún solterón trasnochado se decidía a echar una cana al aire, solía escoger por pareja a Nieves. Se la veía pasar con respeto indiferente; se reconocía que bailaba bien, pero ¿y qué? Nieves padecía infinito, pero, como su hermana *la segunda*, no faltaba a un baile. ¡Novio! . . . ¡Quién soñaba ya con eso! Todos aquellos hombres que habían estrechado su cintura, bebido su aliento, contemplando su *escote virginal* . . . etc., etcétera, ¿dónde estaban? Unos de jueces de término, a cien leguas; otros, en Ultramar haciendo dinero; otros, en el ejército, sabe Dios dónde; los pocos que quedaban en el pueblo, retraídos, metidos en casa o en la sala de tresillo. Nieves, en aquel salón de sus triunfos, paseaba sin corte entre una multitud que la codeaba sin verla . . .

❋   ❋   ❋   ❋   ❋

Tan excelente le pareció a don Abel el pernil que Caín le enseñó en casa de éste, y que habían de devorar juntos de tarde en la Fuente de Mari-Cuchilla, que Trujillo, entusiasmado, tomó una resolución, y al despedirse hasta la hora de la cita exclamó:

—Bueno, pues yo también te preparo algo bueno, una sorpresa. Llevo la manga de café, lleva tú puros; no te digo más.

Y aquella tarde, en la fuente de Mari-Cuchilla, cerca del oscurecer de una tarde gris y tibia de otoño, oyendo cantar un ruiseñor en un negrillo, cuyas hojas inmóviles parecían de un árbol-estatua, Caín y Abel merendaron el pernil mejor que dio de sí cerdo alguno nacido en Teverga. Después, en la manga que a Trujillo había regalado un pariente voluntario en la guerra de Cuba, hicieron café . . . , y al sacar Caín dos habanos peseteros . . . apareció la sorpresa de Abel. Momento solemne. Caín no oía siquiera el canto del ruiseñor, que era su delicia, única afición poética que se le conocía.

Todo era ojos. Debajo de un periódico, que era la primera cubierta, apareció un frasco, como podía aparecer la momia de Sesostris, entre bandas de paja, alambres, tela lacrada; sabio artificio de la ciencia misteriosa de conservar los cuerpos santos incólumes, de guardar lo precioso de las injurias del ambiente.

in ruins. The recent crop of young men were no longer acquainted with her; they didn't know what that woman had been in the fast waltz; in the very ballroom of her former triumphs she was like an insignificant stranger. No one talked about her for good or for ill; when some stale bachelor felt like having a fling, he generally chose Nieves as a partner. Men watched her go by with nonchalant respect; it was acknowledged that she was a good dancer, but what of it? Nieves suffered no end, but, like her sister, "the second girl," she didn't miss a dance. A suitor! Who dreamed about that any more? All those men whose arms had encircled her waist as they drank in her breath while gazing at her "virginal plunging neckline," etc., etc.—where were they? Some were district judges, a hundred leagues away; others, overseas making money; others in the army, God knows where; the few who remained in town were withdrawn, staying at home or haunting the card table in the club, playing ombre. In that ballroom where she had triumphed, Nieves walked by without suitors amid a crowd that jostled her without seeing her . . .

❖   ❖   ❖   ❖   ❖

So much did Don Abel like the looks of the ham that Cain showed him in the latter's house, ham they were to devour together that evening at the Fountain of Mari-Cuchilla, that Trujillo enthusiastically made a resolution, and when saying good-bye until the appointed time, he exclaimed:

"Good, because I'm preparing something good for you, too, a surprise. I'll bring the coffee filter, you bring cigars; that's all I'll tell you."

And that evening, at the Fountain of Mari-Cuchilla, near nightfall on a gray, mild autumn day, listening to the song of a nightingale in an elm, whose motionless leaves seemed to belong to the statue of a tree, Cain and Abel picnicked on the best ham furnished by any pig ever born in Teverga.[7] Afterward, in the filter that had been given to Trujillo by a relative who had volunteered for the war in Cuba,[8] they made coffee . . . and when Cain produced two expensive cigars that cost a *peseta* each, Abel's surprise was revealed. A great moment. Cain didn't even hear the nightingale's song, which was his delight, the only poetical leaning he was known for.

He was all eyes. Beneath a newspaper, which was the outer wrapping, appeared a bottle, the way Sesostris's mummy might appear, amid bands of straw, wires, and waxed cloth: the learned devices of the mysterious science of preserving sacred bodies intact, of guarding precious things against harm from the environment.

---

7. A region in Asturias known for its fine livestock.   8. 1868–1878.

—¡El *benedictino!* —exclamó Caín en un tono religioso impropio de su volterianismo. Y al incorporarse para admirar, quedó en cuclillas como un idólatra ante un fetiche.

—El benedictino —repitió Abel, procurando aparecer modesto y sencillo en aquel momento solemne en que bien sabía él que su amigo le veneraba y admiraba.

Aquel frasco, más otro que quedaba en casa, eran joyas riquísimas y raras, selección de lo selecto, fragmento de un tesoro único fabricado por los ilustres Padres para un regalo de rey, con tales miramientos, refinamientos y modos exquisitos, tan escaso en el mundo, era néctar digno de los dioses. Cómo había ido a parar aquel par de frascos casi divinos a manos de Trujillo era asunto de una historia que parecía novela y que Caín conocía muy bien desde el día en que, después de oírla, exclamó: «¡Ver y creer! Catemos eso, y se verá si es paparrucha lo del mérito extraordinario de esos botellines.» Y aquel día también había sido el primero de la única discordia duradera que separó por más de una semana a los dos constantes amigos. Porque Abel, jamás enérgico, siempre de cera, en aquella ocasión supo resistir y negó a Caín el placer de saborear el néctar de aquellos frascos.

—Éstos, amigo —había dicho—, los guardo yo para en su día.

Y no había querido jamás explicar qué día era aquél.

Caín, sin perdonar, que no sabía, llegó a olvidarse del benedictino.

Y habían pasado todos aquellos años, muchos, y el benedictino estaba allí, en la copa reluciente, de modo misterioso, que Caín, triunfante, llevaba a los labios, relamiéndose a priori.

Pasó el solterón la lengua por los labios, volvió a oír el canto del ruiseñor, y contento de la creación, de la amistad, por un momento, exclamó:

—¡Excelente! ¡Eres un barbián! ¡Excelentísimo señor benedictino! ¡Bendita sea la Orden! Son unos sabios estos reverendos. ¡Excelente!

Abel bebió también. Mediaron el frasco.

Se alegraron; es decir, Abel, como Andrómaca, se alegró entristeciéndose.

A Caín la alegría le dio esta vez por adular como vil cortesano.

Abel, ciego de vanidad y agradecido, exclamó:

"Benedictine!" Cain exclaimed in a religious tone unbefitting his Voltairean views. And when he sat up to admire it, he remained squatting like an idol worshipper in front of a fetish.

"Benedictine," Abel repeated, trying to look modest and unpretentious at that great moment when he was well aware that his friend was venerating and admiring him.

That bottle, as well as another which had remained home, was a tremendously costly and unusual jewel, the *crème de la crème,* part of a unique treasure created by the famous Fathers as a royal gift, with a great many attentions, refinements, and exquisite methods; a rarity in the world, it was nectar fit for the gods. How that couple of almost divine bottles had wound up in Trujillo's hands was a story that resembled fiction; Cain had known the story very well ever since the day when, on hearing it, he had exclaimed: "Seeing is believing! Let's taste it, and see whether all they say about the extraordinary merit of those little bottles is just hogwash." And that day had also been the first of their only long-lasting discord, which had separated the two constant friends for over a week. Because Abel, never forceful, always as pliant as wax, had been able to resist on that occasion and had denied Cain the pleasure of sampling the nectar in those bottles.

"These, my friend," he had said, "I'm keeping for the right day."

And he had always refused to explain what day that was.

Cain, without forgiving him (he didn't know the meaning of the word), had eventually forgotten about the Benedictine.

And all those years had passed, many, and the Benedictine was there, in the glass which was gleaming in a mysterious way, and which Cain triumphantly raised to his lips, licking them in advance.

The bachelor ran his tongue over his lips, listened to the nightingale's song again, and, satisfied with Creation and with friendship, for a moment, he exclaimed:

"Excellent! You're a sly rogue! His Excellency Sir Benedictine! Blessings on the Order! Those Reverend Fathers are pretty smart men. Excellent!"

Abel drank, too. They emptied half the bottle.

They got merry; that is, Abel, like Andromache,[9] became happy as he became sad.

Cain's merriment, this time, made him flatter like a base courtier.

Abel, blinded by vanity and gratitude, exclaimed:

---

9. When taking leave of her husband Hector in Book VI of the *Iliad*.

—Lo que falta . . . lo beberemos mañana. El otro frasco . . . es tuyo; te lo llevas a tu casa esta noche.

Faltaba algo; faltaba una explicación. Caín la pedía con los ojillos burlones llenos de chispas.

A la luz de las primeras estrellas, al primer aliento de la brisa, cuando, cogidos del brazo y no muy seguros de piernas, emprendieron la vuelta de casa, Abel, triste, humilde, resignado, reveló su secreto diciendo:

—Estos frascos . . . , este benedictino . . . , regalo de rey . . .

—De rey . . .

—Este benedictino . . . lo guardaba yo . . .

—Para *su día* . . .

—Justo; su día . . . era el día de la boda de *la mayor*. Porque lo natural era empezar por la primera. Era lo justo. Después . . . , cuando ya no me hacía ilusiones, porque las chicas pierden con el tiempo y los noviazgos . . . , guardaba los frascos . . . para la boda de *la segunda*.

Suspiró Abel.

Se puso muy serio Caín.

—Mi última esperanza era Nieves . . . , y a ésa por lo visto no la tira el matrimonio. Sin embargo, he aguardado, aguardado . . . , pero ya es ridículo . . . , ya . . . —Abel sacudió la cabeza y no pudo decir lo que quería, que era: *lasciate ogni speranza*—. En fin, ¿cómo ha de ser? Ya sabes; ahora mismo te llevas el otro frasco.

Y no hablaron más en todo el camino. La brisa les despejaba la cabeza y los viejos meditaban. Abel tembló. Fue un escalofrío de la miseria futura de sus hijas cuando él muriera, cuando quedaran solas en el mundo, sin saber más que bailar y apergaminarse. ¡Lo que le había costado a él de sudores el vestir a aquellas muchachas y alimentarlas bien para presentarlas en el *mercado* del matrimonio! Y todo en balde. Ahora . . . él mismo veía el triste papel que sus hijas hacían ya en los bailes, en los paseos . . . Las veía en aquel momento ridículas, feas por anticuadas y risibles . . . , y las amaba más, y les tenía una lástima infinita desde la tumba en que él ya se contemplaba.

Caín pensaba en las pobres *Contenciosas* también, y se decía que Nieves, a pesar de todo, seguía gustándole, seguía haciéndole efecto . . .

"The rest . . . we'll drink tomorrow. The other bottle . . . is for you; you can take it home tonight."

Something was lacking; an explanation was lacking. Cain asked for one, with his small, mocking eyes full of bright glints.

By the light of the first stars, at the first puff of breeze, when, arm in arm and unsteady on their legs, they started for home, Abel, sad, humble, resigned, revealed his secret, saying:

"These bottles . . . this Benedictine . . . a royal gift . . ."

"Royal . . ."

"This Benedictine . . . I was saving it . . ."

"For 'the right day'. . ."

"Exactly; the right day . . . was the day when my oldest girl would get married. Because it was natural to start with the first. It was the proper thing. Later on . . . when I had no more illusions, because girls get worse with time and suitors . . . I was saving the bottles . . . for the second one's wedding."

Abel sighed.

Cain became very serious.

"My last hope was Nieves . . . but, as it appears, she isn't attracted to matrimony. All the same, I've waited, waited . . . but now it's foolish . . . by now. . . ." Abel shook his head and couldn't say what he wanted to, which was: *lasciate ogni speranza*.[10] "Finally, how will it be? You already know; this very day you'll take the other bottle."

And they spoke no more during their entire walk. The breeze was clearing their heads, and the old men were meditating. Abel trembled. It was a chill occasioned by his thoughts of his daughters' future unhappiness when he died, when they would be left alone in the world, without knowing how to do anything but dance and grow wizened. How many labors it had cost him to keep those girls in clothes and nourish them properly so he could offer them on the marriage "market"! And all in vain. Now . . . he himself saw the sad role his daughters already played at dances and on promenades . . . At that moment he saw them as being ridiculous, ugly because they were so outmoded and laughable . . . and he loved them more, and felt an infinite pity for them from the grave in which he already saw himself.

Cain, too, was thinking about the poor Sue-the-Government Girls, and he said to himself that Nieves, despite everything, was still to his taste and still had an effect on him . . .

---

10. "Abandon all hope," the words over the Gate to Hell in Dante.

Y pensaba además en llevarse el otro frasco; y se lo llevó, efectivamente.

❋   ❋   ❋   ❋   ❋

Murió don Abel Trujillo; al año siguiente falleció la viuda de Trujillo. Las huérfanas se fueron a vivir con una tía, tan pobre como ellas, a un barrio de los más humildes. Por algún tiempo desaparecieron del *gran mundo,* tan chiquitín, de su pueblo. Lo notaron Caín y otros pocos. Para la mayoría, como si las hubieran enterrado con su padre y su madre. Don Joaquín al principio las visitaba a menudo. Poco a poco fue dejándolo, sin saber por qué. Nieves se había dado *a la mística* y las demás no tenían gracia. Caín, que había lamentado mucho todas aquellas catástrofes y que había socorrido con la cortedad propia de su peculio y de su egoísmo a las apuradas huérfanas, había ido olvidándolas no sin dejarlas antes en poder del sanísimo consejo de que «se dejaran de bambollas . . . y cosieran para fuera». Caín se olvidó de las chicas como de todo lo que le molestaba. Se había dedicado a no envejecer, a conservar la virilidad y demostrar que la conservaba. Parecía cada día menos viejo, y eso que había en él un renacimiento de aventurero galante. Estaba encantado. ¿Quién piensa en la desgracia ajena si quiere ser feliz y conservarse?

Las de Trujillo, de negro, muy pálidas, apiñadas alrededor de la tía caduca, volvían a presentarse en las calles céntricas, en los paseos no muy concurridos. Devoraban a los transeúntes con los ojos. Daban codazos a la multitud hombruna. Nieves aprovechaba la moda de las faldas ceñidas para lucir las líneas esculturales de su hermosa pierna. Enseñaba el pie, las enaguas blanquísimas, que resaltaban bajo la falda negra. Sus ojos grandes, lascivos, bajo el manto recobraban fuerza, expresión. Podía aparecer apetitosa a uno de esos gustos extraviados que se enamoran de las ruinas de la mujer apasionada, de los estragos del deseo contenido o mal satisfecho.

Murió la tía también. Nueva desaparición. A los pocos meses las de Trujillo vuelven a las calles céntricas, de medio luto, acompañadas, a distancia, de una criada más joven que ellas. Se las empieza a ver en todas partes. No faltan jamás en las apreturas de las novenas famosas y muy concurridas. Primero salen todas juntas, como antes. Después empiezan a desperdigarse. A Nieves se la ve muchas veces sola con la criada. Se la ve al oscurecer atravesar a menudo el paseo de los hombres y de las artesanas.

Caín tropieza con ella varias tardes en una y otra calle solitaria. La

And he also thought about taking that other bottle; and he did, indeed, take it.

❦ ❦ ❦ ❦ ❦

Don Abel Trujillo died; the following year, the widow Trujillo died. The orphans went to live with an aunt who was as poor as they were, in one of the most humble neighborhoods. For some time they were unseen in the "high society," actually so petty, of their town. This was noted by Cain and a very few others. For most people it was as if they had been buried along with their parents. At first Don Joaquín used to visit them frequently. Gradually he stopped doing so, without knowing why. Nieves had become a "mystic" and the others were graceless. Cain, who had loudly bewailed all those catastrophes and had helped out the financially strapped orphans with the stinginess corresponding to his small savings and his selfishness, had progressively forgotten them, but not before bestowing on them the very wise advice to "give up their yen for finery . . . and hire themselves out as seamstresses." Cain forgot the girls as he forgot everything that bothered him. He had devoted himself to keeping young, preserving his virility, and proving he still had it. Every day he looked less old, despite the rebirth of a gallant rover in him. He was enchanted. Who thinks about other people's misfortunes when he wants to be happy and stay young?

The Trujillo girls, in black, very pallid, clustering around their tottering aunt, showed their faces again in the streets in the center of town, in the promenades that weren't too crowded. They ate up the men passing by with their eyes. They nudged the male multitude. Nieves took advantage of the fashion for tight skirts to show off the sculptural lines of her beautiful legs. She let her foot show, and her very white petticoats, which stood out beneath her black skirt. Her big, lascivious eyes regained power and expressiveness beneath her shawl. She might seem appetizing to one of those perverse tastes which become enamored of the ruins of a passionate woman, of the ravages of suppressed or poorly satisfied desire.

Their aunt died, too. They vanished again. A few months later, the Trujillo girls were back on the downtown streets, in half-mourning, accompanied at a distance by a maid who was younger than they were. They began to be seen everywhere. They were never absent from the huge crowds at famous, well-attended novenas. At first they all went out together, as in the past. Later they began to scatter. Nieves was often seen alone with the maid. She was frequently seen at nightfall crossing the path of the promenading men and working girls.

Cain ran across her several evenings in one quiet street or another. He

saluda de lejos. Un día le para ella. Se lo come con los ojos. Caín se turba. Nota que Nieves *se ha parado* también: ya no envejece y se le ha desvanecido el gesto avinagrado de solterona rebelde. Está alegre, coqueta como en los mejores tiempos. No se acuerda de sus desgracias. Parece contenta de su suerte. No habla más que de las novedades del día, de los escándalos amorosos. Caín le suelta un piropo como un pimiento, y ella le recibe como si fuera gloria. Una tarde, a la oración, la ve de lejos, hablando en el postigo de una iglesia de monjas con un capellán muy elegante, de quien Caín sospechaba horrores. Desde entonces sigue la pista a la solterona, esbelta e insinuante. «Aquel jamón debe de gustarles a más de cuatro que no están para escoger mucho.» Caín, cada vez que encuentra a Nieves, la detiene ya sin escrúpulo. Ella luce todo su antiguo arsenal de coqueterías escultóricas. Le mira con ojos de fuego y le asegura muy seria que está como nuevo; más sano y fresco que cuando ella era chica y él le daba pellizcos.

—¿A ti yo? ¡Nunca! A tus hermanas, sí. No sé si tienes dura o blanda la carne.

Nieves le pega con el pañuelo en los ojos y echa a correr como una *locuela* . . . , enseñando los bajos blanquísimos y el pie primoroso.

Al día siguiente, también a la oración, se la encuentra en el portal de su casa, de la casa del propio Caín.

—Le espero a usted hace una hora. Súbame usted a su cuarto. Le necesito.

Suben y le pide dinero; poco, pero ha de ser en el acto. Es cuestión de honra. Es para arrojárselo a la cara a un miserable . . . que no sabe ella lo que se ha figurado. Se echa a llorar. Caín la consuela. Le da el dinero que pide y Nieves se le arroja en los brazos, sollozando y con un ataque de nervios no del todo fingido.

Una hora después, para explicarse lo sucedido, para matar los remordimientos que le punzan, Caín reflexiona que él mismo debió de trastornarse como ella; que, creyéndose más frío, menos joven de lo que en rigor era todavía por dentro, no vio el peligro de aquel contacto. «No hubo malicia por parte de ella ni por la mía. De la mía respondo. Fue cosa de la naturaleza. Tal vez sería antigua inclinación mutua, disparataba . . . ; pero poderosa . . . , latente.»

✿   ✿   ✿   ✿   ✿

Y al acostarse, sonriendo entre satisfecho y disgustado, se decía el solterón empedernido:

greeted her from afar. One day she stopped him. She ate him up with her eyes. Cain became perturbed. He noticed that Nieves had changed; she had "stopped," too: stopped growing old, stopped showing the sour expression of a rebellious old maid. She was cheerful and coquettish as in her best days. She didn't remember her misfortunes. She seemed contented with her lot. She spoke only of the news of the day, of scandalous love affairs. Cain made her a whopper of a compliment, and she welcomed it like something wonderful. One evening, at Angelus, he saw her from afar, at the wicket of a convent church, talking to a very elegant chaplain, of whom Cain suspected the worst. From then on, he followed the slim, provocative old maid's tracks. "That ham must be giving pleasure to a whole bunch of men who can't be too choosy." Every time Cain met Nieves now, he kept her talking without any scruples. She showed off her former arsenal of sculptural coquetries. She looked at him with burning eyes, and assured him quite seriously that he was like a new man, more sound and lively than when she was a girl and he used to pinch her.

"I pinched you? Never! Your sisters, yes. I don't know whether your skin is hard or soft."

Nieves tapped his eyes with her kerchief and ran away like a "madcap" girl . . . showing her very white underwear and her beautiful feet.

The next day, again at Angelus, he found her at the doorway to his house, Cain's own house.

"I've been waiting for you for an hour. Take me up to your room. I need you."

They went up and she asked for money; not much, but she had to have it at once. It was a matter of honor. It was so she could hurl it in the face of a vile wretch . . . she didn't know what that fellow had imagined her to be. She burst into tears. Cain comforted her. He gave her the money she requested and Nieves flung herself into his arms, sobbing and with a nervous fit that wasn't entirely simulated.

An hour later, to explain to himself what had happened in the meantime, to allay the remorse that was pricking him, Cain reflected that he, too, must have gone mad, as she had; that, believing himself to be colder and less young than he still really was inside, he hadn't seen the danger in that contact. "There was no evil intent on her part or on mine. I'll answer for my part in it. It was something natural. Perhaps it was a crazy mutual attraction going way back . . . but a powerful one . . . that had been latent."

✿ ✿ ✿ ✿ ✿

And, on going to bed, smiling with a mixture of contentment and annoyance, the confirmed old bachelor said to himself:

—De todas maneras, la chica . . . estaba ya perdida. ¡Oh, es claro! En este particular no puedo hacerme ilusiones. Lo peor fue lo otro. Aquello de hacerse la loca después del lance y querer aturdirse y pedirme algo *que la arrancara el pensamiento* . . . , *y* . . . , ¡diablo de casualidad!: ¡ocurrírsele cogerme la llave de la *biblioteca* . . . , y dar precisamente con el recuerdo de su padre, con el frasco de benedictino! . . .

»¡Oh!, sí; estas cosas del pecado pasan a veces como en las comedias, para que tengan más pimienta, más picardía . . . Bebió ella. ¡Cómo se puso! Bebí yo . . . , ¿qué remedio?, obligado.

»¡Quién le hubiera dicho a la pobre Nieves que aquel frasco de benedictino le había guardado su padre años y años para el día que casara su hija! . . . ¡No fue mala boda!»

Y el último pensamiento de Caín al dormirse ya no fue para la *menor* de las *Contenciosas*, ni para el benedictino de Abel, ni para el propio remordimiento. Fue para los socios viejos del Casino, que le llamaban *platónico:* «¡él, *platónico!*»

"At any rate, the girl . . . was already ruined. Oh, it's clear! On that count I needn't have any illusions. What was worse was that other thing. The way she acted like a lunatic after the incident, wanting to try to forget and asking me for something that 'would put it out of her mind.' And, damn the coincidence! It occurred to her to take the key to my 'bookcase' . . . and she came across that very souvenir of her father's, that bottle of Benedictine! . . .

"Oh, yes, these sinful episodes sometimes happen just like scenes in a play, so that they can have more spice, more naughtiness . . . She drank. The way she got! I drank, too . . . There was nothing for it; I had to.

"Who would have told poor Nieves that her father had saved that bottle of Benedictine for years and years for the day his daughter got married! . . . It wasn't a bad wedding!"

And Cain's last thought as he dropped off was no longer for the youngest of the Sue-the-Government Girls, or for Abel's Benedictine, or for his own remorse. It was for the old club members, who used to call him "platonic": *he,* a platonic lover!

A CATALOG OF SELECTED DOVER
BOOKS IN ALL FIELDS OF INTEREST

CONCERNING THE SPIRITUAL IN ART, Wassily Kandinsky. Pioneering work by father of abstract art. Thoughts on color theory, nature of art. Analysis of earlier masters. 12 illustrations. 80pp. of text. 5⅜ x 8½.   0-486-23411-8

CELTIC ART: The Methods of Construction, George Bain. Simple geometric techniques for making Celtic interlacements, spirals, Kells-type initials, animals, humans, etc. Over 500 illustrations. 160pp. 9 x 12. (Available in U.S. only.)   0-486-22923-8

AN ATLAS OF ANATOMY FOR ARTISTS, Fritz Schider. Most thorough reference work on art anatomy in the world. Hundreds of illustrations, including selections from works by Vesalius, Leonardo, Goya, Ingres, Michelangelo, others. 593 illustrations. 192pp. 7⅛ x 10¼.   0-486-20241-0

CELTIC HAND STROKE-BY-STROKE (Irish Half-Uncial from "The Book of Kells"): An Arthur Baker Calligraphy Manual, Arthur Baker. Complete guide to creating each letter of the alphabet in distinctive Celtic manner. Covers hand position, strokes, pens, inks, paper, more. Illustrated. 48pp. 8¼ x 11.   0-486-24336-2

EASY ORIGAMI, John Montroll. Charming collection of 32 projects (hat, cup, pelican, piano, swan, many more) specially designed for the novice origami hobbyist. Clearly illustrated easy-to-follow instructions insure that even beginning papercrafters will achieve successful results. 48pp. 8¼ x 11.   0-486-27298-2

BLOOMINGDALE'S ILLUSTRATED 1886 CATALOG: Fashions, Dry Goods and Housewares, Bloomingdale Brothers. Famed merchants' extremely rare catalog depicting about 1,700 products: clothing, housewares, firearms, dry goods, jewelry, more. Invaluable for dating, identifying vintage items. Also, copyright-free graphics for artists, designers. Co-published with Henry Ford Museum & Greenfield Village. 160pp. 8¼ x 11.   0-486-25780-0

THE ART OF WORLDLY WISDOM, Baltasar Gracian. "Think with the few and speak with the many," "Friends are a second existence," and "Be able to forget" are among this 1637 volume's 300 pithy maxims. A perfect source of mental and spiritual refreshment, it can be opened at random and appreciated either in brief or at length. 128pp. 5⅜ x 8½.   0-486-44034-6

JOHNSON'S DICTIONARY: A Modern Selection, Samuel Johnson (E. L. McAdam and George Milne, eds.). This modern version reduces the original 1755 edition's 2,300 pages of definitions and literary examples to a more manageable length, retaining the verbal pleasure and historical curiosity of the original. 480pp. 5⁵⁄₁₆ x 8¼.   0-486-44089-3

ADVENTURES OF HUCKLEBERRY FINN, Mark Twain, Illustrated by E. W. Kemble. A work of eternal richness and complexity, a source of ongoing critical debate, and a literary landmark, Twain's 1885 masterpiece about a barefoot boy's journey of self-discovery has enthralled readers around the world. This handsome clothbound reproduction of the first edition features all 174 of the original black-and-white illustrations. 368pp. 5⅜ x 8½.   0-486-44322-1

STICKLEY CRAFTSMAN FURNITURE CATALOGS, Gustav Stickley and L. & J. G. Stickley. Beautiful, functional furniture in two authentic catalogs from 1910. 594 illustrations, including 277 photos, show settles, rockers, armchairs, reclining chairs, bookcases, desks, tables. 183pp. 6½ x 9¼.   0-486-23838-5

AMERICAN LOCOMOTIVES IN HISTORIC PHOTOGRAPHS: 1858 to 1949, Ron Ziel (ed.). A rare collection of 126 meticulously detailed official photographs, called "builder portraits," of American locomotives that majestically chronicle the rise of steam locomotive power in America. Introduction. Detailed captions. xi+ 129pp. 9 x 12.   0-486-27393-8

AMERICA'S LIGHTHOUSES: An Illustrated History, Francis Ross Holland, Jr. Delightfully written, profusely illustrated fact-filled survey of over 200 American lighthouses since 1716. History, anecdotes, technological advances, more. 240pp. 8 x 10¾.
                    0-486-25576-X

TOWARDS A NEW ARCHITECTURE, Le Corbusier. Pioneering manifesto by founder of "International School." Technical and aesthetic theories, views of industry, economics, relation of form to function, "mass-production split" and much more. Profusely illustrated. 320pp. 6⅛ x 9¼. (Available in U.S. only.)   0-486-25023-7

HOW THE OTHER HALF LIVES, Jacob Riis. Famous journalistic record, exposing poverty and degradation of New York slums around 1900, by major social reformer. 100 striking and influential photographs. 233pp. 10 x 7⅞.   0-486-22012-5

FRUIT KEY AND TWIG KEY TO TREES AND SHRUBS, William M. Harlow. One of the handiest and most widely used identification aids. Fruit key covers 120 deciduous and evergreen species; twig key 160 deciduous species. Easily used. Over 300 photographs. 126pp. 5⅜ x 8½.   0-486-20511-8

COMMON BIRD SONGS, Dr. Donald J. Borror. Songs of 60 most common U.S. birds: robins, sparrows, cardinals, bluejays, finches, more—arranged in order of increasing complexity. Up to 9 variations of songs of each species.
                    Cassette and manual 0-486-99911-4

ORCHIDS AS HOUSE PLANTS, Rebecca Tyson Northen. Grow cattleyas and many other kinds of orchids—in a window, in a case, or under artificial light. 63 illustrations. 148pp. 5⅜ x 8½.   0-486-23261-1

MONSTER MAZES, Dave Phillips. Masterful mazes at four levels of difficulty. Avoid deadly perils and evil creatures to find magical treasures. Solutions for all 32 exciting illustrated puzzles. 48pp. 8¼ x 11.   0-486-26005-4

MOZART'S DON GIOVANNI (DOVER OPERA LIBRETTO SERIES), Wolfgang Amadeus Mozart. Introduced and translated by Ellen H. Bleiler. Standard Italian libretto, with complete English translation. Convenient and thoroughly portable—an ideal companion for reading along with a recording or the performance itself. Introduction. List of characters. Plot summary. 121pp. 5¼ x 8½. 0-486-24944-1

FRANK LLOYD WRIGHT'S DANA HOUSE, Donald Hoffmann. Pictorial essay of residential masterpiece with over 160 interior and exterior photos, plans, elevations, sketches and studies. 128pp. 9¼ x 10¾.   0-486-29120-0

LIGHT AND SHADE: A Classic Approach to Three-Dimensional Drawing, Mrs. Mary P. Merrifield. Handy reference clearly demonstrates principles of light and shade by revealing effects of common daylight, sunshine, and candle or artificial light on geometrical solids. 13 plates. 64pp. 5⅜ x 8½. 0-486-44143-1

ASTROLOGY AND ASTRONOMY: A Pictorial Archive of Signs and Symbols, Ernst and Johanna Lehner. Treasure trove of stories, lore, and myth, accompanied by more than 300 rare illustrations of planets, the Milky Way, signs of the zodiac, comets, meteors, and other astronomical phenomena. 192pp. 8⅜ x 11.
0-486-43981-X

JEWELRY MAKING: Techniques for Metal, Tim McCreight. Easy-to-follow instructions and carefully executed illustrations describe tools and techniques, use of gems and enamels, wire inlay, casting, and other topics. 72 line illustrations and diagrams. 176pp. 8¼ x 10⅞. 0-486-44043-5

MAKING BIRDHOUSES: Easy and Advanced Projects, Gladstone Califf. Easy-to-follow instructions include diagrams for everything from a one-room house for bluebirds to a forty-two-room structure for purple martins. 56 plates; 4 figures. 80pp. 8¾ x 6⅜. 0-486-44183-0

LITTLE BOOK OF LOG CABINS: How to Build and Furnish Them, William S. Wicks. Handy how-to manual, with instructions and illustrations for building cabins in the Adirondack style, fireplaces, stairways, furniture, beamed ceilings, and more. 102 line drawings. 96pp. 8¾ x 6⅜. 0-486-44259-4

THE SEASONS OF AMERICA PAST, Eric Sloane. From "sugaring time" and strawberry picking to Indian summer and fall harvest, a whole year's activities described in charming prose and enhanced with 79 of the author's own illustrations. 160pp. 8¼ x 11. 0-486-44220-9

THE METROPOLIS OF TOMORROW, Hugh Ferriss. Generous, prophetic vision of the metropolis of the future, as perceived in 1929. Powerful illustrations of towering structures, wide avenues, and rooftop parks—all features in many of today's modern cities. 59 illustrations. 144pp. 8¼ x 11. 0-486-43727-2

THE PATH TO ROME, Hilaire Belloc. This 1902 memoir abounds in lively vignettes from a vanished time, recounting a pilgrimage on foot across the Alps and Apennines in order to "see all Europe which the Christian Faith has saved." 77 of the author's original line drawings complement his sparkling prose. 272pp. 5⅜ x 8½.
0-486-44001-X

THE HISTORY OF RASSELAS: Prince of Abissinia, Samuel Johnson. Distinguished English writer attacks eighteenth-century optimism and man's unrealistic estimates of what life has to offer. 112pp. 5⅜ x 8½. 0-486-44094-X

A VOYAGE TO ARCTURUS, David Lindsay. A brilliant flight of pure fancy, where wild creatures crowd the fantastic landscape and demented torturers dominate victims with their bizarre mental powers. 272pp. 5⅜ x 8½. 0-486-44198-9

2/07 ① 12/06

04/11 ⑨

6/13 ⑥

11/16 ⑦ 4/14